길 위에서 찾은 행복

●─광안리해수욕장

●─동백섬(누리마루)

●―동해 일출

●―맹방해수욕장

● ― 추암해상공원

● ― 촛대바위

●─정동진 크루즈

●─고성 해파랑길(일출명소 1번지)

● ―주전마을 등대

● ―삼일포해수욕장

●─설악산 비룡폭포

●─토왕성폭포를 바라보며

●─삼척의 민요(월월이 청청)

●─해맞이공원

●─통일전망대

●─평화누리교

●─임진각(철마는 달리고 싶다)

●─평화의 댐(황금목종)

●―설악산계곡(진달래)

●―울산바위

●―평화의 댐(타종식)

●―터키 여행(열기구)

● ─ 사랑하는 손자(현준, 서연, 송현, 가현)

● ─ 아내와 큰딸, 며느리, 둘째딸

●─축산해변

●─거진등대

●―서예 작품(천자문)

길 위에서 찾은 행복

길 위에서 찾은 행복

| 김완묵 수필집 |

┃수필집을 내면서┃

　수필집 『물길 따라 삼천리』를 상재한 지 3년 만에 동해안 해파랑길과 휴전선 평화누리길을 답사하며 기록한 수필집을 발간하게 되어 감회가 새롭다. 부산 오륙도에서 금강산이 바라보이는 통일전망대까지 688km를 걸어가는 동안 정말로 행복한 여정이었다.
　바다를 바라보며 걷는다는 생각만으로도 벅찬 해파랑길.
　동해에서 떠오르는 태양을 바라보며 할 수 있다는 자신감을 얻었고, 시인 묵객들의 활동 무대였던, 관동팔경에서 금수강산의 진수도 맛보았다.
　해파랑길을 완주하는 2년 동안, 대오에서 이탈하여 홀로 걸어가는 외로움도 있었고, 기관지염으로 중도 포기할 위기도 있었다. 고난 속에서도 완주할 수 있었던 것은 결연한 의지와 불굴의 정신이 아니었나 싶다.
　이번 해파랑길 원정대에서 가장 나이 어린 재석 군(12세)과는 60

년이라는 나이 차가 난다. 어려운 고비마다 투혼을 불태우며 끝까지 완주하고 통일전망대에서 우리는 감동의 멜로디를 완성했다.

김포반도 대명항에서 고성까지 동서로 횡단하는 평화누리길은 처음부터 단독 종주였다. 철의 장막에 가로막혀 일촉즉발의 위기감 속에 휴전선을 횡단한다는 것은 무모한 도전이었다. 해서 함께 할 동지도 없고, 내 자신도 자신감이 없었다. 경기도 구간 180km는 문화관광부에서 조성한 곳이라 수월하게 진행하였으나, 화천, 양구, 인제를 지나는 구간에서는 민간인 통제구역을 피해 우회하는 전법을 쓸 수밖에 없었다.

우여곡절 끝에 해파랑길과 평화누리길 1,156km를 완주하는 감격을 맛보았다. 그 뒤로도 나의 국토 대행진은 삼남길과 영남길, 서해안 도보여행으로 이어져 수필집 2권 분량의 원고를 확보하고 있으니 실로 감개가 무량하다.

거리가 먼 해파랑길에서 외박을 하는 일이 다반사였지만, 불평 한 마디 없이 뒷바라지에 헌신해 준 나의 동반자 김선화 여사에게 감사를 드린다.

산과 강을 답사하고 해안선을 따라 전국토를 완주한다는 야심찬 포부가 실현될지는 모르겠으나, 마음만은 변치 않고 있으니, 감동의 그날이 오기를 기원한다.

2017년 1월
김완묵

차 례

□ 수필집을 내면서

제1부 해파랑길

1. 동해의 아침
부산 갈매기 • 27
달맞이공원 • 33
일광해수욕장 • 37
해돋이 명소 간절곶 • 42
단독 종주 옹기마을 • 46
태화강 십리대밭 • 52
울산공업단지 • 55
벽화마을 주전항 • 60

2. 화랑 순례
호국불교 감은사지 • 65
감포항 송대말등대 • 72
구룡포와 호미곶 • 77
포항제철소 • 83
영일만해수욕장 • 88
영덕 대게 강구항 • 92
영덕 해맞이공원 • 96
죽도산전망대 • 100

고래불해변 • 105

3. 관동팔경
백암온천 • 109
월송정과 망양정 • 113
죽변항과 임원항 • 120
해신당공원 • 124
관동팔경 죽서루 • 127
추암공원 촛대바위 • 133
묵호 해양공원 • 138
모래시계 정동진 • 144
오독떼기 전수관 • 150
솔바람다리 • 156
강릉 경포대 • 163

4. 통일 기원
주문진해변 • 169
양양 하조대 • 173
관음도량 낙산사 • 178
관동팔경 청간정 • 184
평화누리교 • 190
천하 절경 화진포 • 193
통일전망대 • 197

제2부 평화누리길

1. 경기도
대명항과 문수산성 • 203
후평 철새 도래지 • 208
행주산성 • 213
일산 호수공원 • 216
파주 통일동산 • 219
임진나루 • 225
숭의전 • 233
철마는 달리고 싶다 • 239

2. 강원도
백마고지역 • 246
천하 절경 고석정 • 250
수피령을 넘어서 • 255
곡운구곡 • 258
화천 백 리 길 • 265
두타연계곡 • 273
한반도의 중심 양구 • 278
소양강 둘레길 • 281
미시령 옛길 • 287

제1부 해파랑길

1. 동해의 아침
2. 화랑 순례
3. 관동팔경
4. 통일 기원

1. 동해의 아침

• 부산 갈매기

부산을 다녀간 지 보름 만에 다시 찾았다. 지난번엔 4대강 답사 국토대행진의 대미를 장식하기 위해 낙동강 하구언을 찾은 것이고, 이번에는 해파랑길로 명들된 동해안 일주를 위해 시발점인 오륙도를 찾기 위함이다.

돌이켜 보면 나의 유일한 취미 활동으로 산을 찾은 지 22년이 됐다. 처음에는 무료한 시간을 달래고, 규칙적인 활동으로 건강을 챙기기 위함이었지만, 산으 매력에 푹 빠져 전국의 유명한 산을 찾아가면서 어느새 삼백 산, 오백 산 경력을 쌓고 백두대간을 비롯하여 정맥과 지맥을 답사하며 듵천 산을 오르는 기염을 토하게 됐다.

그러던 차, 4대강을 치수하며 자전거 도로가 조성되고, 꿈의 국토대행진을 시작하는 계기가 되었다. 야심 찬 계획으로 인천의 관문인

아라뱃길에서 시작한 답사는 한강의 르네상스를 지나 남한강, 문경새재, 낙동강으로 발자취를 남기며 2년 만에 부산하구언에 도착하게 되었다. 지금은 4대강 답사도 마무리 단계에 접어들어 금강과 북한강을 완주하고 영산강만 남아 있는 상태이다.

   사람이 꿈을 키우는 데는 끝이 없다고 했던가. 새로운 꿈으로 동해안에서 시작하여 우리나라 해안을 답사한다는 원대한 계획을 세우고 준비 단계에 있던 차, '함께 하는 등산클럽'에서 동해안을 답사하는 '해파랑길' 종주팀을 모집한다는 낭보를 전해 듣는다. 천우신조(天佑神助)의 기회를 외면할 수 있으리오. 장밋빛 여명이 현실로 찾아오며 어린아이 소풍날처럼 기다려진다.

   첫 단추가 중요하다고 하지 않던가. 1월 5일(토요일) 저녁 11시, 동대문문화역사역 앞. 밀리오레는 밤을 잊은 사람들이 우리의 장도를 환영하는 축제의 장으로 불야성을 이룬다. 칠흑 같은 어둠을 뚫고 달려가는 버스는 새벽 4시 부산의 명물 자갈치시장에 도착한다. 동지섣달 긴긴밤이 이다지도 야속한가.

   무료하게 3시간을 기다린 끝에 오륙도가 어둠 속에서 서서히 모습을 드러낸다. 노산 선생은 "오륙도 다섯 섬이 다시 보면 여섯 섬이/ 흐리면 한두 섬이 맑으신 날 오륙도라/ 흐리락 마르락하매 몇 섬인 줄 몰라라" 노래하였지만, 아무리 발돋움해도 두 섬밖에 보이지 않으니, 욕심이 앞을 가려 섬들이 숨어 버린 것이 아닌지 안타까울 뿐이다.

   오륙도를 바라보는 언덕에는 사각형 표지판이 있다. 오른쪽은 남해로, 왼쪽은 동해로 표기되어 이곳이 동해와 남해의 분기점이 되는 곳이다. 상징적인 이곳을 출발점으로 정한 이유를 이제야 알 것 같다. 2년간 동고동락(同苦同樂)하게 될 30명의 대원들이 모두 한 자리에 모여 기념사진 한 컷을 찍고 장도의 발걸음을 내딛는다.

우리가 걷는 이 길을 부산시에서는 '갈맷길'이라 부른다. 부산의 명소를 순례하는 갈맷길은 부산의 갈매기를 상징하여 21구간에 300km가 넘는 산책길을 조성하고, 완주하면 부산의 속살까지 체험할 수 있다는 자랑이다. 또한 우리의 희망이 담겨 있는 '해파랑길'은 문화체육관광부에서 선정한 이름으로, 동해의 상징인 "떠오르는 해와 푸른 바다 색깔인 파랑, 그리고 함께라는 조사의 랑"이 합쳐져 떠오르는 해와 푸른 바다를 바라보며 함께 걷는다는 뜻이 담겨 있다고 한다.

부산 오륙도에서 시작한 '해파랑길'을 강원도 고성 통일전망대까지 동해의 아침, 화랑 순례, 관동팔경, 통일 기원의 4개 테마로 나누고, 50구간으로 세분하여 매월 2회씩 2년에 걸쳐 답사하게 되며 그 길이가 688km에 이르는 국내 최장 탐방로라는 이익수 대장의 설명이다.

장산봉(428m) 기슭의 벼랑을 돌아가는 산책로는 동해의 간경창파를 바라보며 걷는 환상의 길이다. 이기대공원 탐방로인 이 길은 군부대에서 간첩 침투 예방을 위해 설치한 해안 경계용 철책이 있어 민간인 출입이 통제되던 곳이었다. 1997년 군사보호지역 해제 조치로 철책이 있던 자리에 목책으로 계단을 만들어 시민 누구나 자유롭게 산책할 수 있도록 공원을 조성하여 해돋이를 감상할 수 있는 부산의 명소가 되었다.

해안 절벽에 의롭게 서 있는 한 그루 소나무 사이로 농바위가 보인다. 농바위는 바라보는 방향에 따라 그 모양이 다르고, 크고 작은 돌덩어리가 층암절벽의 기간 위에 아슬아슬하게 쌓여 있어, 세찬 폭풍우에서도 중심을 잡고 있는 게 신기하기만 하다. 자연이 만든 해안 절벽과 기암괴석은 그야말로 절경이다. 전국에서 가장 아름다운 해안 산책로로 이름이 난 이기대는 해안선을 따라 2km가량 바다와 이어진다.

좌수영 남쪽 십오 리에 있는 이기대는 임진왜란 때 왜군이 수영성을 함락하고, 경치 좋은 이곳에서 승전 축하연을 열었는데, 수영의 기녀 두 사람이 잔치에 참석하여 왜장에게 술을 잔뜩 먹이고 왜장과 함께 물에 빠져 죽은 곳을 이기대(二妓臺)라 부르게 되었다고 한다.

솔숲을 지나 어울마당으로 내려서면, 부산의 명물인 광안대교와 해운대해수욕장 뒤로 고층 빌딩들이 모습을 드러낸다. 바닷길로는 손에 잡힐 듯 가깝게 보이지만, 우리가 가야 할 미포까지는 15km에 3시간이 족히 걸리는 먼 거리다. 해안 절벽의 기암괴석과 광안대교가 한 폭의 그림처럼 우리의 심금을 울려 주고도 남음이 있다.

광안대교는 부산 수영구 남천동 49호 광장에서 해운대구 센텀시티 부근을 잇는 총연장 7.42km의 바다를 가로지르는 국내 최대의 해상 복층 교량으로, 1층은 상행선이고 2층은 하행선이다. 광안대로는 교량으로서의 기능뿐만 아니라 상층부에서 바라보는 주변 경관이 일품이다. 끝없이 펼쳐진 바다와 오륙도, 광안리해수욕장과 해운대 동백섬과 달맞이 언덕 등이 한눈에 들어오고, 첨단 조명 시스템으로 비추는 야간 조명은 광안대교의 꽃이라 할 수 있다.

용호부두에서 바라보는 광안대교는 더욱 웅장하고 장엄하지만, 차량 전용 교량이기에 직접 올라가지 못하는 아쉬움이 있다. 광안대교 밑 교차로를 통과하여 남천동 수영구청 방파제를 돌아가면 광안리해수욕장이다. 해운대해수욕장과 쌍벽을 이루는 광안리해수욕장은 중심부에서 가까운 지리적인 이점이 있어 사시사철 낭만이 넘쳐흐르고, 야간 밤바다를 비추는 광안대교의 현란한 조명으로 젊음의 열기가 식을 줄 모른다.

광안리 횟집 특화지역 조형물을 기점으로 은빛 모래 해수욕장도 끝이 나고, 해파랑길은 광안해수월드 쪽 방파제로 돌아간다. 보는 각도에 따라 달라지는 광안대교와 고층 빌딩들이 숲을 이루는 수영만에 도착한다. 롯데캐슬, 대우드림이 현기증 나도록 높아 보이고, 강 건너 센텀시티와 세계 최대라고 자랑하는 신세계백화점과 부산국제영화제 상영관이 말끔하게 정비된 수영강의 품위를 한층 더 고조시키고, 부산 시민들의 자긍심을 높여 주고 있다.

"아름다운 도시 살고 싶은 수영" 표지석이 있는 수영2교로 올라선다. 주위에 펼쳐지는 경관에 입이 딱 벌어지고 만다. 서울의 한강이 아름답다고 하지만, 수영만에 솟아오른 마천루에 비할 수가 없다. 우리가 아름다운 절경이라면, 산과 강이 어우러지는 자연 경관을 연상하게 되지만, 인간이 만든 구조물이 자연과 조화를 이룰 때, 그 아름다움이란 상상을 초월하게 된다.

수영만 요트경기장을 오른쪽으로 끼고 방파제를 돌아가면, 뉴욕 맨해튼에 버금가는 빌딩 숲을 만난다. 우리나라에서 완공된 건물로는 가장 높은 마천루의 거리를 지나며, 대양을 향하는 우리의 열정만큼이나 국력이 신장된 자부심이 부산의 자부심으로 이어지고 있다. 이기대 벼랑 끝에서 시작하여 광안리해수욕장을 지나며 바라보던 그 중심부를 지나고 있는 것이다.

피로가 찾아올 즈음, 동백교를 건너 조용필의 히트작으로 유명한 동백섬에 도착한다. 한겨울임에도 흐드러지게 피어 있는 동백꽃에 취해 발걸음을 재촉하면, 누리마루 APEC하우스가 반겨 준다. 누리마루 APEC하우스는 2005년 11월 19일 APEC 2차 정상회의가 열린 장소이다.

3층 회의장 내부 천정은 석굴암 돔을 모티브로 하고, 벽면 한식격자문살과 천연실크로 마감하여 절제와 안정감을 추구하였으며, 로비 벽면에는 창덕궁 고궁박물관에 소장되어 있는 십이장생도를 나전칠기로 장식하였다.

누리마루 APEC하우스 자체만으로도 훌륭한 명소가 되고 있지만, 주변 경관이 너무도 아름답다. 바다를 배경으로 펼쳐지는 광안대교와 빌딩 숲이 멋진 하모니를 이루어, 우리나라가 경제대국으로 도약하는 모습을 세계 20개국 정상들에게 보여 주는 것만으로도 우리의 위상이 높아짐을 실감할 수가 있다.

누리마루 APEC하우스를 배경으로 기념사진을 찍고, 솔 내음이 진동하는 동백섬 산책로를 빠져나가면 해운대해수욕장에 도착한다.

한여름이면 백만 인파가 몰리는 국내 제일의 해수욕장이다. 언제부터인가 해변의 모래가 바다 속으로 쓸려 내려가 많은 양의 모래를 복토한다는 소식에 마음이 아프다. 주변에 들어서는 고층 빌딩의 영향이라는 견해가 있으니, 세심한 검토와 예방책이 필요하다는 생각이다.

드디어 우리가 타고 온 예원관광이 기다리고 있는 미포항에 도착한다.

부산의 명소를 일목요연하게 감상하는 첫 번째 구간이야말로 다음 구간에 대한 기대를 부풀게 하고, 고성까지 달려간다는 각오를 다짐할 수 있는 좋은 추억을 만들었다. 일행 30여 명이 모두들 만족의 표시로 얼굴에 환한 미소가 감도는 것을 보았을 때, 다음에 다시 만나자는 무언의 약속으로 보인다.

• 달맞이공원

　초아흐레 상현달이 서산으로 넘어간 지도 서너 시간이 지나고, 칠흑 같은 어둠 속에 몸체를 숨긴 파도 소리가 해운대의 정적을 깨트린다. 해운대는 최치원 선생의 자인 해운(海雲)에서 비롯된 지명이다. 최치원 선생이 낙향하여 해인사로 들어가는 길에 우연히 해운대에 들렀는데, 주변 경관이 너무도 아름다워 이곳에 머물며 동백섬에 '海雲臺(해운대)'라는 글자를 새긴 이후, 지명으로 부르게 되었다고 한다.
　제2구간이 시작되는 미포(尾浦)는 해운대해수욕장의 동쪽 끝에 있는 해운대 삼포 중 한 곳으로, 해변의 모퉁이 바위라는 뜻에서 미암(尾岩)이라고도 부른다. 지금은 오륙도까지 돌아오는 유람선 선착장으로 변신하여 선상에서 해운대 전경을 감상할 수 있는 명소가 되었다.
　동이 트기를 기다려 출발한 우리는 달맞이공원으로 들어선다. '문텐 로드'로 명명된 오솔길은 공원의 벼랑 끝을 돌아가는 아슬아슬한 절경 속에 수백 년 된 소나무가 숲을 이루고, 싱그러운 바다 내음과 진한 솔향기가 가슴속을 파고든다.
　정월 초하루 새 아침이 밝아 오면 해돋이를 감상할 수 있는 명소를 찾아, 한해의 무사안녕을 비는 의식을 하게 된다. 전국 관광지마다 해돋이 명소는 있어도 달맞이공원은 별로 없다. 이곳이 달맞이공원으로 명성을 얻게 된 데는, 소가 누워 있는 형상의 와우산에 송아지로 변신한 사냥꾼 총각과 나물 캐는 처녀가 사랑을 불태우다 정월 보름달에 소원을 빌어 부부가 되었다는 전설이 있기 때문이다.
　달맞이 고개에서도 월출을 가장 잘 볼 수 있는 해월정은 대한 팔경에 선정될 정도로 아름다운 곳이다. 시간상 해월정을 오르지 못하고 발길을 돌린다. 해월정을 중심으로 조성된 달빛 바투길을 돌아가면 청사포 전망대에 도착한다.

청사포에는 수령이 자그마치 300여 년이나 되는 망부송이 있다. 이 마을에 금실 좋은 정씨 부부가 살고 있었는데, 고기 잡으러 나간 남편이 돌아오지 않자 망부송에 올라 남편을 기다리다 지친 나머지 아내가 죽고 만다. 마을 사람들이 사당을 지어 그녀의 넋을 위로하고, 남편을 기다리던 바위를 망부석으로, 올라갔던 나무를 망부송이라 부르고 있다.

달맞이공원에서 일출과 월출을 가장 잘 볼 수 있는 곳이 청사포라 할 수 있다. 전망대에 올라서면 탁 트인 수평선 위로 떠오르는 일출이 장관이다. 맑은 날에는 일본의 대마도까지 보인다고 하니 끝없이 펼쳐지는 망망대해(茫茫大海)를 바라보며 우리의 무한한 희망을 품어 본다.

겨울 추위에도 절개를 잃지 않는 동백나무와 소나무 오솔길을 따라가면 철길을 만난다. 부산진역에서 출발하여 울산, 경주, 포항까지 남동해안을 연결하는 동해남부선이다. 총길이가 145.8km인 동해남부선은 해운대역에서 송정역 구간이 우리나라 철길 중에서 가장 아름다운 곳이다. 단선철도에 운행 횟수도 적어 철로 위를 걸어가며 도란도란 이야기꽃을 피우다 보니, 옛 추억의 향수를 불러일으키는 낭만이 흘러넘친다.

철길을 건너 해변으로 내려서면 구덕포 마을이다. 해운대 3포 중에서 가장 북쪽에 있는 구덕포는 물이 어찌나 맑은지, 물속의 조약돌이 선명하게 보일 정도로 깨끗하여 이곳에서 채취하는 해산물은 그대로 보증수표가 되는 청정해역이다.

구덕포를 지나 북쪽으로 펼쳐지는 송정해수욕장은 부드러운 모래와 완만한 경사에 수심이 얕아 가족과 어린이들이 물놀이하기에 좋은 곳이다. 백사장 길이가 1.2km에 폭이 60여m나 되고, 14만 명을 수용할 수 있는 부산의 3대 해수욕장으로 각광을 받고 있다.

"앞이 막혀 눈물 흘리는 죽도공원! 나도 눈물이 흐른다~" 아름다운 해변가에 내걸린 현수막의 섬뜩한 문구에 시선을 거둘 수가 없다. 기장팔경이 선정될 정도로 아름다워 시인 묵객들이 자주 찾던 기장의 대표적인 명소였는데, 개인 소유로 넘어간 뒤 철조망으로 가로막아 함부로 들어갈 수 없는 금단의 땅이 되고 말았다.

그림 같은 송정포구를 지나면 기장군이 시작된다. 부산에 속하면서도 도시라는 개념이 사라지고, 공수항에선 관광객 유치를 위해 '어촌 체험 관광마을'을 조성 중에 있다. 해변의 바위섬에 모여 있는 갈매기들도 풍어의 깃발을 올리며 돌아올 어선들을 기다리고, 이 고장의 특산물인 기장다시마 역 양식장이 포구를 가득 메우고 있다.

이제 그 유명한 해동용궁사에 도착한다. 깊은 산중에 있는 사찰과는 달리 바닷가에 자리 잡은 수상법당(水上法堂)이다. 자비의 화신인 관세음보살님은 바닷가 조용한 곳에 상주하며 용을 타고 회현하였다고 한다. 우리나라 관음신앙의 성지로는 양양의 낙산사, 남해의 보리암, 강화의 보문사와 해동용궁사를 꼽을 수 있다.

해동용궁사는 1376년 공민왕의 왕사였던 나옹대사에 의해 창건되어, 임진왜란(壬辰倭亂)의 전화(戰火)로 소실되었다가 1930년 초 300여 년 만에 통도사 은강화상이 재창건하고, 여러 대를 거친 끝에 1974년 정암 스님이 부임하여 관음도량으로 복원하여 오늘에 이르고 있다.

춘원 이광수는 "바다도 좋다 하고 청산(青山)도 좋다거늘/ 바다와 청산(靑山)이 한 곳에 뫼단 말가/ 하물며 청풍명월(淸風明月)이 있으니/ 여기곳 선경(仙境)인가 하노라" 아름다운 시로 노래하였다. 무언의 기도 속에 가족의 무사안녕을 기원하고 산문을 빠져나온다.

동암항을 지나면 오징어 덕장을 만난다. 질서정연하게 걸려 있는 오징어들이 해풍을 받으며 명품으로 변신하는 과정이다. 용대리에서 북풍한설 맞아가며 태어나는 황태와 함께 동해안이 자랑하는 명물이다.

갯바위 사이로 담방거리는 해녀들의 물질이 신비스럽고, 갓 잡아 올린 소라를 안주 삼아 술 한잔 걸치는 것도 해파랑길을 걸어가는 매력이 아닌가 싶다. 쫀득쫀득하게 씹히는 감칠맛이 고소하고, 격의 없이 나누는 대화 속에 십 년은 젊어진다.

바다와 동백꽃, 청초한 그 모습이 가련한 여인으로 묘사된다. 세찬 바닷바람에도 꽃을 활짝 피워 내는 진홍색 동백꽃은 한 남자를 위한 절개를 지키다 봉오리째 떨어지고 마는 꽃이다. 함부로 꺾지 마라, 짙은 향기로 유혹의 손길을 내밀어도 그녀의 지조를 꺾지 못할 것이기에.

목적지인 대변항이다. 활등처럼 휘어진 포구는 어머니의 품속처럼 아늑하고, 이 고장의 대표 상품인 기장미역으로 손님을 부르며 호객행위가 한창이다. 우리가 찾아간 식당에서 내놓은 메뉴는 멸치회와 멸치찜이다.

다른 곳에서는 쉽게 먹어 볼 수 없는 고소한 맛이 일품이다. 통미꾸리로 만든 추어탕처럼 뼈가 연하여 씹으면 씹을수록 감칠맛 나는 칼슘 덩어리다. 지난번 미포항에서 먹은 할미원조 복국처럼, 가는 곳마다 특색 있는 음식을 찾아내는 것도 해파랑길에서 빼놓을 수 없는 미각 여행이다.

• 일광해수욕장

  기장미역과 멸치회로 소문난 대변항, 봄철이면 멸치축제로 불야성을 이룬다지만, 성수기가 지난겨울은 더없이 호젓하다. 어둠 속에서도 조업을 나가는 배들이 아침잠을 깨우고, 시래깃국으로 조반을 마친 우리는 19.6km의 머나먼 임랑항을 향해 행군 준비를 서두른다. 오후부터 비가 온다는 일기예보와는 다르게, 먼동이 터오는 동녘 하늘은 구름 한 점 없이 코발트색으로 밝아 온다.
  보무도 당당한 일행들이 대변항을 뒤로하고 언덕을 오르면 영화 '친구'의 촬영 현장이 반겨 준다. 영화 초반부에 어린 주인공 4명이 헤엄치며 놀던 장소라고 한다. 폭력 조직의 두목을 아버지로 둔 준석, 가난한 장의사의 아들 동수, 화목한 가정에서 티 없이 자란 상택, 밀수업자를 부모님으로 둔 귀여운 중호. 네 명의 가정사는 달라도 그들의 우정은 순수했다.
  까까머리 고등학생의 우정도 대학생이 되면서 가는 길이 달라 아버지를 여의고 부친의 즈직 내 행동대장이 된 준석, 준석을 배신하고 새로운 조직의 행동대장이 된 동수, 미국 유학을 앞둔 상택, 결혼하여 횟집 주인장이 된 중호…. 2001년 개봉된 '친구'는 8백단 명의 관객을 동원하여, 부산영화제를 탄생시키는 계기가 되었다고 한다.
  드디어 일출이 시작된다. 갈대와 벤치, 갯바위를 배경으로 떠오르는 태양을 사진 앵글 속으로 담기에 분주하다. 해송이 어우러진 해안도로를 따라가노라면, 거센 파도가 갯바위를 덮치고, 벼랑 끝에 자리 잡은 낚시꾼들의 모습이 너무도 아슬아슬하다.
  해수담수화(海水淡水化) 공사 현장을 지나, 푸른 바다와 어우러진 월전항의 등대 위로 한가로이 날고 있는 갈매기가 부산 도심의 바다와는 또 다른 정취를 안겨 준다. 해풍을 맞으며 갈대숲 속을 걷는 것도 해변 길의 묘미라 할 수 있고, "두모포 풍어제터"에 도착한다.

　무속적 축제의 하나로 해안가 어촌 마을에서 풍어를 기원하고 무사고를 비는 의식 행위로 예전에는 별신굿 또는 뱃선굿이라 하였다. 별신굿은 강가의 어촌에서도 이루어져 안동 지방의 하회별신(河回別神)굿과 충주 지방의 목계별신제가 대표적이다.

　별신굿은 고대 부족국가의 제천의식이었던 부여의 영고(迎鼓), 고구려의 동맹(東盟), 동예의 무천(舞天) 등 국가적인 행사가 하회(河回)와 같은 마을 행사로 축소되고, 해변 어촌의 행사로 변천해간 것으로 추정된다.

　죽성 마을에 들어서면 가장 먼저 반겨 주는 것이 '어사암'이다. 1883년 일광면 해창에서 대동미를 싣고 부창(부산)으로 가던 세곡선이 풍랑을 만나 침몰하자, 초근목피로 연명하던 마을 주민들이 바다에 빠진 양곡을 건져다 먹고 절도죄로 구속되는 사건이 발생하였다.

　마침 이곳을 순시하던 이도재 암행어사가 현장을 답사하여 주민들의 억울한 사정을 들어본 뒤 무죄 방면을 한다. 이에 감읍한 마을 주민들은 배가 침몰한 매바위를 어사암이라 부르고 '이도재 생사단'을 세워 그의 공적을 기리고 축원 제사를 올렸다는 미담이 전해 오고 있다.

　'죽성드림성당.' 해안가 갯바위에 올라앉은 성당은 그림 속의 풍경이다. 카메라에 담아야겠다는 욕심으로 앵글을 이리저리 돌리며 구도를 잡는다. 하지만 성당의 역사를 확인하는 과정에서 실소가 터지고 만다. SBS 드라마 '드림' 세트장이다. 포말을 일으키는 해안가 절벽 위에 지은 드림성당은 세상에서 가장 작으면서도 오랜 역사를 간직한 듯, 절해고도에 안치된 모습으로 묘사된다.

볼거리가 많은 죽성리에서 가장 으뜸이 '죽성리 해송'이다. 6그루의 나무가 마치 한 그루의 큰 나무처럼 보이는 해송은 수령이 약 250년에서 300년으로 독야청청하여 해송 종류로는 우리나라에서 가장 아름다운 나무로 평가받는다. 나무 사이에 서낭신을 모신 국수당이 있어 음력 정월 보름에는 마을의 안녕을 기원하고 풍어를 기원하는 풍어제를 지내는 곳이다.

해송이 있는 언덕에서 서쪽 능선 위로 보이는 곳이 죽성리 왜성이다. 임진왜란 때 왜군 장수 구로다가 조선·명나라 연합군의 공격을 방어하고 남해안에 장기간 머물기 위해 쌓은 성이라고 한다. 일본에서는 기장성이라고 부르는 왜성은 돌로 쌓은 석성으로 둘레가 약 960m, 성벽 높이가 약 4m에 이른다. 양산의 서생포성과 울산의 학성, 부산성을 연결하는 요충지에 자리 잡고 있다.

황학대는 고산 윤선도가 1616년(광해군 8년) 성균관 유생으로 있을 때 집권 세력의 거두인 이이첨의 죄상을 규탄하는 병진소를 올렸다가 이이첨의 모함을 받아 이곳에서 6년간 유배 생활을 한 곳이다.

윤선도는 송강 정철, 노계 박인로와 함께 조선 가사문학의 최고봉을 이룬 인물이다. "궂은 비 개단말가 흐리던 구름 걷단말가/ 앞내의 깊은 소이 다 맑았다 하니슨다/ 진실로 맑기곳 맑았으면 씻어 오리다."(윤선도 〈우후요〉)

죽성초등학교 앞에서 이익수 대장의 결단이 우리의 행보에 커다란 변화를 가져온다. 이곳 원죽 마을에서 신천천을 건너면 곧바로 학리 마을인데 사유지(시온식품과 섬광물산)라는 이유로 기장 읍내로 돌아가야 하는 것이 해파랑길 코스다. 2차선 도로에 질주하는 차량들로 위험하기 짝이 없는 코스를 예원관광으로 6km를 돌아 학리 마을까지 이동을 한다.

십일만 오천 명이 상주하는 기장군은 부산을 중심으로 볼 때, 변방의 군사상 요충지라는 점에서 동래진에 분속시켜 동래를 중익(中翼), 기장을 좌익(左翼), 울산을 우익(右翼)으로 삼는 체제의 일원이 되었다. 해방 이후에도 기장은 동래 영역으로 존속하다, 1973년 동래군이 폐지되자 양산군에 흡수되어 양산군 관할로 들어간다. 이후 1980년 기장면이 기장읍으로 승격되었다가 1995년 기장군이 부활되어 부산광역시에 편입되어 오늘에 이르고 있다.

죽성리 왜성과는 성격이 다른 기장읍성이 있다, 읍성이란 군이나 현의 주민을 보호하고, 군사적, 행정적인 기능을 함께 하는 성을 말한다. 기장읍성은 부산광역시 기장군 동부리 기장초등학교를 중심으로 둘러 있다.

기록에 의하면 기장읍성은 고려 공민왕(1356년) 때 쌓은 성으로, 동문에서 오른쪽으로 약 300m 지점에 북문이 있고, 전체 둘레가 약 1,600m에 높이가 4m이다. 임진왜란 때 이 성을 방패 삼아 왜군과 항전하여 기장 고을을 지켰던 유서 깊은 곳이기도 하다.

경관이 수려한 학리 마을에 도착한다. 이곳 학리 마을도 일광해수욕장의 방파제 구실을 하는 해안가 절경이다. 출출한 시장기에는 간식이 제격이라, 주섬주섬 풀어헤치는 배낭에서 쏟아지는 물건들이 십인십색이다. 막걸리잔을 기울이며 분위기를 돋우고, 일광해수욕장으로 휘적휘적 촌보를 옮긴다.

겨울 햇살에 반짝이는 물비늘이 거센 파도로 변하여 백사장의 모래톱을 집어삼키는 일광해수욕장. 백사장 주위로 수백 년 된 노송들이 숲을 이루고, 백사장 오른쪽에 있는 학리 마을엔 학이 노송 위를 무리 지어 날고, 넓은 백사장이 펼쳐진 강송정(江松亭) 포구에는 백구(白鷗)가 날아 평사낙구(平沙落鷗)라 부르며 기장팔경으로 꼽았다고 한다.

　백사장 한가운데에는 고려 말 정몽주(鄭夢周), 이색(李穡), 이숭인(李崇仁)의 세 성인(聖人)이 유람하였다고 전하는 삼성대가 있고, '난계 오영수 갯마을 기념비'를 만난다. 오영수 소설가는 1914년 경남 울주에서 태어나 일본에 유학한 후, 경남여자고등학교에서 교편생활을 하고 1954년 서울로 올라와 《현대문학》을 창간하였다.

　그의 대표작으로 〈화산댁〉, 〈갯마을〉, 〈개개비〉, 〈은냇골 이야기〉 등 단편 100여 편을 발표했다. 작품들은 대부분 서민들의 따뜻한 인간애를 다룬 것으로 〈화산댁〉에서는 시골에 살다가 서울로 올라온 어머니의 고달픈 생을 그렸고, 대표작인 〈갯마을〉에서는 청상과부의 사랑과 애환을 그렸다. 이를 기념하여 기장군에서는 매년 여름 해수욕장 개장에 갖추어 갯마을축제를 개최한다고 한다.

　구름다리 이천천을 건너면, 도로변에 좌판을 벌인 횟집들이 구미를 당긴다. 고무다라에서 힘차게 요동치는 숭어와 아나고에 군침이 돌고, 해녀들이 갓 잡아 올린 멍게와 소라를 그냥 지나치기에는 발길이 떨어지지 않는다. 해파랑길 여정에서 미각을 자극하는 덕거리 여행 또한 빼놓을 수 없는 즐거움이다. 초고추장을 듬뿍 찍은 숭어회는 그대로 삼켜도 꿀꺽 넘어간다.

　이동항을 바람결에 지나고, 참새가 방앗간을 그대로 지나치기에는 미련이 남는가. 목로집에 짐을 풀고 부딪치는 막걸리잔에서 동지애를 키워 가며, 인심 좋은 주모의 넉넉한 손길에 다시마도 한 아름씩 선물로 받는다. 25년 전통 생갈치 대문(大門)집에서 차려내는 깔끔하고 정갈한 한정식으로 임랑항의 추억을 고이 간직하며 오늘의 미각 여행을 정리한다.

• 해돋이 명소 간절곶

　해운대 해장국 골목을 찾는 것도 오늘이 마지막이다. 부산 지역을 통과하는 해파랑길이 4구간으로 나누어진 탓에, 4번째 구간인 임랑해변을 지나면 울산권역이라 다음부터는 울산 시내를 답사하게 된다. 각자 입맛에 맞는 아침 식사로 해결하고 곧바로 임랑해변으로 이동한다.
　아름다운 송림(松林)과 달빛에 반짝이는 은빛 파랑(波浪)의 두 글자를 따서 임랑(林浪)이라 부르는 해수욕장. 백설 같은 모래사장이 1km 이상 깔려 있고, 백사장 주변으로 노송이 즐비하여 임랑천의 맑은 물에서 고기를 잡다가 밤이 되어 송림 위로 달이 떠오르면, 사랑하는 님과 함께 조각배 타고 달구경하면서 뱃놀이를 즐겼다고 하는 전설이 현실로 이어지는 곳.
　가수 정훈희와 김태화의 보금자리 '꽃밭에서' 가 송림을 배경으로 고운 백사장과 푸른 바다를 바라보며 자리 잡고 있다. 아들이 운영하는 라이브 카페를 중심으로 그리스풍으로 지어진 화이트 하우스는 감미로운 멜로디와 바닷소리가 어우러지는 아름다운 집이다.
　안개로 데뷔하여 도쿄 국제가요제와 아테네 국제가요제, 칠레 국제가요제에서 입상하며, 국민의 사랑을 한 몸에 받고 있는 국민가수 정훈희와 1970년대 보컬그룹 사운드계를 평정한 김태화 부부는 금실이 좋아 임랑해변의 정서에 맞는 커플이다.
　이른 아침부터 임랑해변에 좌판들이 펼쳐진다. 연유를 물어본즉, 오늘이 바로 임랑 5일 장날이란다. 지난번 답삿길에 물미역을 한 다발 사가지고 갔더니 아내가 그렇게 좋아할 수가 없다. 스태미나 식품으로 다이어트에 최고라며 다음 번에도 잊지 말고 사오라는 신신당부에 홍정부터 시작한다. 마수걸이라며 인심 좋은 손길에 한 아름 받아들고 보니, 20여km를 가야 할 여정이 기다리고 있다. 묵직한 미역 다발을 걸머지고, 고갯마루를 넘는 고행이 시작된다.

해안가와 멀어지는 월내역으로 방향을 잡는다. 월내역은 부산진역에서 북쪽으로 44km 떨어진 동해남부선의 간이역이다. 동해남부선은 일제치하에 동해안의 해산물을 일본 본토로 운송하기 위해 만들어진 화물 철도이고, 월내역 또한 기장미역이나 다시마를 수탈하기 위한 방편으로 문을 열었다.

월내역은 부산 지하철 2호선 개통으로 쇠퇴기를 맞다가 코레일에서 인수하면서 전성기의 영광을 되찾았다. 월내포구와 임랑해수욕장은 부산 중심가와는 다르게 고즈넉한 분위기에 어울리는 카페와 음식점들이 있어 연인들의 데이트 장소로 각광을 받으며 많은 관광객이 찾아온다.

31번 국도를 따르던 해파랑길이 효암삼거리에서 봉대산을 넘는다. 해안 절경을 뒤로하고 바다와 멀어지는 것은 고리 원자력발전소를 피하기 위한 수단이다. 국내에서 가장 먼저 지어진 고리 원전 1호기는 78년부터 상업 운전을 시작했다. 원자력발전 산업은 저렴한 발전 원가를 기반으로 전력의 안정적 공급에 매력을 느껴 석유 대체 에너지로 각광을 받는다.

하지만 다른 발전소와는 달리 방사선 피폭 위험으로부터 대중의 건강과 재산을 보호하기 위해 고도의 안전성을 유지해야 하므로, 부지 선정에서부터 세심한 주위가 필요하다. 원자로 건설에 적합한 암반이 있어야 하고, 냉각수를 사용하기 좋은 지상 조건과 상수원이 있어야 한다.

고리 원전 1호기는 수경이 다하여 보수냐 폐기냐를 두고 의견이 분

분하다. 국제원전기구에서 사고 발생시 예방적 보호구역으로 30km를 설정했는데, 30km 이내에 부산, 울산 양산 등지에 350만 인구가 상주하고 있어, 사고라도 나게 되면 치명적인 피해를 입게 된다는 약점이 있다.

울창한 소나무 숲 속으로 연결되는 해파랑길이 애견 훈련장을 지나, 동해남부선이 지나는 효암천에서 다시 해안가로 방향을 잡는다. 주변으로 펼쳐지는 문전옥답이 모두 미나리꽝으로 변신하고 있다. 우루과이 라운드(국제시장 개방)로 인해 벼농사가 직격탄을 맞아, 이 지역의 특성에 맞는 대체작물로 선정된 것이 미나리 재배라고 한다.

산형과(傘形科)에 속하는 미나리는 양지바른 무논, 습지, 연못가 등에서 자라는 다년생 식물이다. 미나리는 비타민이 많은 알카리성 식품으로, 정신을 맑게 하고 혈액을 보호하며, 감기 몸살 기운이 있을 때 미나리 국을 마시면 땀이 나면서 거뜬해진다. 미나리의 식이섬유는 장의 내벽을 자극해 장운동을 촉진하는 효과가 있어 아침저녁으로 미나리 삶은 물을 한 컵씩 마시면 비만을 예방한다. 또한 복어요리에 미나리를 넣는 것은 미나리의 해독작용 때문이다.

신리삼거리를 지나 해안가에 도착한다. 해풍이 불어오는 동구 밖에는 400여 년 된 소나무가 길손들을 맞아들이고, 삼태기처럼 아우룩하여 폭풍우가 몰아쳐도 지켜낼 수 있는 어선들의 피난처요, 마을 주민들의 안식처다. 해녀들의 물질로 갓 잡아 올린 소라, 멍게, 해삼의 진미를 맛볼 수 있는 신리포구에서 감칠맛 나는 젓가락질에 시간 가는 줄 모른다.

서생면 사무소가 있는 신암리 포구 또한 절경이다. 팔각정이 있는 산자락의 소나무 숲, 갯바위에 낚시터를 잡은 강태공, 방파제와 등대, 신암리 포구가 어우러진 모습은 일상의 피로를 풀어주기에 더없이 좋은 곳이다. 해맞이 길로 명명된 31번 국도가 해안가를 바라보며 달려가고, 간절곶이 시작되는 소망길에서 서생중학교를 지나간다.

서생중학교는 1952년에 개교하여 60여 년의 역사를 자랑하는 학교로서, 농어촌의 인구 감소로 폐교 직전에 있었지만, 관내 유지들의 도움으로 최신 설비를 갖춘 학교로 다시 태어나 공립중학교로는 전국에서 최초로 자율학교로 선정되었다고 한다.

푸른 바다를 가득 메운 미역 양식장에서 밀려온 미역 줄기가 해안가를 어지럽히는 나사포구. 고운 입자로 발이 푹푹 빠지는 백사장을 걸어가면 어느덧 간절곶이 가까워 온다. 한반도에서 태양이 가장 먼저 떠오르는 곳. 울주군 서생면 대송리 간절곶은 영일만의 호미곶보다 1분, 강릉의 정동진보다는 5분이나 빨리 해가 솟는다.

수평선 위로 떠오르는 일출을 보기 위해, 밤을 잊고 달려온 수많은 인파들, 새해 소망을 비는 저마다의 함성 소리가 들려오는 정월 초하루. 상상만으로도 가슴 설레는 해돋이 명소가 이곳 간절곶이다. 사랑하는 연인에게 구하지 못한 말들을 담아 보내는 우편함이 간절곶의 상징이라면, 1920년 3월에 점등한 이후로 어둠 속을 밝혀 주는 등대야말로 울산의 상징이다.

해안가 주상절리와 갯바위를 덮치는 물보라를 바라보고 있노라면, 머릿속의 모든 앙금이 말끔하게 씻겨 내린다. 등대를 비롯한 모든 시설물들이 하얀색이다. 푸른 바다와 어울리는 색상으로, 해돋이를 보면서 티 없이 맑고 순수한 마음으로 한해를 설계하자는 뜻일 것이다.

간절곶을 뒤로하고 찾아가는 곳이 송림 속으로 이어지는 벼랑길이다. 해파랑길 4구간 중에서 가장 위험한 구간이다. 깎아지른 벼랑 사이로 녹슨 철조망이 걸쳐 있고, 경계병들이 순찰 다니던 계단이 아슬아슬하게 이어진다. 아직까지도 정식으로 개방되지 않은 벼랑길은 잠시라도 한눈을 팔다가는 수십 길 벼랑 아래로 곤두박질치기 십상이다.

손님도 없는 송정낚시터와 화이트 하우스, 등대 카페를 지나면, 오늘의 목적지인 진하해변이 시야에 들어온다. 앙증맞은 솔개해수욕장의 고운 백사장이 송림 속에서 살그머니 고개를 내밀고, 산 모랑이 돌아서면 곧바로 진하해변이다.

울주군 서생면 진하리에 자리 잡고 있는 진하해수욕장은 울산 제일의 해수욕장이다. 동해의 검푸른 파도를 막아 주는 명선도가 있어 유명세를 더하고, 울창한 송림과 고운 백사장이 2km에 걸쳐 이어진다. 모래밭의 넓이가 100m에 수심이 얕아 성수기에는 전국 각지에서 찾아온 피서객들로 만원을 이룬다.

고운 모래와 파란 물빛이 어우러지는 송림 속에는 오토캠핑장까지 갖추고 있어, 광안리와 해운대의 번잡한 곳을 피해 오붓하게 가족 단위로 즐길 수 있는 곳이다. 이덕도와 소나무 숲이 우거진 명선도는 해맞이 명소로 유명하고, 회야강이 흘러드는 강어귀에 걸려 있는 명선교도 진하해변의 명소로 떠오르고 있다.

• 단독 종주 옹기마을

지난 2월 17일 제4구간을 끝내고 회식 자리에서 이익수 대장이 의미심장한 발언을 한다. 진하해변에서 태화강까지는 온산공업단지가 있어 해파랑길도 공단을 피해 울산 중심가를 통과하게 되는데, 교통사고의 위험과 차량들이 내뿜는 매연으로 5구간 18.4km, 6구간 16.9km, 7구간 14km를 생략하고 울산시를 통과하는 것으로 축소를 하고 만다.

 50여km를 생략한다는 아쉬움 때문에 고민도 많았지만, 차후에 단독으로 답사할 것을 다짐하며 미루어 온 구간이다. 장마전선이 중부지방에 머물며 매일같이 장대비를 쏟아내는 반면, 남부 지방에서는 30도를 넘는 폭염으로 열대야가 지속되고 있다. 잠쪽 장마의 틈새를 활용하여 심야 우등버스에 몸을 싣는다.

 새벽 4시 30분 울산터미널에 도착하여 해장국집을 먼저 찾는다. 4월 11일 정자항 구간을 답사할 때 들렀던 곳이라, 용케도 알아보는 할머니의 반가운 인사와 함께 밥상을 받는다. 아침 식사를 마치고 시외버스터미널을 다시 찾아가지만, 진하해변으로 가는 버스가 없단다. 해운대까지 가는 버스가 중간에 정차하지 않을까 하는 희망도 물거품이 되고, 밤을 지새우며 달려온 보람도 없이 난감한 일이 벌어지고 만다.

 물어물어 찾아간 곳이 공업탑로터리 버스 정류장이다. 5시 30분부터 운행하는 버스들이 지나간 뒤에도 20여 분을 기다린 끝에 405번 버스에 오를 수가 있다. 다행인 것이 버스가 지나는 노선이 오늘 걸어야 할 구간과 비슷하여 예행 연습이라도 하는 것처럼 반갑기 그지없다. 40여 분만에 진하해변에 도착하니, 7월 1일부터 개장한 해수욕장으로 활기가 넘친다.

 해변에서 500여m 떨어진 해변에는 거북 모양의 명선도가 있어 낚시터로도 유명한 곳이다. 서생면 진하리와 온산읍 사이를 흐르는 회야강 어귀에 놓인 명선교는 길이 145m에 승강기까지 설치되어, 밤이면 화려한 조명으로 진하해변을 수놓는 명물이다.

 명선교 아래서 회야강 제방을 따라 해파랑길이 이어진다. 강폭에 비해 수심이 깊은 회야강은 천성산에서 발원하여 울주군 삼남부 5개

면을 지나며, 회야호의 물로 온산공업단지의 용수와 주민들의 식수를 공급하고 명선교 아래서 동해안으로 유입되는 강이다. 서생교를 지나며 자전거 도로가 개설되어 편안하게 진행된다.

슬마교를 건너면서 회야강이 북쪽으로 돌아서고, 온산공업단지를 연결하는 철도 밑을 통과한다. 남창천을 건너며 자전거 도로도 끝이 나고, 하서들과 하포들을 바라보며 제방을 따라 걷는다. 지금은 온산공업단지를 조성하며 많은 농경지가 줄었지만, 아직도 회야강 주변으로 드넓은 농경지가 펼쳐진다.

남창중학교와 C&F코리아를 지나 동해남부선 굴다리를 지나면, 온양읍사무소 옆으로 남창역이 보인다. 남창 관문 숯불갈비집 삼거리에서 오른쪽으로 구(舊)길을 따라가면 고산교에 도착하고, 부산울산고속도로와 만나는 삼거리에서 오른쪽 길을 따른다. 이곳은 아침에 타고 온 405번 버스 노선이라 눈에 익는다. 잠시 후 울주군이 자랑하는 외고산 옹기마을에 도착한다.

옹기박물관에서 가장 관심을 끄는 것은 기네스북에 등재된 옹기이다. 5번 실패하고 6번째 성공한 옹기는 높이가 223cm, 최대 둘레 517.6cm 입구 둘레 214cm로 2011년 6월 28일에 완성했다고 한다. 이 밖에도 각 지방마다 특색 있는 옹기들이 전시되어 있고, 옹기의 역사와 만드는 과정이 일목요연하게 정리되어 있다.

옹기란 우리 조상들이 살아가는 가장 소중한 도구요 살림살이다. 불씨를 담아 두는 화로에서부터 곡식을 담는 항아리, 된장 고추장을 담고, 음식을 보관하는 등 우리 생활에 없어서는 안 될 필수품이다. 전국 옹기 시장의 50%를 생산하는 이곳은 1950년대에 허득만이라는 도공이 피난 중에 정착해 옹기를 빚기 시작하여, 전성기 때는 400여 명의 도공이 모여 살았다고 한다.

울산에 옹기마을이 형성되게 된 데는 첫째, 품질 좋은 흙과 바람 소통이 좋고 둘째, 땔감이 풍부하며 셋째, 소비시장이 있다는 것.(부산의 젓갈시장을 비롯하여 해안가 포구에서 많이 사용함) 흙이 혼을 불어넣는 옹기는 열 단계를 거쳐야 비로소 완공되며, 숨구멍을 통해 노폐물을 밖으로 배출하는 것이 옹기의 장점이라고 한다. 김치나 된장, 간장, 고추장 등 발효식품은 묵을수록 좋다는 입증된 자료를 통해 저장고로서 역할이 크다고 볼 수 있다.

햇볕을 골고루 받을 수 있도록 볼록하게 만들어 옹기 사이로 바람이 잘 통해 음식물이 쉬 상하지 않고 흙, 물, 바람, 불이라는 자연 재료를 사용하므로 인체에 무해하며, 재를 섞어 만든 잿물로 유약을 칠해 구워 낸다고 한다.

울주민속박물관을 지나면 항아리 모형의 화장실이 있고, 옹기문화공원 숲 속으로 해파랑길이 이어지는데, 무성한 잡초가 앞을 가려 14번 국도변으로 올라선다. 동해남부선이 지나는 철로와 도로변의 뙤약볕 아래서 화물차의 븐진과 굉음 소리에 신경이 많이 쓰이는 구간이다.

온산삼거리, 현대풍차-주유소, 성우빌리지를 지나 통천1교를 건넌다. 14번 국도를 따르던 해파랑길이 제네삼거리에서 오른쪽으로 덕하로를 따라 청량면 소재지에 도착한다. 가마솥더위가 수은주를 끌어올리고, 심야버스로 밤잠을 설친데다 18km를 걸어온 터라 피로가 몰려온다. 휴식을 겸하여 추어탕 집으로 들어선다.

삼복더위에는 보신탕, 삼계탕, 추어탕이 단연 인기 식품이다. 느긋하게 점심 식사를 끝내고 밖으로 나서니 몸이 한결 가뿐하다. 잠시 후 5구간이 끝나는 덕하역이다. 덕하역은 동해남부선 남창역과 태화강역(전 울산역) 사이에 있는 역이다. 부산 해운대에서 경주, 대구역을 잇는 간이역이고 멀리는 청량리역까지 이어진다.

 80년의 역사를 간직하고 있는 덕하역이 역사 속으로 사라지게 되었다. 울산 태화강역과 부산 부전역 간(65.7km) 철도를 복선전철화하는 과정에서 직선화를 위해 덕하역을 다른 곳(남구 두왕동)으로 옮긴다는 계획이다. 덕하역 정문 앞에 있는 해파랑길 안내판을 유심히 살펴본다. 3구간을 2일 동안 답사하기 위해서는 선암호수공원까지 진행해야 한다.

 현재 몸 컨디션으로는 큰 무리가 없어 보이므로, 갈 수 있는 데까지 가보자는 결심이다. 두왕사거리까지는 해파랑길 식별표가 잘 붙어 있다. 하지만 정작 사거리에서는 종적이 묘연하다. 건널목을 건넌 다음 오른쪽으로 SK합성수지 앞까지 진행하여 왼쪽으로 산업로 21번 길을 따라가다 고가철도 직전에서 오른쪽 갈림길로 들어서면, 비로소 해파랑길 이정표를 만날 수가 있다.

 이리저리 수소문하면서 찾아낸 고육지책이다. 이정표를 지난 뒤로 태화강 전망대까지 선암공원과 울산대공원을 지나는 10km 구간에서는 이정표를 발견할 수가 없다. 함월산 정상에 올라서며 진로를 찾는 힘겨운 고통도 끝이 나고, 편안한 오솔길을 내려서면 선암호수공원 인공 암벽 연습장을 만난다.

 선암호수공원은 울산시 남구 선암동에 있는 선암댐을 중심으로 조성된 공원이다. 일제 강점기 때 농사지을 목적으로 선암제(仙岩堤)를 축조했는데, 1962년 울산공업지구로 지정되면서 공업용수를 공급하기 위해 선암제를 확장하여 일반인의 출입을 금지하였으나, 이후 철조망을 철거하고 선암댐과 호수 주변의 수려한 공간을 시민들에게 개방하여 2007년 1월 30일 개장하였다고 한다.

 자연과 인공이 가미된 호수 주변에는 소나무, 잣나무 등 500여 종의 나무들이 울창한 숲을 이루고 야생화 단지와 장미 터널, 자연학습장, 연꽃 단지로 조성하여 시민들의 휴식처로 사랑을 받고 있다. 호수공원 왼쪽으로 시계탑과 해바라기 밭이 펼쳐진다. '당신을 바라봅니다'라는 꽃말을 가진 해바라기는 작열하는 태양 아래 멀쑥하게 큰 키에 태양을 향해 온몸을 바치는 열정으로 보인다.

장미 터널을 지나 호숫가에 늘어진 왕버들과 연꽃이 만발한 산책로를 지나면, 세상에서 가장 작은 교회와 성베드로성당을 지나 행운의 자물쇠가 걸려 있는 다리로 내려선다. 선암공원 전망대가 있는 신선산(神仙山) 정상에 올라선다. 선암공원이 부처님 손바닥 안에 들어 있는 것처럼 시원하게 펼쳐진다. 선암공원을 뒤로하고 솔마루길을 따라 울산대공원을 찾아간다.

선암호수공원과 울산대공원은 두왕로에 걸려 있는 무지개다리를 통해 연결된다. 처음의 계획은 이곳에서 마무리 지을 예정이었지만, 시간이나 체력에 큰 무리가 없어 대공원 동문까지 진행하기로 한다. 울창한 솔밭은 작열하는 태양열을 피할 수 있어 좋고, 완만한 산책길에 부드러운 감촉이 좋아 산책하기에 아주 편안하다.

1km가 넘는 솔마루길을 걸어가면 오른쪽으로 하산로가 연결된다. 현재 시간이 오후 3시. 생각 같아서는 대공원 끝까지 가고 싶지만, 내일의 일정이 너무 짧을 것 같아 이쯤에서 접기로 한다. 곧바로 시내로 내려가면 날씨도 더울 뿐더러 마땅히 갈 곳이 없어 시원한 그늘에 자리를 잡고 누워 보니 스르르 단잠 속으로 빠져든다. 두어 시간 오수를 즐긴 후 산책로를 내려오니 아침에 버스를 기다리던 대공원 동문이다. 근처에 있는 비너스 모텔에 여장을 풀고 하루의 일정을 정리한다.

• 태화강 십리대밭

 중부 지방의 비 소식과는 다르게 남부 지방의 날씨는 낮 최고 기온이 35도까지 올라가는 폭염 경보가 발령된다는 소식이다. 지나친 행동을 자제하자는 다짐을 하며, 일찌감치 잠자리에 든다.

 새벽 4시에 일어나 도시락으로 싸온 떡국에 누룽지탕과 밥을 말아 든든하게 먹고, 동이 트는 5시 숙소를 나선다. 어제 내려온 동문(東門)으로 들어서니 분수대공원과 효성그룹에서 기증한 울산대종이 걸려 있는 종각을 중심으로 조경사들의 손길로 다듬어진 화려한 꽃밭이 펼쳐진다.

 울창한 숲 사이로 이어지는 산책길에는 청설모와 산새들이 새벽잠을 깨우고, 10여 분 만에 솔마루길 등산로에 올라선다. 바람 한 점 없는 열기 속에서도 건강다지기로 모두들 흥건하게 땀을 쏟아내고, 대공원 정자에 올라서면 울산 시청 쪽으로 전경이 아름답게 펼쳐진다.

 운동기구와 벤치, 가족과 친지들이 간식을 들며 담소 나누기에 좋은 휴식 공간을 마련하고, 숲 속 도서관까지 구비하여 싱그러운 소나무 벤치에서 독서 삼매경에 빠진다는 상상만으로도 즐거운 일이다. 오는 사람 가는 사람 서로의 눈길에서 반가운 미소가 피어나고 생활의 활력소가 샘솟는 아침이다.

 대공원 남문에서 또다시 솔밭 길을 1km 남짓 진행하면, 삼호산으로 연결되는 구름다리가 오른쪽으로 이어진다. 방랑시인 김삿갓 석상 앞에서 포즈를 취하고 앙증맞은 솔마루 산성문을 통과하여 층층 계단을 올라서면 삼거리 갈림길이 나온다. 이런 곳에 해파랑길 이정표가 걸려 있으면 얼마나 좋을까. 현지 주민들에게만 통하는 솔마루길. 이정표를 바라보며 도무지 감을 잡을 수가 없다.

산책 나온 부부의 안내를 받아 오른쪽으로 방향을 잡는다. 30여 분간 후줄근하게 땀을 흘리며 정상에 올라서니 새벽부터 달려온 보람을 한꺼번에 보상받고도 남을 만큼 전망 좋은 솔마루정자에 오른다. 유유히 흐르는 태화강을 사이에 두고 십리대숲과 삼호대숲에 둥지를 튼 백로 무리들이 장관을 이룬다.

대나무 숲이 팬더곰의 서식지로만 알고 있었는데, 푸른 대숲의 가지 끝에 둥지를 틀고 있는 모습은 고귀한 품격이 살아나는 보금자리라 할 수 있다. 인간과 자연이 조화를 이루는 태화강. 동식물이 살아야 인간도 살 수 있다는 환경론자들의 주장이 실감나는 현장이다.

유유히 흐르는 태화강을 중심으로 삼호대밭과 십리대밭이 울창한 숲을 이루고, 백로들이 무리 지어 날아오르는 울산이야말로 다른 도시에서는 볼 수 없는 진풍경이다. 현대 가문이 이루어 놓은 공업도시 울산. 악취 풍기던 태화강에 물고기들이 살아나그 먹이 찾아 모여든 백로의 모습을 바라보며 환경이 살아 있는 울산을 실감한다.

고만고만한 봉우리 몇 개를 넘은 뒤에야 태화강전망대와 십리대숲이 내려다보이는 고래전망대에 도착한다. 예천의 회룡포를 연상하는 지형의 가장자리가 울산이 자랑하는 십리대숲이다. 가파른 비알길을 단숨에 내려서니 해파랑길 이정표가 반겨 준다. 지나온 길을 생각하면 반가움보다는 원망이 앞선다.

태화강전망대는 9시부터 개장을 한다는 안내문을 바라보며 자전거 도로가 펼쳐지는 둔치로 내려선다. 이곳이 6구간과 7구간의 경계 지점이다. 유유히 흘러가는 태화강을 중심으로 삼호대숲과 십리대숲이 펼쳐지고, 강바람을 가르는 자전거와 조깅하는 사람, 걷는 사람 모두가 행복한 아침이다.

영남알프스의 산정에서 발원한 태화강이 언양 읍내를 휘돌아 울산시 중구로 들어오며 삼호대숲과 십리대숲을 펼쳐 놓으니, 국내 최대의 백로와 까마귀들이 둥지를 틀고, 정화된 강물 위로 날아오르는 숭어 새끼(모치)들의 담방구치는 모습이야말로 자연이 살아 있음을 보여 준다.

무거천이 있는 상류로 거슬러 올라가면, 잘생긴 정자나무가 있는 삼화교에 도착한다. 태화강에서 가장 오래된 삼화교는 1924년 준공된 철근 콘크리트 교량이다. 문화재 제104호로 등록된 삼화교는 길이 230m에 폭 5m로 울산 시민의 사랑을 받아왔지만, 세월의 흐름을 거스르지 못해 신(新) 삼호교가 건설되면서 보도로 사용하고 있다.

삼호교를 건너 다시 동쪽으로 유(U)턴한다. 태화강 둔치에 조성된 체육공원에서는 젊음의 함성이 메아리치고, 십리대숲이 시작되는 북쪽 끝자락에 있는 오산(鰲山) 만회정(晩悔亭)에 오른다. 자라를 닮아서 오산이라 부르는 이곳은 주변 경치가 아름다워 시인 묵객들이 풍류를 즐기던 곳이다.

물속의 고기를 관찰했다는 관어대(觀魚臺)를 비롯하여 만회정, 시원한 대숲의 향기와 강물, 삼호산의 푸른 숲이 어우러진 선경 속으로 빠져든다. "입추의 여지가 없다"는 말이 실감 날 정도로 하늘이 보이지 않는 대나무 터널이 이어진다. 밖의 온도가 30도를 넘는 한증막이지만, 청량감 넘치는 냉기와 우리 몸에 좋다는 음이온이 온몸을 감싸고, 제습 기능이 탁월하여 온몸이 보송보송하여 기분이 상쾌하다.

우리나라에서 대나무라면 담양을 으뜸으로 친다. 그곳에 가면 양지바른 언덕에 자리 잡은 죽녹원이 많은 사람들로부터 사랑을 받는다. 하지만 나는 이곳에 정감이 더 간다. 지키는 사람이 없어도 한 점 흐트러짐 없이 정갈하게 조성된 대나무 숲. 산책하는 길옆으로 놓인 벤치가 전부인 대숲십리 길은, 사람의 손길을 최소화하여 자연 그대로 숲을 이루고 산책 나온 주민들의 정담이 자국마다 묻어나는 곳이다.
　십리대숲이 끝나고 나면 작열하는 불볕더위가 기승을 부린다. 시원한 대숲에서 나온 뒤끝이라 더위에 대한 반응이 더욱 예민해진다. 둔치에는 각종 야생화가 반겨 주고, 디자인이 아름다운 십리대밭교와 뒤로 보이는 43층의 초고층 빌딩이 스카이라인을 그리며, 태화강 속으로 머리를 숙인다.
　태화교, 번영교, 학성교, 동천교를 지나 명촌대교 앞에 도착한다. 7구간은 성내삼거리까지 연장되지만 지난 3월 8구간을 이곳에서 시작했기에, 명촌대교를 건너 시외버스터미널까지 진행하는 것으로 이번 일정을 마감한다. 오전 11시, 모든 일정을 끝내고 따끈한 탕 속에 몸을 담그는 즐거움은 나만의 행복이다.

• 울산공업단지

　온산읍은 온화한 기후와 해안가를 중심으로 충적평야가 발달하고, 난류가 지나는 곳이라 풍부한 해산물이 생산되는 어촌 마을이었다. 1974년 4월 국가산업단지 개발구역으로 지정되면서, 중화학공업 및 비철금속공장을 중심으로 국가 산업 발전의 중추적 역할을 수행하고, 현대와 유공을 비롯하여 947개 제조업체가 가동 중에 있다.
　용연동 해안가에 터를 잡은 현대중공업은 조용한 어촌 마을에서 창조와 개척정신으로 조선 사업을 시작하여 세계 1위 조선대국으로 성장한 곳이다. 박정희의 집념과 정주영의 뚝심으로 일구어 낸 성공 비결은, 전쟁의 폐허에서 조국 근대화의 기치를 내걸고 경제개발 계획을 추진하면서 가장 절실한 것이 수출이었다.

수출을 하자면 물건을 실어 나를 배가 필요했고, 배를 만드는 조선소가 필요했기에 박정희는 정주영에게 조선소를 지으라는 의견을 제시한다. 뚝심의 정주영도 미국의 유명한 인사들을 만나본 후, 도저히 가능성이 없다는 사실을 대통령에게 보고한다. 나라의 발전을 위해서는 넘어야 할 지상 과제라는 사실을 설득하며, 강력하게 명령을 내린다. 이에 감동한 정주영이 영국의 버클레이 은행장을 찾아가 허허벌판의 울산 사진을 보여 주며 조선소 건립 자금을 빌려 달라고 간청을 한다.

하지만 당시 가난한 나라의 일개 중소기업 사장이 찾아와 큰돈을 빌려 달라고 하니 당연히 거절을 하고 만다. 뚝심의 정주영은 500원짜리 지폐에 그려진 거북선 사진을 보여 주며 한국이 옛날부터 조선업의 강국이었음을 설명하고 차관 도입에 성공을 한다. 그로부터 2년 후 울산 현대조선은 26만 톤급 유조선 어클랜틱 바론 1, 2호를 건조해 육영수 여사가 진수식 테이프를 끊게 된다.

울산은 1960년까지만 해도 조용하던 포구였다. 62년 시로 승격될 당시 인구 8만 5천 명의 울산이 특정 공업지역으로 지정되면서, 정유와 비료공장을 시작으로 1968년 자동차 제조공장, 1973년 현대조선소가 들어섰다. 1968년부터 매암동 일대에 석유화학공업단지가 조성되고, 비약적인 발전을 거듭한 울산은 1997년 광역시로 승격되어, 현재 116만 명이 상주하는 거대한 도시로 발전하고 있다.

아침 해장국으로 든든히 배를 채우고, 동녘 하늘이 밝아 오는 태화강을 향해 명촌대교를 건넌다. 명촌대교에서 바라보는 울산시는 큼직큼직한 공장들이 아성을 이루고, 철새들이 비상하는 태화강 둔치에는 황금색 갈대밭이 펼쳐진다. 자전거 길로 조성된 갈대숲으로 내려선 우리는 보무도 당당히 발걸음을 내딛는다.

갈대숲도 끝이 나고 제방으로 올라서면 아산로로 명명된 6차선 도로가 관통하고, 건너편으로 현대자동차 공장이 펼쳐진다. 태화강 기슭에 자리 잡은 현대자동차 울산공장은 명촌동에서 염포동까지 499만m²의 부지 우에 5개의 독립된 공장 설비에서 연간 162만 대의 생산능력을 갖추고 있다.

2007년에는 현대자동차그룹(기아자동차 포함)이 판매량 398만 7천여 대로 세계 5위의 자동차업체로 부상했다는 발표가 있었다. 우리 기업들이 세계 유수한 업체들과 어깨를 나란히 할 수 있는 원동력은 성실한 국민성과 지도자의 과감한 추진력이 성공 비결이라 할 수 있다.

공장 지붕 위로 태양이 솟아오르고, 태화강의 맑은 물 위에서 노니는 철새들이 울산의 미래를 노래하지만, 한때는 죽음의 강으로 버려진 태화강이었다. 공장의 굴뚝에서 검은 연기가 솟아오르는 것을 경제의 도약으로 선전하던, 마구 쏟아내는 폐수로 시궁창이 되었던 태화강. 인간이 살아갈 수 있는 쾌적한 환경을 만들기 위해 수많은 노력이 필요했다.

"백문불여일견(百聞不如一見)"이 실감 나는 곳. 울산이 공업도시라는 것이야 다 알고 있는 사실이지만, 자동차 수출을 위해 야적장에 주차한 모습이나, 배 한 척에 5천 대의 자동차를 실을 수 있다는 거대한 운반선을 바라보며 입이 딱 벌어지고 만다. 현대미포조선은 어떠한가.

울산광역시 동구에 있는 현대미포조선은 21만 평의 부지에 40만 톤급 도크 3기와 35만 톤급 도크 1기를 비롯해 2.6km의 안벽, 21기의 지브크레인 그리고 각종 첨단 자동화 설비를 갖춘 공장을 보유하고, 9천여 명의 직원들이 연간 80여 척의 선박을 생산하여 세계 최고의 경쟁력을 자랑하고 있다는 설명이다.

  울산이 비약적인 발전을 하게 된 배경에는 정주영 회장을 빼놓을 수가 없다. 1915년 강원 통천에서 태어난 정주영은 막노동으로 출발하여 한국 최대의 재벌이 된 인물이다. 1937년 9월 경일상회라는 미곡상을 시작으로 1946년 현대자동차 공업사를 설립했다. 1950년 현대건설 및 현대상운 사장을 거쳐, 현대가 그룹체제로 전환한 1971년부터 현대그룹 회장을 지냈다.

  1961년 군사정부 수립 이후 경제개발계획이 본격 추진되면서 해외시장으로 진출하여, '중동 붐'을 일으키며 오일 달러를 벌어들였다.

  1966년 자동차산업에 진출한다. 미국 포드자동차회사와 합작했던 현대는, 포드의 하청 공장에서 벗어나 1976년 최초로 국산 모델인 포니를 개발하는데 성공했고 1986년에는 자동차의 본고장인 미국 시장에 차를 수출하는 기적을 일구어 낸다. 1977년부터 전국경제인연합회 회장직을 맡기도 한 그는 서산 간척지를 조성하며 세계의 수리학자들도 손을 드는 물막이 공사를 유조선으로 성공한 뚝심을 발휘하기도 했다.

  해파랑길이 성내삼거리에서 화정동 숲길을 따라 방어진 체육공원을 지나게 되어 있으나, 염포산 터널 공사로 통행이 불가능하여 울산공단을 바라볼 수 있는 절호의 기회를 포기하고 만다. 방어진 체육공원에 있는 화정천봉수대는 가리산봉수대에서 연락을 받아 남목천(지금의 주전)봉수대에 전달하던, 울산의 관문을 지키는 봉수대 가운데 핵심이 되는 곳이다.

  SK주유소가 있는 방어동에서 해안을 따라 화암추 등대가 있는 울산만을 돌아오는 코스를 생략하고 방어진항으로 단축한 것은 두고두고 아쉬움이 남는 구간이다. 울주군 두서면 백운산 탑골샘에서 발원하여 47.5km를 흘러온 태화강이 합류하는 지점이다. 울산이 공업도시로 발전할 수 있었던 것도 태화강이 있어 가능했고, 강과 합류하는 울산만이 중앙 깊숙이 들어와 강어귀의 너비가 약 7.5km에 이르러는 입지적인 조건을 갖추고 있다.

방어가 많이 잡혀서 방어진항으로 부르는 이곳은, 삼면이 육지로 둘러싸여 천혜의 조건을 갖춘 어항이었다. 방어진항 입구에 있는 슬도는 파도가 칠 때마다 거문고 소리가 난다고 하여 슬도(瑟島)라 부르며, 육지와 방파제로 연결하여 울산 시민들의 산책 코스로 각광을 받고 있다.

이곳 방어진항과 슬도 등대는 MBC 주말 연속극 '욕망의 불꽃과 메이퀸'의 촬영지로 알려지며 유명세를 더 하고 있다. 거센 파도와 등대, 해파랑길 구간 중에서 가장 높은 파도를 맞는다, 물밀듯이 밀려오는 파도가 방파제에 부딪치며 일으키는 물보라는 가슴속이 후련하도록 짜릿한 희열을 느낀다. 상어바위, 소바위, 고동섬으로 이어지는 동해안의 절경을 지나 만나는 곳이 대왕암공원이다.

울산시 동구 일산동에 있는 대왕암공원은 옛 선비들이 해금강으로 불렀을 정도로 경관이 아름다운 곳이다. 이조 시대에는 목장으로 사용하기도 한 동원에는 대왕암, 남근바위, 용굴, 탕건암, 자살바위 등 기암괴석과 100년이 넘는 해송 15,000그루가 숲을 이루고 있다.

1906년 건립한 율기등대가 있어 율기공원으로 불렀는데, 일제의 잔재가 남아 있다는 비판에 따라 2004년 대왕암공원으로 고쳐 부르고 있다. 삼국 통일을 완수한 문무왕이 통일 후에도 불안정한 국가를 걱정하여, 자신을 동해에 묻으면 용이 되어 나라를 지키겠다는 유언에 따라 양북리 앞바다 큰 바위에서 장례를 치르고 대왕암이라 불렀다.

이후 문무왕비도 문무왕의 유지를 받들어 이곳에 수장하니, 경주에 있는 대왕암은 문무대왕의 수중릉이고, 울산에 있는 대왕암은 문무대왕비가 묻힌 곳으로 전해진다. 대왕암 가는 길은 현대중공업에서 협찬한 철교로 육지와 연결된다. 동해의 푸른 물결이 댕바위 수중릉으로 물보라를 일으키는 모습은 문무왕비의 혼이 살아 숨 쉬는 듯, 장관을 이룬다.

새천년을 맞이하여 전국의 일출 명소를 선정하면서, 이곳 대왕암과 간절곶이 최종 경쟁을 벌였다고 한다. 간절곶이 1초 먼저 뜬다는 결론에 따라 간절곶을 일출의 명소로 정했다고 한다. 율기등대를 중심으로 해안가의 기암괴석이 갖가지 전설을 간직하며 우리를 일산해변으로 인도한다.

- 벽화마을 주전항

비 소식과는 무관하게 우리는 일산해변에서 일출을 기다린다. 잔잔하게 부서지는 백사장, 마을 앞으로 펼쳐지는 반달 모양의 백사장이 600m에 이르고 수심이 1~2m로 얕고 완만하여 어린이를 동반한 가족 나들이하기에 좋은 곳이다.

일산해수욕장을 지켜 주는 천하대장군과 지하여장군 사이로 떠오르는 일출을 바라보며 우리의 발걸음이 시작된다. 아름다운 해변을 뒤로하고 중심가로 들어서면서 작은 어촌으로 생각하던 우리의 생각이 여지없이 빗나가고 만다. 번화가의 중심 상권은 강남이 무색할 정도로 화려하고 활기가 넘친다.

신라 시대 이곳으로 유람 온 왕이 일산(日傘)을 펼쳐 놓고 즐겼다는 일산동(日山洞)은 울산광역시 동구에 속하는 행정동이다. 울산이라는 도시 자체가 현대로 인해 잉태되고, 인구 17만의 동구는 현대중공업이 발전하면서 생겨난 도시라 할 수 있다.

홈플러스 교차로에서 오른쪽으로 방향을 잡아 방어진 순환로를 따라가면, 오른쪽으로 세계 제일의 조선소 현대중공업이 시작되고 왼쪽으로는 번화가와 배후 도시 아파트들이 이어진다.

해변을 매립하여 축조된 현대중공업은 그 크기를 가늠하기조차 어렵다. 담장의 길이가 5km에 부지런히 걸어도 1시간이 족히 걸리는 거리다. 출근하는 직원들의 사기도 당당하고, 정문을 지키는 경비원들의 절도 있는 행동에서 세계 최고라는 자부심을 느낄 수가 있다.

현대호텔과 울산대학병원, 현대백화점이 있는 중심가를 지나며 중공업 직원들의 보금자리가 펼쳐진다. 직원들의 평균 연봉이 6천만 원을 넘는다고 하니, 우리나라 경제를 좌우하는 울산의 자부심이 모여 있는 곳, 중심가의 활기 넘치는 모습이 자랑스럽다. 안산삼거리에 도착해서야 현대중공업도 끝이 난다.

번화가를 지나온 우리는 해안가를 찾아 봉대산을 넘는다. 정상을 오르는 중간에 남목마성(男牧馬城)이 있다. 말이 도망가지 못하도록 1~2m 높이의 돌로 쌓은 담장이다. 조선 시대에는 전국의 섬이나 해안가를 중심으로 200여 곳에 말을 기르던 방목장이 있었는데, 남목마성도 그중에 한 곳이다.

완만한 분지를 이루는 목장의 억새밭 사이로 봄의 전령사인 진달래가 함박웃음을 터트린다. 서울에서는 영하의 날씨로 몸을 움츠리는데, 따듯한 남쪽 나라의 훈풍이 어느새 꽃망울을 활짝 열고 있다. 삭막한 공장과 도심에서 일상의 피로를 풀어주는 봉대산이야말로 울산 시민들에게는 허파와 같은 존재로서, 심신을 단련할 수 있는 소중한 곳이다.

정상에 올라서면 거대한 원형 돌탑처럼 보이는 봉수대가 반겨 준다. 높이가 6m에 이르는 꼭대기는 움푹 파인 네모난 방이다. 봉수대 앞의 바다 쪽으로 튀어나온 암반에 오르면, 남북으로 길게 이어지는 해안선과 망망대해가 장쾌하게 펼쳐진다. 또한 이곳은 노송과 어우러지는 경관이 뛰어나고, 현대중공업을 바라볼 수 있는 곳이라, '메이퀸'의 촬영지로 선정된 곳이다.

봉수대를 관리하는 봉화사가 있어서 주변 환경이 깨끗하게 보존되고 있다. 정상에서 해안가로 이어지는 길은 급경사 비알길이다. 한여름에는 아름다운 야생화로 어우러질 월남정에 도착하여 배낭을 풀어 놓는다. 도토리묵에 찐 계란까지, 주섬주섬 쏟아내는 먹거리가 훌륭한 안줏감이다.

'지압로'로 명명된 돌 자갈길은 귀가 즐겁다. 걷는 내내 서걱거리는 몽돌 소리가 귀를 간질이고, 파도에 쓸리는 몽돌의 합창 소리가 끊이지 않는다. 억겁의 세월이 지나는 동안, 거친 바위들이 몽돌로 변하여 반질반질 윤기를 더하고, 거칠고 메마른 우리의 심사를 달래 주기에 안성맞춤이다.

거친 풍랑 속에서도 옹골차게 버티고 선 노송 한 그루, 바위 틈새에 뿌리를 박고 독야청청 천수를 누리는 모습은 모든 일을 쉽게 포기하고, 편안함에 안주하는 우리에게 큰 교훈을 안겨 준다.

주전봉수대에서 북쪽으로 3km 떨어진 주전초등학교 앞에는 이득 등대가 있다. 어린이 미끄럼틀을 겸하고 있는 등대는 동화 속의 작품으로 손색이 없다. 해파랑길을 지나오며 갖가지 모양의 등대를 만난다. 그중에서 가장 돋보이는 등대가 바로 주전항을 밝혀 주는 탑 모양의 등대다.

주전항을 상징하는 명소로 탄생한 벽화는 높이가 5m에 길이가

180m인 주전항 북방파져를 배경으로 하고 있다. 방금 물질을 끝내고 뭍으로 올라오는 해녀의 반신부조상이 압권이다. 해산물을 채취하는 해녀, 돌미역을 말리는 모습 등 주전항의 풍경을 타일 벽화로 그려놓은 방파제 끝자락에 조화롭게 서 있는 붉은색 탑 모양의 등대와 빨강, 노랑, 파랑, 녹색으로 색깔을 입힌 4개의 Y자형 테트라포드가 조화를 이룬다.

방파제를 지탱하는 테트라포드는 발이 4개 달린 구조물로 중심의 무게가 밑에 있기 때문에 강한 해일에도 견딜 수 있는 가장 안정적인 모습이다. 표면이 둥글고 삼발이 사이로 물이 자유로이 드나들 수 있기 때문에 물의 저항을 덜 받는다. 방파제 구경 나온 사람들이 테트라포드에 올라가는 것을 좋아하지만, 삼발이 사이로 한번 빠지면 나올 수 없는 구조라고 하니 조심해야 할 일이다.

등대는 하얀색과 빨강색이 한 쌍을 이루고 있다. 바다에서 항구 쪽으로 바라볼 때 오른쪽에 붉은 등대를, 왼쪽에 하얀 등대를 설치하여 선박이 항구로 접안할 수 있도록 정해 놓은 해상 규칙이라고 한다.

"주전바다에 가면 모나고 비뚤어진 마음도 둥그러지고, 차르르 차르륵 결고운 소리로 어두운 밤에도 몽돌을 깨우며, 주전바다에서 노닐던 하얀 언어들이 물안개 피어오르는 해변가를 가득 수놓는다."고 노래한 주여옥 시인의 시편을 뒤로하고 주전마을을 떠난다.

울산12경에 속하는 몽돌해변은 주전항 북쪽으로 펼쳐진다. 1.5km에 이르는 강동항까지 까만색 몽돌이 가득하다. 크기도 제각각이어서 사각사각 밟히는 소리가 정겹고, 앙증맞은 돌 사이로 흐르는 자장가 소리에 시간 가는 줄을 모른다. 손아귀에 쏙 들어오는 조약돌 하나를 집어, 몽돌해변의 추억을 소중하게 간직한다.

어물동마애여래좌상 입간판이 있는 곳이 어물항이다. 행정동이 강동동인 어물항은 멀리 삼국 시대부터 독립된 행정구역으로 신라 파사왕 때 이곳에 현치를 두고, 농소, 방어진, 감포까지 관할 구역이었다는 기록이 있다.

범죄 없는 마을 어물동 구암 마을에서 금천교를 지나 당사동으로 들어서면 예쁜 화장실이 보인다. 월드컵을 개최하며 변하기 시작한 화장실 문화가 내적인 청결함을 지나 외적인 아름다움까지 더하고 보니, 우리의 의식 수준이 한 단계 격상된 모습이다.

당사동에서 정자항까지는 고통의 구간이다. 푸른 물결이 암초에 부딪치며 포말을 일으키고 아슬아슬한 벼랑에 낚싯대를 드리우는 강태공을 바라보는 눈은 즐겁지만, 자갈길을 걸어가는 두 다리는 죽을 맛이다. 울퉁불퉁 자갈을 밟는 발바닥에 경련이 일고, 급격히 소진되는 체력으로 몸의 균형을 잃고 비틀거리기 일쑤다. 그래도 가야 한다. 고통의 순간이 지나고 나면, 행복의 나래가 펼쳐지는 정자항이 손짓하기에….

고래가 힘차게 비상하는 등대 모형이 있는 방파제에서 바라보는 정자항은, 인천의 소래포구와 대명포구와 같이 방문객으로 발 디딜 틈이 없고, 신바람 난 상인들의 호객 행위로 수라장이다. 울산에서 가장 북쪽에 있는 정자항은 울산 시민들이 즐겨 찾는 먹거리촌이다.

정자항의 주요 어종은 문어와 가자미인데, 최근 수온 상승으로 울진, 영덕의 중심 어종이었던 대게를 정자 앞바다에서도 잡을 수 있게 되면서, 대게 전문시장으로 탈바꿈하고 있다. 이곳은 선사 시대부터 고래가 회유했던 곳으로, 고래잡이 전진기지로 활용되기도 했었다고 한다. 생각보다 비싼 대게를 포기하고, 경주 보문단지에 있는 콩이랑 식당으로 자리를 옮긴다.

2. 화랑 순례

• 호국불교 감은사지

  집안의 대소사와 유럽 여행을 다녀오는 동안 '함께 하는 등산클럽'의 해파랑길 본대와 많은 격차가 벌어지고 말았다. 그들과 다시 만나기 위해서는 특단의 조치가 필요하여 2박 3일간의 일정으로 단독 트레킹에 나선다. 강남고속버스터미널에서 심야 우등고속버스에 올라 울산고속터미널에 도착하니 새벽 4시 30분이다.
  우선 해장국집을 찾아 아침을 해결하고, 해파랑길 가이드 라인에서 지시하는 대로 북구청 남문까지 왕래하는 시내버스 246번 버스정류장을 찾아가던 중, 시외버스터미널에서 혹시나 하는 생각으로 안내원에게 물어보니, 감포항까지 가는 버스가 6시에 출발한다는 소식이다. 정자항에 도착하니 6시 30분, 한 시간 가까이 시간을 단축하고 보니 오늘의 여정이 그만큼 수월하게 진행된다.

한 달 반 만에 찾아온 정자항은 변함이 없고, 수평선 위로 떠오르는 태양이 살포시 미소 짓는다. 30여 명이 다정하게 걸어가던 그 길을 나 홀로 걷는 길이 더욱 허전하다. 고독의 길로 표현되는 나 홀로 가는 길에서 외로움을 덜기 위해 주변에 펼쳐지는 바닷가를 배경으로 연신 카메라 셔터를 눌러 댄다.

정자항 번화가를 벗어나면 고즈넉하고 한적한 어촌이 지속되고, 세종하우스와 프린스호텔을 지나며 강동화암 주상절리가 펼쳐진다. 주상절리란 용암이 식으면서 기둥 모양으로 굳어진 것을 말한다. 기둥의 단면이 4각~6각형으로 다양한 모습을 보이며, 균열들이 수직으로 발달하여 현무암층이 수천 개의 기둥으로 탄생한다.

울산시 기념물 42호로 지정되어 있는 강동화암 주상절리는 울산시 북구 산하동 952번지 일원에 분포되어 있다. 화암 마을의 주상절리는 신생대 제3기(약 2,000만 년 전)에 분출한 용암이 냉각하면서 열 수축작용으로 생성된 냉각절리이다. 주상체 횡단면이 꽃무늬 모양을 하고 있어, 마을 이름을 화암(花巖)이라 부르게 되었다고 한다.

강동화암 주상절리는 수직과 수평 방향의 절리가 동시에 일어나고, 비스듬히 누워 있는 모습과 부분적으로 부채꼴 또는 꽃모양 형상을 갖는 보기 드문 사례로 꼽힌다. 특히 부채꼴 형상의 주상절리는 세계 어느 곳에도 없는 귀한 형태를 갖고 있어, 세계자연유산 등재와 지질공원으로 지정될 수 있는 충분한 가치가 있다고 장윤득 경북대학교 교수는 주장한다.

이른 아침부터 많은 낚시꾼들이 갯바위에 올라앉아 고기잡이에 여념이 없고, 마을 선착장에서는 미역 건조 작업이 한창이다. 노인들의 부지런한 손놀림으로 건조되는 미역들이 자식 키워낸 학자금이요. 바다를 바라보며 살아가는 생명줄이다.

젊은 시절 거친 파도를 벗 삼아 겁나는 것이 없던 그들도 세월 앞에 장사가 없다고. 굽어진 잔등으로 짐수레를 밀고 당기는 노부부의 정경이 고단해 보인다. 사르르 사르르 몽돌 사이를 빠져나가는 파도 소리에 귀를 기울이며 수렴리 바닷가에 도착하여 대성횟집을 지나면, '코오롱 휴양소'가 나타난다.

전국의 아름다운 명소마다 자리를 먼저 차지하는 곳이 종교 시설이요, 기업의 휴양 시설이다. 코오롱연수원이 있는 이곳은 수십 길 벼랑을 배경으로 그림 같은 리조트가 자리를 잡고, 푸른 바다를 배경으로 잔자갈이 가지런히 깔려 있는 몽돌해수욕장에는 기기묘묘한 현무암들의 집합장이다.

그중에서도 타워 꼭대기에 뿌리를 박고 천수를 누리는 소나무 한 그루가 압권이다. 코오롱 측에서도 끈질긴 생명력을 과시하는 소나무에 이끌려, 이곳에 휴양 시설을 조성하지 않았나 싶다. 계단을 따라 벼랑을 올라서면, '바다와 소나무' 펜션을 만난다.

신명해변에서 해안도로를 따라 약 1km 정도를 달려가면 이제는 행정구역이 울산시에서 경주시로 바뀌게 된다. 길가에는 경상북도 표지석이 근엄하게 자리를 잡고, 펜션 '하늘빛 바다'가 있는 관성리 해안가로 내려선다. 몽돌과 모래가 뒤섞인 해수욕장과 아름드리 해송이 군락을 이루는 해변가에 캠핑 나온 가족들의 모습이 정겹게 보인다.

망망대해가 바라보이는 정자 옆으로 '무장공비 격멸전적비'가 자리 잡고 있다. 1983년 8월 5일 새벽, 이곳으로 침투한 무장공비 5명을 사살하여 국가 안전 보장에 기여한 공로를 기념하고 멸공 교육 현장으로 보존하기 위해 해병대에서 세운 기념비다. 6·25전쟁이 발발한 지 60여 년이 넘었어도 남북 간의 대치는 여전하고, 호시탐탐 노리는 저들의 술수에 기만당하지 않으려면 우리의 느슨한 반공 이념을 새롭게 다잡아야 할 것이다.

드디어 하서해안공원에 도착한다. 권태로운 일상에서 탈출하여 오붓하게 가족 나들이 나온 캠핑족들이 소나무 그늘에 자리를 잡고, 이동식 보금자리에서 재잘거리는 이야기와 웃음소리가 행복의 신호탄으로 들려온다. 울창한 수림과 시원한 바다가 펼쳐지는 하서공원을 뒤로하고 주상절리가 펼쳐지는 읍천리를 향해 길을 떠난다.

하서항에서 읍천항까지 약 1.4km에 걸쳐 펼쳐지는 갖가지 형태의 주상절리를 만나게 된다. '주상절리파도소리 길'로 명명(命名)된 산책로에는 기울어진 주상절리, 누워 있는 주상절리, 위로 솟은 주상절리를 비롯해서 부채꼴 주상절리까지 다양한 주상절리들을 바라보며 관광객들의 탄성이 터져 나온다. 천연기념물 536호로 지정된 양남 주상절리군 중에서도 마그마가 다양한 방향으로 냉각되면서 생긴 부채꼴 모양의 절리(암석의 결)가 단연 으뜸이다.

아름다운 소나무와 벼랑길을 돌아가면 그림 같은 현수교와 만난다. 길이가 32m에 불과하지만, 벼랑 아래서 포말을 일으키는 짜릿함은 가슴속에 잡다한 생각들을 씻어 주는 청량감을 맛보게 된다. 다음으로 만나는 곳이 그림 벽화로 유명한 읍천 마을이다. 삭막하던 담장이 아름다운 꽃으로 피어나고, 색소폰의 향연이 울려 퍼지는 골목길에는 어부들의 삶이 묻어 나온다.

나아해변에 도착하며 해파랑길 10구간을 완주하게 된다. 하지만 지금부터가 문제이다. 아름다운 해안가를 바라보며 더 이상 앞으로 진행할 수 없는 것은, 국가 기간산업인 월성 원자력발전소가 앞길을 가로막고 있기 때문이다.

고리 원자력발전소에 이어 2번째로 건설된 월성 원자력발전소는 국내에서 유일하게 중수로형 원전과 경수로형 원전을 보유하고 있다. 90여 만 평의 부지에 50만 평의 발전시설을 갖추고, 4기의 원자로에서 340만kw를 생산하고 있는 우리나라 기간산업의 중추적인 역할을 담당하고 있는 곳이다.

나아해변에서 봉기해변까지는 도보로 통과할 수 없는 구간이다. 중간에 새로 개통된 봉길터널을 지나야 하는데, 2km나 되는 터널이 위험하여, 해파랑길을 개척한 주체 측에서도 유일하게 차량 이동 구간으로 설정해 놓은 곳이다. 경주와 양남면 사이를 오가는 150번 버스가 한 시간 간격으로 운행하고 있어, 버스 정류장에서 휴식을 겸하여 버스를 기다리기로 했다.

다행히 10여 분 만에 버스에 오를 수가 있었으니, 오늘은 이래저래 운이 좋은 날이다. 2km의 편도 1차선 봉길터널이 그렇게도 좁아 보일 수가 없고, 사람이 걸어서 가기에는 너무도 위험하다는 사실을 확인하며, 마의 구간을 쉽게 통과할 수 있게 되어, 그동안의 마음고생이 봄눈 녹듯 사라진다.

터널을 빠져나오면 곧바로 봉길해안가로 이어지고, 송림이 무성한 백사장을 나서면 문무대왕의 수중릉을 만나게 된다. 해파랑길을 지나오며 숱하게 들어온 대왕암을 직접 볼 수 있다는 생각에 마음이 조급해진다. 기대가 크면 실망이 크다고 했는가. 해안가에서 200여m 떨어진 곳에 솟아 있는 평범한 바위가 수중릉이란다.

안내 간판이 아니면 그대로 스쳐 지나치기 십상이다. 노점상 할머니의 말씀으로는 이곳을 성역화하여 공원으로 조성하고 대왕암까지 다리로 연결하려 했지만, 이곳의 지형이 낮아 해일의 피해가 크기 때문에 사업을 추진하지 못한다는 설명이다. 대왕암(大王岩)은 신라 제30대 문무대왕의 수중릉(水中陵)이고, 사적 제158호로 지정되어 있다.

죽어서도 용이 되어 나라를 지키겠다던 문무대왕의 우국충정이 서려 있는 수중릉에서 경주 쪽으로 31번 국도를 따라가면 감은사지 삼층석탑을 만난다. 문무대왕의 아들인 신문왕이 용이 된 아버지가 머물 수 있도록 지었다는 감은사지 삼층석탑은 우리나라 석탑의 시원이라고 전해지며 넓은 마당에 나란히 서 있는 쌍탑의 모양새를 갖추고 있다.

감은사는 삼국을 통일한 문무대왕이 새 나라의 위엄을 세우고, 당시 틈만 나면 동해로 쳐들어오는 왜구를 부처의 힘을 빌려 물리쳐 나라의 안정을 도모하고자 동해 바닷가에 터를 잡은 호국불교의 본산이다. 문무대왕은 생전에 절이 완성되는 것을 보지 못하고, 그 아들인 신문왕이 아버지의 뜻을 이어받아 즉위 이듬해인 682년에 완공하였다.

또한 대본리 바닷가에는 문무대왕이 보낸 만파식적을 건네받았다는 이견대와 대종천이 바다와 만나는 곳을 동해구라 하여 신라가 동해로 나가는 관문이 있던 곳이다. 통일신라의 화려한 문화를 꽃피우고 국태민안(國泰民安)의 태평성대(太平聖代)를 구가하는 초석(礎石)도 문무대왕의 우국충정(憂國衷情)에서 비롯됐다.

통일신라의 유적지를 돌아보고 해파랑길은 감포항을 향해 북상한다. 대본3리 할매신당과 머리에 소나무 화관을 눌러쓴 촛대바위를 지나면, 아직도 근무 중인 해안초소를 피해 마을의 골목길을 거슬러 오른다. 몽돌 밭을 걸어가면서 아려오는 발바닥은 초병들이 이겨내는 체험의 현장이요, 해파랑 길을 헤쳐 가는 고난의 훈장이다.

지중해 펜션을 지나 식욕을 자극하는 '돌고래 횟집' 앞에서 발걸음을 멈춘다. 인간의 원초적인 3가지 욕구가 수면욕과 식욕 다음이 성욕이라 한다. 어느 것 하나 소홀히 할 수 없지만, 배고픔만 한 고통도 없을 것이다. 새벽 해장국으로 20km가 넘는 길을 걸어왔으니, 항우 장사인들 견디어 내겠는가. 전망 좋은 3층 테라스에 자리를 잡고 싱싱한 회덮밥으로 포식을 하고 보니 세상에 부러울 것이 없다.

세월아 네월아, 배도 부르겠다. 급할 것이 무에 있는가. 만경창파를 벗 삼아 바람 부는 대로 구름 가는 대로 이어 가는 발걸음에 십리포구 나정해수욕장이 반겨 준다. 해수욕장 중앙에 자리 잡은 노래비 '바다가 육지라면'은 정귀문 작사, 김인권 작곡에 조미미가 불러 히트한 대중가요다.

경주 현곡에서 태어난 향토 음악인 정귀문 선생은 '바다가 육지라면' '마지막 잎새'를 비롯하여 1,000여 곡의 주옥같은 곡을 발표하고, 평생 고향을 지켜오며 고향을 소재로 서정적인 노랫말을 만들어낸 가요 창작인이다. "얼마나 멀고 먼지 그리운 서울은, 파도가 길을 막아 가고파도 못 갑니다…."

거마상이 날렵하게 하늘을 날고 있는 전촌항. 신라 때 왜구의 침입을 막기 위해 병마가 주둔했던 곳으로 알려진 이곳은, 북쪽의 산세가 말이 누워 있는 형상이라 거마산으로 부른다고 전해진다. 또한 이곳 공원에는 대한민국에서 가장 아름다운 화장실이 있다. 외관이 어찌나 아름다운지 홍보 전시관으로 착각을 하게 된다.

해국 자생지가 있는 송림 속 오솔길은 암초들이 별천지를 이루고, 군 초소가 있는 해안가는 야간 통행이 금지되는 곳이라 일몰 이후에는 군 당국의 허락을 받아야만 한다. 마침내 오늘의 목적지인 감포항이 얼굴을 내민다. 감포항 부둣가에 즐비한 모텔들, 입맛대로 골라잡아 드림모텔에 여장을 푼다.

• 감포항 송대말등대

　트레킹 2일째 날이 밝았다. 간단하게 아침 요기를 하고 숙소를 나오니 태양은 벌써 수평선 위로 떠오른 뒤라 일출을 보지 못하고 말았다. 활어 공판장이 가까워 오며 걸쭉한 입담으로 부르는 경매가 한창이다. 제철을 맞아 밤새 잡아온 가자미 상자들이 질서정연하게 진열된 가운데 도매상인들의 예리한 눈초리와 손가락 춤사위가 일사불란하게 벌어진다.

　시간 관계상 끝까지 지켜보지 못하고 돌아서는 발걸음에, 일렬로 늘어선 어부들이 그물코를 잡고 고기 털어내는 작업이 한창이다. 선소리의 구령에 따라 똑같은 몸동작으로 흔들어 대는 모습이 너무도 진지하여 말참견할 겨를이 없다. 무슨 고기인지 알아보지도 못한 채, 송대말공원으로 발길을 옮긴다.

　아름드리 해송이 숲을 이루는 송대말공원은 감포항을 보듬어 안고 있는 날갯죽지처럼 바다 쪽으로 돌출된 부분이다. 감포항을 한눈에 내려다볼 수 있는 언덕은 일출 장소로도 명성이 높은 곳이다. 우리나라 등대 12경에 선정될 정도로 아름다운 외모를 자랑하는 송대말등대는 등대박물관이 있어 우리나라 등대의 변천사를 알아볼 수가 있다.

　송대말공원이 있는 해안가는 현무암의 암초들이 많아 감포항을 출입하는 선박들이 어려움을 겪는 곳이다. 1933년 감포어업협동조합에서 등간을 설치한 것을 시작으로, 1964년에는 대형 등탑을 설치하여 유인 등대로 전환하였고, 2001년 등대를 종합 정비하면서 신라 시대를 대표하는 문무왕의 업적을 기리는 의미에서 감은사지 3층석탑을 모방하여 개관하였다고 한다.

　송대말등대를 뒤로하고 해안가로 내려서면 오류리 해변 마을이다.

조용한 어촌 마을에는 견공들 세상이다. 보초 서는 강아지의 신호에 따라 온 동네가 떠나가도록 난리법석을 떨어도 인기척하나 보이지 않는다. 척사길과 장바위길을 거슬러 오류해변에 도착하면, 낚시꾼들의 텐트가 줄지어 늘어서고, 나룻배까지 동원하여 망중한을 즐기고 있다.

검은 모래가 깔려 있는 고아라해변을 지나면 암초들의 전시장이다. 천태만상의 바위 군상들이 조물주의 작품인가. 억겁의 세월을 지나오며 깎이고, 부서지고, 다듬어져 아름다운 조형물로 탄생한 자연의 조화로움에 넋을 잃고 만다.

연화의 전설이 서려 있는 바위에 새로 지은 연화정. 백제를 정벌하고 돌아와 궁으로 함께 가자던 장군의 말을 가슴 깊이 새기며, 망망대해를 바라보던 연화는 간 곳이 없고, 신발만이 덩그러니 놓여 있었다나.

연동 마을 삼거리에 세워진 해파랑길 표지목엔 '⇦감포 4.5km | 양포항 6.6km⇨'로 적고 있다.

'발견이의 도보여행' 대표인 윤문기 사장의 지적대로 감포항에서 2km 지점부터 거리를 표시하고 있으니, 실제로는 감포항에서 6.5km가 되는 거리이고, 현 지점에서 6.5km를 가야 감포항에 도착한다는 설명이다. 여러 곳에서 발견되는 이러한 오류는 하루빨리 시정되어야 마땅할 것이다.

풍력발전기가 돌고 있는 두원리를 지나 해안가로 내려서면, 바위섬 꼭대기에 군부대 초소가 있고, 그 주위로 현무암의 암초들이 멋지게 펼쳐진다. 바위에 부서지는 물보라와 몽돌 사이를 파고드는 파도가 장관을 이루고, 북쪽으로 펼쳐지는 소봉대가 그림처럼 펼쳐진다.

소봉대는 작은 봉수대가 있었던 섬으로 빼어난 경관과 경치가 아름다워 예로부터 시인 묵객들의 발길이 끊이지 않았던 곳이다. 조선 시대 회재(晦齋) 이언적(李彥迪) 선생이 동해안을 거닐던 중 해안의 빼어난 절경과 소봉대의 아름다움에 발길을 멈추고 시 한 수를 지었으니, "대지 뻗어나 동해에 닿았는데/ 천지간 어디에 삼신산이 있느뇨/ 비속한 티끌 세상을 벗어나/ 추풍에 배 띄워 선계를 찾고 싶네."

제철 만난 해당화가 진분홍 꽃망울을 활짝 열고 길손을 유혹한다. 명년 삼월 봄이 되면 너는 다시 피련만은, 우리 인생 한 번 가면 다시 오기 어려워라. 바닷가 모래톱에 뿌리를 박고 모진 풍파 이겨 내며 피어나니 더할 수 없이 곱디곱다.

계원1리로 들어서면 폐교된 분교를 개조하여 설립한 손재림문화유산전시관이 반겨 준다. 직접 관람은 못했지만, 개인의 땀으로 일구어 낸 전시관이라 더욱 정감이 간다. 밭이랑을 지나 마을 길로 들어서면 벼랑길에 가로막혀 해파랑길도 마을 뒤편으로 이어진다.

낯선 마을에 들어서면 개들의 동태부터 살피는 것이 습관이 되어 주위를 살피며 돌담길을 돌아서는데, 뒤에서 느닷없이 달려드는 물체에 속수무책으로 당할 수밖에 없다. 외마디소리를 지르며 돌아보니 누렁이 한 마리가 나의 겨드랑이에 앞발을 끼고 꼬리를 흔드는 것이 아닌가.

어찌나 놀랐던지 가슴이 철렁 내려앉으며 한숨을 내쉬는데, 나의 절박했던 심정을 아는지 모르는지 꼬리를 흔들며 저만치 앞질러 가고 있다. 나에게 저의가 없다는 것을 간파하고 누렁이의 뒤를 따르는데, 힐끔힐끔 뒤돌아보며 한 치의 어김도 없이 고개를 내려설 때까지 길 안내를 하고는 슬금슬금 자리를 뜨고 만다. 정말로 신기하고 고마운 누렁이를 잊을 수가 없다.

양포항에 도착하며 12구간을 종료한다. 양포항은 너른 백사장이 펼쳐지는 관광지이지만 해수욕보다는 바다낚시로 더욱 유명한 곳이다. 현재 시각이 10시 30분, 점심 시간으로는 이른 시각이라 식사할 만한 곳이 마땅치 않다. 장군식당으로 들어서니 중국집이다. 잡채밥으로 요기를 하고 또다시 구룡포를 향하여 길을 더난다.

　장기면 마현리에는 작은 백사장에 앙증스러운 섬 2개가 있어 어린이 놀이터로 안성맞춤이고, 이곳으로 흘러드는 장기천을 거슬러 오르면, 이 고장의 진산인 동악산에서 동쪽으로 뻗은 등성이에 장기읍성이 자리 잡고 있다. 1011년(고려 현종 2년) 여진족의 침입에 대비하여 쌓은 토성(土城)이었으나, 조선 시대에 들어와 왜구의 침입에 대비하여 석성으로 다시 정비하여 군사기지로 사용하였다고 한다.

　괴청 끝의 벼랑을 피해 산 고개를 넘어가면, 송림 사이로 펼쳐지는 영암리 선착장이 한 폭의 그림처럼 아름답다. 에게랄드 쪽빛 바다를 바라보며 옹기종기 모여 사는 포구는 든든한 방파제로 감싸고, 감바우에서 수룡포까지 펼쳐지는 백사장은 수심이 얕고, 고운 입자들이 가득하여 어린이를 동반한 가족 나들이의 휴식처로 좋은 곳이다.

　대진리와 모프리를 지나는 해안가로는 양식장이 곳곳에 자리 잡고 있다. 남해안의 가두리양식장은 마을 앞의 청정 해역에 부표를 띄워 놓고 양식장을 설치하지만, 동해안은 방파제로 둑을 쌓아 반영구적인 시설물 속에서 전복을 비롯한 해산물을 기르게 된다. 서로간의 장단점은 있겠으나 동해안의 양식장은 태풍에도 손실이 별로 없고, 녹조현상과 같은 자연재해도 막을 수 있으니 일석이조의 효과를 얻지 않을까 생각된다.

　장길리에 도착하면 '복합낚시공원'이라는 이색적인 간판을 만난다. 작은 어촌 마을에 주차장까지 완비하고 성화봉을 형상화한 붉은색 등대와 북극 지방의 얼음집을 연상하는 하얀색 반원형의 구조물

사이를 반 잠수교로 연결하여 좌대를 설치하고, 나무 데크로 산책로를 개설하여 보고 즐기는 낚시터로 조성하고 있다.

장길리가 자랑하는 명소로는 낚시터를 감싸 주는 솔밭공원이 있다. 해안가로 돌출된 언덕에는 아름드리 노송이 거센 풍랑을 막아 주고, 나무 데크로 정비된 산책로를 따라가면 군경비 초소를 겸하고 있는 전망대에 도착한다. 밀려오는 파도가 암초에 부딪치며 일으키는 물보라는 막혔던 가슴이 뻥 뚫리는 통쾌함과 짜릿한 스릴을 맛본다. 또한 이곳은 해돋이를 볼 수 있는 최적의 명소라 할 수 있다.

남해안에서 주로 볼 수 있는 청보리밭. 하늘과 바다가 어우러지는 언덕에 펼쳐지는 청보리의 녹색 물결은 때묻지 않은 순수함이 그대로 묻어난다. 하지만 보릿고개를 생각해 보라. 눈물고개로 일컬어지던 그 시절, 가난과 굶주림으로 표현하던 대명사가 아니던가.

31번 국도를 따라가는 해파랑길은 연도를 질주하는 차량들로 위험하기 짝이 없다. 장길리와 하정리 경계 지점에 이르러서야 오른쪽 솔밭길로 접어든다. 모진 풍랑에 휘어지고 꺾인 소나무들이 거꾸로 매달려 모진 목숨을 이어 가는 것은 생명의 고귀함을 일깨워 주는 것이고, 쉽게 포기하는 인간들에게 경종을 울려주는 산 교육장이다.

드디어 구룡포가 시야에 들어온다. 영일만을 형성하고 있는 범 꼬리의 동쪽 해안선이 남쪽으로 내려오다 응암산의 한 줄기와 만나는 지점에서 활처럼 휘어진 곳이 구룡포만이다. 대게의 53%가 이곳을 거쳐 가는 집산지이고, 과메기의 주산지인 구룡포는 일제 시대부터 동해안 전진기지로서 명성을 날리며 많은 사람들이 모여들어, 한때는 3만 명을 넘는 전성기가 있었다.

해안가 솔밭에서 내려다보는 구룡포는 울산 방어진항을 지난 이후로 가장 큰 어항이다. 수백 톤씩 하는 대형 선박들이 포구에 닻을 내리고 활어 공판장이 있는 포구에는 고깃배가 들어올 때마다 수시로 경매가 이루어진다. 해수 찜질방을 겸하고 있는 모텔에 여장을 풀고, 김이 모락모락 나는 따끈한 해수탕에 몸을 담그니 감포항에서 31.3km를 걸어온 여독이 말끔히 가신다.

• 구룡포와 호미곶

3일째 날이 밝았다. 일출을 보겠다는 생각으로 서둘러 숙소를 나서니 동녘 하늘이 붉게 물들며 여명이 밝아 온다. 지난밤 불야성을 이루던 거리는 쥐 죽은 듯이 조용하고, 밤새운 고깃배들이 포구로 들어오는 소리만이 정적을 깨트린다. 일출을 보기 위해서는 충혼탑이 있는 언덕이 가장 좋다고 한다. 발걸음을 재촉하니 '구룡포 근대문화역사거리' 정문이 나타난다.

구룡포에는 '일본인 가옥거리'라고 불리던 곳이 있었는데, 이름 그대로 일본 가옥들이 몰려 있던 곳이다. 2012년 구룡포 근대역사관 개관과 함께 '구룡포 근대문화역사거리'라는 이름을 달고 탄생하였다. 하필이면 왜 이곳에 일본인 가옥이 밀집돼 있었을까.

구룡포 근대역사관의 자료에 따르면 가가와현의 어부들이 처음 한반도 해역에 나타난 것은 1880년~1884년경으로 알려졌다. 당시 가가와현의 세토내해는 어장이 좁아 어부들의 분쟁이 끊이지 않았고, 결국 힘없는 어부들이 어장을 찾아 먼 바다로 나선 끝에 어족 자원이 풍부한 한반도에 정착하게 된 것이다.

이후 1910년 대한제국이 사라지면서 일제 강점기가 시작되고, 우리나라의 풍부한 어족 자원을 수탈하기 위해 일본 어부들이 구룡포로 이주하여 활동하면서 1932년에는 그 수가 300가구에 달했다고 한다. 1945년 8월 일본이 패망하여 본국으로 돌아갔지만, 남겨진 가옥과 거리가 그들의 흔적으로 남아 있다.

건물들이 간직한 이야기를 보면 '호호면옥' 간판이 붙은 건물은 당시 구룡포에서 제일가는 '대등여관' 자리였고, 일본식 찻집이 들어선 '후루사토'는 80년 전 인기 요리집 '일심정'이었다고 한다. 정문을 들어서 계단을 오르기 전, 양옆으로 일본인 가옥이 전개되고, 계단을 오르면 일본인들이 신성(神聖)시하는 신사(神祠)가 있던 치욕의 현장이다.

이 자리에 일제와 6·25 때 항거한 순국선열들을 추모하는 사업으로 1960년 충혼탑을 건립하였다. 공원 외진 곳에 시멘트로 덧칠한 기념물은 도가야 야사브로의 송덕비로 전해지고 있는데, 흉물스런 모습을 왜 방치하고 있는지 모르겠다.

풍광이 너무도 좋아, 주민들이 담소를 나누는 장소여서, 일제 시대의 구전을 듣다 보니 일출도 훌쩍 지나고 만다. 예로부터 용두귀운(龍頭歸雲), 옥산반조(玉山返照), 주잠명월(珠岑明月), 항구장제(港口長堤), 유명조일(維溟朝日), 창주모연(滄珠暮煉), 우진화선(盂津畵船), 석문청풍(石門淸風) 등 8가지를 구룡8경(八景)이라 하였다.

전설에 의하면 신라 진흥왕 때 장기현령이 늦봄에 각 마을을 순시하다가 지금의 용주리를 지날 때, 갑자기 폭풍우가 몰아치면서 바다에서 용 10마리가 승천하다가 그중 1마리가 떨어져 죽자 바닷물이 붉게 물들면서 폭풍우가 그친 일이 있는데, 9마리의 용이 승천한 포구라 하여 구룡포라 했다고 한다.

등대가 있는 언덕을 지나면, 구룡포해수욕장이 펼쳐진다. 포항 지역이 화산층인 현무암이 많은 관계로 몽돌 해변이 많았는데, 모처럼 해수욕을 즐길 수 있는 백사장이 있어서 반갑다. 오늘따라 풍랑이 심한 바닷가는 파도가 모래톱을 삼키며 물밀듯이 밀려든다. 바다는 잔잔함보다는 거센 풍랑으로 물보라를 일으키는 모습이 우리에게 더 큰 감동을 안겨 준다.

구룡포 삼정리에도 주상절리가 있다. 가파른 벼랑길을 내려서야만 제대로 볼 수 있는 주상절리는 다른 지역과는 달리 화산이 폭발할 때 사선으로 분출하면서 주상절리가 형성되어, 용암 폭발 지점과 분출 장면이 그대로 겹춘 듯, 신기한 모습이다.

석병1리 두일포 마을을 지나면 아담하고 정갈한 해신당이 자리 잡고 있다. 바다를 터전으로 살아가는 어민들에게 무사 귀환과 풍어를 기원하는 신당이 마을마다 모셔 있고, 수호신인 당산나무 또한 마을의 재앙을 막아 주고, 부귀영화를 바라며 지극정성으로 모시는 신성한 곳이라, 외지인들이 함부로 대하다가는 큰 봉변을 당하게 된다.

마을의 담벼락에 쓰인 "자수하여 자유 품에 안겨 보자" 반공을 국시로 삼는 우리에게는 너무도 절실한 구호였다. 1970년대 남북이 첨예하게 대립하던 시절, "자수하여 광명 찾자"는 말은 간첩에게 자수를 권하는 대표적인 문구였다. 대화의 물꼬가 트이면서 해안의 철옹성처럼 견고하던 철조망도 사라지고, 민간인들이 자유롭게 다닐 수 있는 풍토가 조성되면서 해파랑길이 생겨났지만, 아직도 곳곳에 통제 구역이 남아 있으니 안타까운 일이다.

다무포 고래생태마을에 들어서면 그림 같은 펜션과 민박집이 반겨 주고, 벼랑길을 돌아가는 구름다리 위에서 만나는 풍랑은 멍석말이처럼 밀려오는 파도가 장관을 이룬다. 성난 바다가 얼마나 구서운지 겁을 주려는 듯, 노도처럼 밀려오는 파도가 벼랑의 암초에 부딪치며 하늘로 솟구칠 때면, 간담이 서늘하면서도, 십년 묵은 체증이 내려가는 듯이 통쾌한 스릴을 맛본다.

 강사리 포구에 도착하면 박광훈 시인의 '내 고향 강산(江山)아' 시비가 시선을 끈다. 고향이 이곳 강사리 출신인 시인이, 서울에서 생활하며 고향을 그리워하는 장문의 서정적인 시편이다. 사람은 누구나 태어난 고향이 있고 타향살이가 고단할 때마다 고향을 그리워하며, 한달음에 달려가지 못하는 아쉬움을 갖게 마련이다.

 강사리에서 대보리로 넘어가는 해안가에 펼쳐지는 해금강. 아슬아슬한 벼랑 위로 나무 계단이 걸려 있고, 다리 위에서 바라보는 암초들의 모습은 금강산의 만물상을 해안가에 옮겨 놓은 축소판이다. 천태만상의 암봉들이 밀려오는 파도에 몸을 숨겼다 나타나는 모습이야말로 선경이 따로 없다. 해송이 숲을 이루는 언덕에는 '해국의 자생지'로 확인된 곳이고, 북쪽으로 호미곶 등대까지 선을 보인다.

 길옆에 설치된 퓨전 화장실이 궁금하여 안을 들여다본다. 지리산 실상사에 있는 해우소를 모방한 것이 아닌가 싶다. 뚜껑을 열고 들여다보면, 높이가 두어 길이나 되는 깊이로 파고, 그 위에 널빤지에 구멍을 뚫어 올라앉을 수 있도록 만든 것인데, 처음 보는 사람은 겁이 나서 나오던 똥이 도로 들어갈 판이다. 1970년대 새마을운동으로 재래식 화장실이 사라지기 전에는 시골에서 흔히 볼 수 있던 모습이다.

 드디어 호미곶에 도착한다. 3일 동안 80여km를 걸어온 여독이 말끔하게 풀리는 순간이다. 멀리서도 보이던 호미곶 등대를 중심으로 각종 상징물들이 자리를 잡고 있다. 월요일이라 주위가 한산하다. 우선 등대를 배경으로 사진 한 장을 찍고, 시선이 머문 곳은 물속에서 솟아오른 상생의 손이다. 새천년광장에도 마주 보는 손이 또 있다. 모든 국민이 서로 도우며 살자는 뜻에서, 바다와 육지에 손이 하나씩 있다고 한다.

한반도의 꼬리 부분인 경북 포항시 남구 호미곶면 대보리에 있는 "장기곶이 호미곶(虎尾串)"으로 공식 변경됐다. 곶은 바다 쪽으로 길게 내민 부리 모양의 육지를 말하며, 조선 철종 때 고산자(古山子) 김정호(金正浩)의 대동여지도에는 '달배곶[冬乙背串]'으로 표기돼 있었으나, 일제가 1918년 장기갑으로 바꾸면서 토끼 꼬리로 낮춰 부르던 것을, 정부에서 1995년 일본식 표기를 바꾼다는 취지에서 호미곶으로 변경하였다.

한반도가 토끼 모습을 닮았다는 말은 일제가 그토 분지로[小藤文次郎]라는 지리학자의 '산맥체계론'을 교과서에 실으면서 한반도 모양을 연약한 토끼에 비유했던 것이다. 이에 육당(六堂) 최남선(崔南善) 선생은 여암(旅庵) 신경준(申景濬)의 '백두대간'을 원용해 산맥체계론을 비판하고 연해주를 향해 발톱을 세운 채 포효하는 호랑이로 한반도를 그렸다. 이른바 '맹호형국론'이다.

우리 국토를 호랑이에 비유한 이는 육당에 앞서 조선 명종조 풍수학자인 남사고(南師古)가 처음이다. 그의 '산수비경'에는 한반도를 앞발을 치켜든 호랑이 형상으로 기술하고 있다. 그중에 백두산은 코에 해당하며, 운제산맥 동쪽 끝인 호미곶을 꼬리 부분으로 천하의 명당이라고 했다. 꼬리 부분을 국운이 상승하는 명당으로 친 것은, 호랑이는 꼬리를 축으로 삼아 달리며 꼬리로 무리를 지휘한다고 봤기 때문이다.(동아일보에서 인용)

민족이 화합하고 통일 조국의 번영과 안녕을 기원하는 뜻에서 2009년 개관한 새천년기념관을 비롯하여, 많은 조형물들이 너른 광장에 조성되어 있다. 그중에 대표적인 것이 '호랑이가 포효하는 한반도 모형'과 '천년의 불', '연오랑과 세오녀의 전설'을 형상화한 조형물, '전국 최대의 가마솥'이다.

가마솥은 매년 1월 1일이면 해돋이를 보기 위해 전국에서 모여드는 관광객들과 함께 떡국을 끓여 먹는 행사를 하기 위해 2004년에 만든 솥으로, 지름이 3.3m에 깊이가 1.3m 둘레가 10.3m에 이르며, 한 번에 20,000명분(4톤)의 떡국을 끓일 수 있다고 한다.

마지막으로 호미곶 등대를 외면할 수가 없다. 보기에 아름다운 이 등대도 역사적 아픔이 담겨 있다. 철근을 전혀 사용하지 않고 벽돌로만 쌓았다는 이 등대는 1908년 12월에 준공되었다. 1907년 일본 선박이 이곳 앞바다의 암초에 부딪혀 침몰하였는데, 조선이 연안에 해난 시설을 갖추지 않아 일어난 인재라며 손해배상을 요구하는 등 생트집을 잡았고, 이에 못 이긴 조정은 국비로 일본인에게 공사를 맡겨 등대를 세우게 했다는 것이다.

높이 26.4m에 팔각형 등대는 내부가 6층으로 되어 있고, 각층의 천장마다 조선 왕실의 상징인 배꽃 모양의 문장이 장식되어 있다. 박물관이 휴일이라 내부는 볼 수가 없고, 정원에 있는 조형물을 감상하는 것으로 위안을 삼는다. 1985년 2월 7일 개관하여 국립등대박물관으로 명칭을 변경하여 사용해 오다가, 2002년 4월 19일 재개관해 지금까지 이어지고 있다.

참고로 인류 최초의 등대는 파로스 등대이고, 세계에서 가장 오래된 등대는 스페인의 라 꼬루냐 헤라클레스 탑으로 높이가 무려 55m에 이른다. 우리나라는 1903년에 세워진 인천의 팔미도등대라고 한다. 테마공원에는 전국 각지의 아름다운 등대 모형이 전시되어 있고, 이곳이 우리나라 최동단임을 알리는 표지석이 있다. 해변 암석 위에 마련한 '독도는 우리 땅'이라는 표지석과 이육사의 〈청포도〉 시비를 뒤로하고 호미곶 면사무소 쪽으로 향한다.

홍환보건소 구간은 해안을 따라가는 위험한 구간이라 해파랑길 조성사업단에서 내륙으로 선정하였지만, 포항시의 협조가 미진하여 아직까지 사용하지 못하고 있는 실정이라고 한다. 해서 편도 2차선의 갓길도 없는 길을 걸어 보지만, 걷기에는 무리가 있어 울산에서 호미곶으로 관광 온 아주머니들의 승용차에 편승하여 포항 시내까지 편안히 들어올 수 있었다.

• 포항제철소

3월 17일 일행들과 헤어진 곳이 정자항이었으니, 실로 3개월 만에 만나게 된다. 대오에서 이탈하면 다시 만나기 어려운 것이 종주팀의 특징이다. 해서 가능하면 팀에서 이탈하지 않아야 하지만, 가정의 대소사를 외면할 수 없는 일이고 보면 종주란 그리 간단한 일이 아니다.

3개월 만에 만난 이익수 대장을 비롯한 대원들의 모습이 동해바다의 해풍에 그을려 더욱 건강하게 보인다. 밤새 달려온 포항의 영일만, 하지가 임박했음을 예고하는 것인가. 새벽 4시인데도 동녘 하늘이 붉게 물든다. 호미곶에서 일출을 보자는 제안에 따라 호미곶으로 향하지만, 수평선을 가리는 구름으로 일출을 보지 못하고 6구간이 시작되는 홍환보건소로 이동한다.

일행 중에는 초등학교에 다니는 어린 학생 형제가 있다. 후미 대장으로 활동하는 윤상천 씨의 아들들이다. 어린 나이에도 해파랑길을 따라오는 강인한 체력과 의지력이 우리에게는 백만 원군보다도 든든한 마스코트로서 사랑을 독차지하고 있다. 이들에게 깃발을 선물한다는 약속을 오늘에서야 이루게 되어 작은아들 윤재석(초등학교 4학년) 군의 배낭에 해파랑길을 축원하는 깃발을 꽂아 준다. 파이팅!

　홍환보건소를 출발한 우리는 영일만의 아침 공기를 마음껏 마시며 갓길을 걷는다. 이곳에도 차도가 위험하여 임곡리 부근까지 내륙으로 대체 노선이 예정되어 있지만, 아직까지 완공이 되지 않아 929번 지방도로를 따른다. 이른 시간이라 한적한 홍환해변을 지나 입암리와 마산리 경계 지점인 황옥포에 도착하면 작은 바위가 있는데, 선녀들이 내려와 놀던 하선대라고 한다.

　옛날 동해의 용왕이 매년 칠석날 선녀들을 이곳에 초청하여 놀았는데, 그중에 마음에 드는 선녀가 있어 왕비로 삼고 싶었으나 옥황상제의 허락이 떨어지지 않아 애를 태우다가 옥황상제의 환심을 사기 위해 거친 풍랑과 태풍이 일지 않도록 노력을 하였다. 이를 지켜본 옥황상제가 감복하여 선녀와 결혼을 허락하고, 부부가 된 용왕과 선녀가 행복한 시간을 보냈다는 전설이 있다.

　홍환보건소에서 4km를 걸어가면 해안가 언덕에 시골밥상이라는 식당이 있다. 이곳에서 동동주를 반주 삼아 아침 식사를 하고 다시 종주 길에 오른다. '하얀 민들레' 들어는 보셨나요, 우리나라 진짜 토종을 직접 보게 되다니, 너무도 감격스럽다. 눈을 씻고 봐도 찾을 길이 없더니 이곳에서 우연찮게 볼 수 있는 행운을 얻었다. 더구나 씨앗까지 채종하게 되었으니 이보다 반가운 일이 있는가. 귀중한 씨앗이 바람에 날아갈세라 비닐봉지에 갈무리하고 신바람 나는 행군이 시작된다.

　임곡리를 지나 31번 국도를 따르면, 동해면소재지인 도구리에 도착한다. 최근 포항시의 확장으로 인구가 크게 늘어나는 도구리는 선사 시대부터 사람들이 살아온 흔적으로 부근에서 고분이 발견되고, 시장터 위쪽에는 연오랑과 세오녀를 모신 사당이 있다.

신라 8대 왕 아사달 이사금(서기 154~184) 때 동해 바닷가 조그마한 오막살이에 연오랑과 세오녀라는 젊은 부부가 살고 있었다. 어느 날 연오랑은 거북이처럼 생긴 바위에 올라 낚시질을 하다가 바위가 통째로 떠내려가고 있었다. 연오랑을 실은 바위가 점점 빨라지더니 어느 섬에 도착한 곳이 일본이다.

한편 남편을 기다리던 세오녀가 바다에 나가 보니, 연오랑은 보이지 않고 벗어놓은 신발만을 발견하게 된다. 이상한 바위에 올라서자 이번에도 바위가 둥둥 떠내려가기 시작한다. 한편 연오랑이 도착한 일본은 나라가 형성되지 못하고 부락마다 싸움이 심하던 시절, 바위를 타고 온 신성한 분이니 우리들의 왕으로 받들자는 일본 사람들의 간청으로 임금이 된다.

임금이 된 연오랑은 신라에 두고 온 아내가 그리워 마음이 편치를 않았는데, 이때 바위를 타고 온 세오녀를 왕비로 맞이한 이후로 일본에는 태평세월이 계속된다. 그러나 반대로 신라에는 이상한 일들이 벌어진다. 점쟁이의 말을 들은 신라 임금은 일본으로 사신을 보내 연오랑에게 그간의 사정을 하소연하게 된다.

일본 임금이 된 연오랑이 신라로 돌아갈 수는 없고, 아내가 짠 비단을 대신 보낸다. 세오녀가 짠 비단을 제단에 올려놓고 해와 달을 다시 보게 해달라는 제사가 끝나자, 사라졌던 해와 달이 다시 나타나 온누리를 밝게 비추고 신라에도 태평성대가 찾아온다. 해와 달을 되찾은 신라 사람들은 그 뒤로 동해 벌판을 영일(迎日)이라고 부르고, 비단을 제물로 바치고 제사 지내던 곳을 도기야(都祈野)라고 불렀으니, 지금의 도구리라고 한다.

도구리 해변이 시작되는 도구2교를 지나, 동해초등학교 앞을 지난다. 공항삼거리에는 포항의 상징인 고래꼬리 조형물이 아침 햇살에 눈이 부시고, 냉천을 경계로 포항제철이 시작된다. 영일만의 기적을 일구어 낸 포항제철은 포항의 자부심이요. 대한민국의 위상을 높여 주는 철의 왕국이다.

인류 문명이 철의 발전과 함께 발전해 해왔듯이, 포스코는 한국 경제 성장과 맞닿아 있다 해도 과언이 아니다. 경제 성장을 위해서는 철강이 꼭 필요하고, 철강 수요를 해결하기 위해서는 제철소 건립이 지상 과제였다. 철강 불모지에서 30여 년의 짧은 기간에 세계 제일의 철강회사로 성장한 포스코의 성공 비결은 '하면 된다'는 꿈과 희망을 줄 수 있는 산 교육장이다.

한국 철강 산업의 꿈을 안고 종합 제철 건설 계획을 수립한 것이 1960년대 초로 거슬러 올라간다. 자본과 기술, 경험도 없는 백지 상태에서 1968년 4월 1일 회사를 설립하고, 일관제철소 건설을 시작하여 1973년 우리나라 최초로 조강 103만 톤의 1기 설비가 준공된 이래, 네 번의 확장 사업을 거쳐 1983년 조강 910만 톤 체제의 포항제철소를 완공한 것이다.

6km가 넘는 포스코 담장을 지나 형산강과 만난다. 형산큰다리를 건너 송도해변으로 향하는 해파랑길에서 포항제철의 시설물들을 바라보면 뜨거운 용광로처럼 가슴속에서 불길이 활활 타오른다. 보라! 저 인간 승리의 철탑을. 보면 볼수록 자랑스러운 우리 시대의 걸작품이 아닌가. 2백7십만 평의 대지에 철의 왕국을 건설한 이가 누구란 말인가.

우리 속담에 "구슬이 서 말이라도 꿰어야 보배"라고 한다. 아무리 좋은 여건을 갖추고 있어도 실천하지 않으면 아무런 소용이 없다는 얘기다. 가난의 질곡에서 벗어나기 위해 새마을운동이 제창되고, 국가 경제 발전을 위해 철강이 필요한 시기에 박정희 대통령의 주문에 의해 박태준이라는 카리스마의 뚝심으로 포항제철이 탄생한 것이다.

고도 성장기에 급증하는 국내 철강 수요를 감당하기 위해, 포스코는 영일만의 신화를 광양만으로 이어 가는 새로운 도전이 시작됐다. 1985년 광양 1기 착공을 시작으로 1992년 종합 준공식으로 마무리할 때까지, 바다를 메워 제선-제강-압연 공정을 일관하는 제철소를 건설하였다.

30도가 넘는 열기 속에서도 무사히 형산강 하구에 도착한다. 영일만으로 흘러드는 형산강은 각종 물산과 사람이 모여드는 지점이었다. 1731년 포항창진(浦項倉鎭)이 생긴 이래 경북 내륙의 농산물과 동해안의 해산물을 교역하는 장소로 성장하여, 조선 후기에는 서해 강경장, 남해 다산장과 더불어 남한 3대 시장으로 명성을 떨쳤다고 한다.

포항 시민의 젖줄이라 할 수 있는 형산강은 발원지를 두 곳으로 보는 것이 정설인데, 경주시 서면 도리 인내산 동쪽 기슭에서 발원하는 대천(63.9km)과 울산광역시 울주군 두서면 내와리 백운산 북쪽(62.2km)에서 발원하는 북안천이 경주시 황남동에서 합류하여 영일만으로 흘러든다.

포항 송도해변은 예로부터 은빛 모래와 소나무 숲으로 둘러싸인 천혜의 자연조건을 갖춘 해수욕장이었는데, 공단 설립과 함께 백사장은 사라지고 산책 장소로 이용하는 해안의 모래톱이 1,700m 정도 이어진다.

송도해변에서 오늘의 일정을 마무리하고 죽도시장으로 이동한다. 처음 맛보는 고래 고기는 세상의 어느 생선회보다도 감칠맛이 난다. 쫄깃쫄깃하면서도 꼬들꼬들한 것이 씹을수록 군침이 돌고, 고소한 맛이 입 안 가득히 퍼진다.

• 영일만해수욕장

7월 7일이 서연(손녀)이 첫돌이라, 또다시 대오에서 이탈하게 되었다. 이런저런 이유로 일행들과 헤어지는 아쉬움을 뒤로하고, 다음 구간을 찾아 심야 고속버스에 몸을 싣는다. 새벽 4시 반, 포항에 도착하여 해장국으로 아침을 해결하고 송도해변을 찾아간다.(택시비 5,500원)

이른 새벽이라 인적은 별로 없고, 파도치는 물결 소리만 정적을 깨트린다. 한낮의 열기를 피해 서늘할 때 걷는 것이 종주의 첫 번째 수칙이 아닌가. 때마침 하지를 갓 지난 터라 5시라도 훤하게 날이 밝아온다. 동빈 큰 다리를 건너 해상공원에 도착하면 오징어 뱃전 위로 태양이 솟아오른다.

포항 지방해양항만청을 지나 포항 여객선터미널에 도착한다. 10여 년 전 울릉도를 다녀올 때 찾아온 곳인데, 그때나 지금이나 큰 변화가 없다. 부두에는 썬플라워호가 정박해 있다. 매일 10시에 출항하는 썬플라워호는 950명의 인원과 120대의 차량을 싣고 3시간 만에 울릉도 도동항에 도착한다.

곧바로 북부해수욕장에 도착한다. 신라 시대부터 이 일대가 영일현 통양포였던 역사성을 반영하고, 동쪽의 해를 맞이한다는 의미의 영일(迎日)을 감안하여 7월 중으로 영일대해수욕장으로 개명한다는 소식이다. 전에는 볼 수 없던 해상 누각(영일대)을 조성하고, 육지와 연결된 80m의 다리를 놓아 해수욕장의 운치를 더욱 돋보이게 한다.

백사장 길이가 1.7km에 이르는 포항을 대표하는 영일대해수욕장은 고운 모래가 끝없이 펼쳐진다. 해수욕장과 연계된 '환호해맞이공원'을 찾아간다. 울창한 소나무 숲 속으로 산책로를 개설하여, 첨단

과학과 문화, 체육 등 여러 테마로 조성하여 포항 시민들의 휴식 공간으로 자리 잡고 있다. 공원전망대에 오르면, 영일만해수욕장과 포항제철이 한 폭의 그림처럼 시원하게 펼쳐진다.

포항시는 근세까지만 해도 영일현 북면에 속한 조용한 포구였다. 1731년(영조 7년) 포항창진(浦項倉鎭)이 설립되면서 다섯 섬마을을 매립하고, 사람들이 모여들면서 동해안 중심 상권으로 성장하게 된다. 포항 지역은 예로부터 영일만과 형산강하구의 자연환경을 중심으로 생성된 삼호(三湖) 오도(五島)의 고장으로 불려왔으며, 1949년 포항시로 승격되고, 1968년 포항제철이 설립되면서 인구 53만의 대도시로 발전하였다.

영일만은 동해안의 단조로운 해안선이 포항에 이르면서 내륙으로 크게 굽어진다. 그 굴곡진 해안선을 따라 역사와 문화적 자산이 보물처럼 펼쳐진다. '영일만(迎日灣)'의 한자를 풀이하면 '해를 맞이하는 만'이라는 의미다. 이러한 연유로 대한민국 최고의 '일출 명소'로도 유명하고, 거친 바다와 싸워 온 포항인(浦項人)의 삶이 배어 있다.

장기부터 송라까지 160여km의 해안선으로 이어지는 영일만은 면적이 200km²에 수심이 30m 이하로 완만한 경사를 이루고 있어, 난류와 한류가 만나면서 어족 자원이 풍부한 곳이다. 북청의 명태, 연평도의 조기와 함께 포항의 청어는 일제 시대 우리나라 3대 어종으로 손꼽히며, 전국 제일의 죽도어시장이 형성되고 이곳에서 손질한 과메기로 명성을 얻고 있다.

겨울철의 별미인 청어 과메기는 음력 동짓달 추운 겨울에 잡힌 청어의 배를 따지 않고, 소금도 치지 않은 상태에서 배가 위로 오도록 엮어 그늘진 곳에서 겨우내 말린 것인데, 냉훈법(冷燻法)으로 얼렸다

녹였다를 반복해서 얼말린 동결건조(凍結乾燥) 식품이다. 하지만 지금은 인근에서 청어가 자취를 감추고, 꽁치로 과메기를 만들어 명성을 이어 가고 있다.

조용한 어촌 여담마을에는 아낙들의 멸치 말리는 손길이 분주하다. 이곳부터 해안 벼랑길이 시작된다. 허물어진 석축 위로 녹슨 철조망이 가로막고, 돌무더기와 뿌리 뽑힌 소나무 등걸을 타고 넘으면 석축을 올라서는 밧줄도 나타난다. 해파랑길에서 자주 만나는 야간에는 통행을 금지하는 경고판도 남아 있다.

죽천 마을을 지나며 친절한 손길을 만난다. 지나는 과객을 불러세우고 따뜻한 커피 한 잔을 건네는 손길이 고마워 툇마루에 걸터앉아 정담을 나눈다. 20여 년간 산과 강을 거쳐 해안가를 답사한다는 설명에 감탄사를 연발하는 우목횟집 사장님에게 백두대간 수필집 한 권을 건네주며 자리를 뜬다. 무더운 열기 속에서도 응원의 손길을 생각하면 피로가 싹 가시고, 발길이 가벼워진다.

북쪽 해안으로 방파제 공사가 한창이다. 영일만 신(新) 항만 신축 공사 현장이다. 바다 멀리까지 방파제가 조성되어 포항의 미래를 열어 가는 신(新) 항만 공사가 완공되고, 현대중공업이 입주하게 되면, 포항시는 한 단계 발전하게 된다. 죽천초등학교와 포항 국제 컨테이너 터미널 정문을 지나 칠포해수욕장으로 이어 간다.

곡강천을 거슬러 올라가면, 홍해읍 덕성리에 덕실 마을이 있다. 이명박 대통령이 어린 시절 자라온 마을이다. 이명박 대통령은 일제 강점기인 1941년 12월 19일 일본 오사카에서 부친 이충우(81년 작고) 선생과 모친 채태원(64년 작고) 여사의 4남 3녀 중 다섯째로 태어났다. 1945년 해방이 되자, 고향인 포항시 북구 홍해읍 덕실 마을로 돌아와 여섯 살까지 살다가 포항 읍내로 이사하였다고 한다.

칠포해수욕장 모래톱으로 내려서면 비학산에서 발원하여 수십km를 이어 온 곡강천이 해안가 모래톱에 막혀 바다로 흘러들지 못하고 만다. 이런 현상은 동해안에서 간혹 볼 수 있는 모습인데, 사구에 막혀 바다를 사이에 두고 호수가 생겨나는 것을 석호라 부른다. 작은 모래 언덕을 넘지 못하고 강물과 바닷물이 마주 보면서 다른 세상을 살아가고 있는 것이다.

발이 푹푹 빠지는 백사장. 입자 고운 백사장일수록 걷기에 무척 힘이 든다. 얼마 전 KBS에서 방영한 파노라마 '엠티쿼터'를 본 적이 있다. 의지의 한국인들이 아라비아사막의 불모지 1,000km를 횡단하는 내용이다. 50도 가까운 열기 속에서 40일간 사투를 벌이는 그들에게서 가장 힘든 것이 사구를 넘는 일이라고 한다. 잠시 잠깐이지만 그들의 고통을 생각하며 칠포해변 2km를 걸어가는 것도 산 교육장이 아닌가 싶다.

마른장마 덕분에 30도를 넘는 불볕더위가 기승을 부리고 일찍 찾아온 더위로 해수욕장마다 즐거운 비명을 지르며, 예년보다 빠른 6월 29일 동해안에서 일제히 해수욕장을 개장하는 날이다. 이곳 칠포해수욕장도 11시 개장에 맞추어 질서정연하게 세워진 텐트촌과 깔끔하게 정리된 백사장으로 손님맞이에 분주한 모습이다.

칠포해변에서 17구간이 종료되지만, 3구간을 2일 동안 완주한다는 목표를 위해 월포해변까지 진행하기로 한다. 칠포해수욕장을 빠져나와 20번 지방도로를 따라 오도리해변으로 진입한다. 아담한 포구에는 펜션들이 새 단장으로 손님 맞을 준비가 한창이고, 입자 고운 모래들이 깔려 있는 백사장이 있어 가족 나들이하기에 좋은 곳이다.

오도리해변에서 점심으로 물회 정식을 먹고, 다시 여정 길에 오른다. 20번 지방도로를 따라 진행하면, 사랑의 유람선 레스토랑 맞은편으로 '사방기념공원'이 펼쳐진다. 일제와 6·25전쟁을 겪으며 우리의 산은 벌거벗은 민둥산으로 변했다.

한발과 홍수 피해로 전국토가 황폐화되어 가는 악순환 속에서 박정희 대통령의 제창으로 추진된 녹화사업이 50여 년의 단기간에, 세계에서 그 유래를 찾아볼 수 없는 결실을 보게 된 과정을 소개하고 있다. 시원한 정자에 올라 한 시간 동안 오수를 즐기고 나니 피로가 감쪽같이 사라진다.

재충전된 몸으로 또다시 길을 재촉한다. 검푸른 동해바다. 흰 포말을 일으키며 부서지는 파도가 갯바위를 집어삼키고, 조약돌 속으로 사그라든다. 어린아이들의 소꿉놀이에 두꺼비 집이 완성되면 물보라에 사라지고, 재잘거리는 웃음소리에 행복이 꽃을 피우는 해변가 풍경이다. 부처님의 미소가 담겨 있는 큰 바위 벼랑길을 돌아가면, 오늘의 목적지 월포해변에 도착한다.

• 영덕 대게 강구항

바다가 잘 보이는 샘모텔 3층에 여장을 풀고 피곤한 몸을 누이고 있으려니, 폭죽 터지는 소리가 요란하다. 월포해수욕장 개장 축하 쇼가 벌어지고 있는 중이다. 밤하늘을 수놓는 불꽃 쇼를 바라보며 일찌감치 잠자리에 든다. 다음 날 새벽 이동식으로 준비한 떡국에 누룽지탕을 곁들여 아침 식사를 하고 해변으로 나오니 축제 분위기도 파장이 되어 조용하다.

일출을 보기에는 이른 시간이라 해변의 상징물 앞에서 사진 한 컷을 누르고 강구항을 향해 발걸음을 재촉한다. 아름다운 조형물로 장식한 월포다리를 건너 극립수산과학원 사료연구센터를 지나며 일출을 보게 된다. 매일 떠오르는 태양이지만, 바라보는 사람의 생각에 따라 그 의미가 사뭇 달라진다. 구름 한 점 없는 해안가에서 빨간 등대 위로 사뿐히 올라앉은 태양은 순간적인 포착이 아니면 건질 수 없는 작품이다.

조사교가 놓인 광천을 거슬러 오르면 천년사찰 보경사와 12폭포가 걸려 있는 내연산과 연결된다. 포항시 송라면과 영덕군의 경계 지점에 있는 내연산은 기암절벽으로 산세가 빼어나고, 물 맑은 청하골에 12폭포가 걸려 있어, 국내 100대 명산 중에서도 23번째로 많은 등산객이 찾는 군립공원이다.

내연산과 천영산이 경계를 이루는 청하골에 걸려 있는 열두 폭포는 연산폭포를 중심으로 두 줄기 물길이 쌍폭을 이루는 관음폭에서 절정을 이룬다. 천년사찰 보경사(寶鏡寺)는 대한불교조계종 제11교구 본사인 불국사의 말사로서, 신라 진평왕 25년(602년) 진나라에서 유학하고 돌아온 지명(智明)대사에 의해 창건되었다.

조사교를 건너 조사리 해변으로 내려서면, 조약돌이 깔려 있는 몽돌해수욕장이다. 이곳에서는 수영보다는 낚시터로 명성이 높은 곳이고, 방석지구 끝자락에 있는 'THE CAPE'에서 더 이상 진행할 수가 없다. 화진해수욕장이 빤히 바라보이면서도 군부대가 중간에 가로막고 있어서 먼 길을 돌아가야 한다.

포항시에서 북쪽으로 20km가량 떨어진 화진해수욕장은 백사장 길이가 400m에 폭이 100m로 규모는 큰 편이 아니지만, 해변에 깔려 있는 모래 입자가 가늘고 해수욕장 뒤편으로 울창한 송림과 평균 수심이 1.5m로 낮아 어린이를 동반한 가족들의 피서지로 이상적이다. 이곳에서 18구간이 끝나고, 19구간을 이어 가는 행진이 계속된다.

7번 국도변으로 화진휴게소와 노벰버펜션호텔을 지나면, 포항시와 영덕군이 경계를 이루는 지경교에 도착한다. 지경교를 건너 가장 먼저 반겨 주는 것이 대게공원이다. "영덕 블루로드"로 명명된 하트 모형의 상징물은 영덕 관내를 지나는 해파랑길을 따라 이어지는 산책로 이름이다.

　포항 구간에서 푸대접을 받아 온 해파랑길이 영덕군에 들어오며 제대로 인정을 받는다. 표지목을 중심으로 블루로드 스티커가 방향을 표시하고, 대로변의 보행자 도로에서는 해파랑길 마크가 그려진 대리석을 바닥에 깔아 편안하게 블루로드를 따라간다. 송림이 울창한 장사해수욕장에 도착하면, 가족 나들이 텐트촌이 자리를 잡고 장사상륙작전 전적지 복원 공사가 한창이다.

　1950년 6월 25일 북한군의 기습 남침으로 아군은 낙동강까지 밀려나게 된다. UN군 총사령관 맥아더 원수가 인천상륙작전을 감행하면서, 동해안 장사동에서 양동작전을 전개한 곳이다. 부산항을 출발한 유격대원들이 장사동 해안으로 상륙하여, 적의 후방을 교란하고 보급로를 차단하여 인천상륙작전이 성공하는 계기가 되었다.

　남정면 장사리 7번 국도변에 위치한 장사해수욕장은 모래의 입자가 굵고 몸에 달라붙지 않아 맨발로 걷거나 찜질을 하면 심장과 순환기 계통 질환에 아주 좋고, 최고의 수질을 자랑하는 부경 온천과 장사 오일장이 부근에 있어서 싱싱한 먹거리를 구입하기에 편리한 곳이다.

　해수욕장을 지나며 송림이 울창한 해안가로 내려선다. 기기묘묘한 해변의 바위들이 우리의 눈을 즐겁게 하고, 경운대학교 연수원을 지나며, 철조망을 걷어낸 벼랑으로 해파랑길을 인도하고 있다. 지방자치단체 중에서도 재정 자립도가 하위 그룹에 속하는 영덕군이지만,

정부 시책에 부응하는 관심도가 포항이나 울산의 대도시보다도 더욱 열성적이다.

조용한 어촌 마을 구계항을 지나면, 남호해수욕장이 반겨 준다. 영남대학교 수련원이 있는 남호해수욕장은 아직까지 개장 준비가 안 된 탓인지 주위가 산만하다. 그림 같은 남호교를 건너 오션컨트리클럽이 있는 해안가 삼사 마을에 도착하면, 바다 산책로가 반겨 준다. 푸른 바다 위에 두둥실 떠 있는 인공 섬처럼, 교각을 따라 한 바퀴 돌아 나오는 산책로에서 주위 경관을 바라보며 사진 담기에 분주하다.

곧이어 영덕군이 자랑하는 '삼사해상공원'으로 진입한다. 정상에 올라서면, 광장을 중심으로 각종 조형물이 전시되고, 영덕군 문화관광해설사의 안내를 받는다. 경내에서 가장 높은 곳에 있는 경북대종각이 삼사공원의 랜드마크라 할 수 있다.

경상북도 100주년을 맞이하여 도민의 단결을 도모하고, 조국 통일을 염원하여 환태평양 시대의 번영을 축원하는 삼백만 도민의 뜻이 담겨 있다고 한다. 총사업비 18억 원이 소요된 종의 규모는 지름이 250cm, 높이가 420cm, 구계가 7,700관(31톤)이다. 칠천은 남북한 인구 칠천만을 뜻하는 것이고, 7백은 경상도의 명칭이 정해진 고려 충숙왕부터 700년이 되는 해를 상징한다는 설명이다.

또한 삼사공원의 의미는 통일신라 시대, 이 고장 출신의 세 사람이 시랑벼슬을 지내 삼시랑(三侍郎)이라 하였고, 들어오면서, 살면서, 떠날 때 세 번 생각하여 시행한다고 하여 삼사(三思)라고 불러온 데서 연유한다. 정상에서 바라보는 풍광이 너무도 아름답다. 동해의 푸른 바다와 대게로 유명한 강구항이 그림처럼 펼쳐진다.

영덕어촌민속전시관 옆으로 산책로를 따라 강구해안으로 내려서면, 오포3리에 규모가 작은 해수욕장이 반겨 준다. 사실 강구항은 해안에서 수로를 따라 육지로 깊숙이 들어온 천혜의 조건을 갖춘 항구로서, 나주의 영산포와 비슷한 지형을 갖고 있다. 영덕 대게로 알려진 곳이 바로 강구항이다.

수정같이 맑고 깨끗한 강구항, 영덕 대게의 명성을 한 몸에 받고 있는 강구항은 대게 간판으로 홍수를 이룬다. 이곳에서 서울 가는 버스가 없는 관계로 관내 버스를 이용하여 영덕 읍내로 들어가야 한다. 영덕 대게로 소문난 영덕읍은 항구가 아니다. 영덕군의 소재지로서 명성을 얻고 있을 뿐 조용한 산골 마을이다. 동서울행 버스에 오르면서 1박 2일간의 일정을 소화한다.

• 영덕 해맞이공원

먼동이 터오는 강구항은 고기잡이 나간 배들이 돌아올 시간이 멀었는지 정적만이 감돈다. 다시 만난 대원들과 합류하여 강구교를 건너 새마을금고 앞까지 진행한다. 이곳에서 해안가를 돌아가는 길과 솔밭 길로 나뉜다. 해안도로는 바다를 바라보며 걷는 구간이라 나무 그늘이 없고, '블루로드' 보다 5km가 짧다.

산길에 자신이 없는 8명은 해안도로를 따라가고, 나머지 16명은 마을 뒤안길을 돌아 산등성이로 올라선다. 이곳에서 바라보는 강구항은 물안개 피어오르는 수묵화처럼, 한 폭의 동양화를 연상시킨다. 오십천의 물길이 동해로 유입되는 강어귀에 자리 잡은 강구항은, 동해의 난류와 한류가 교차하며, 앞바다에서 잡아 올린 해산물이 이곳 강구항에서 전국으로 팔려 나간다.

오도리와 강구동을 사이에 두고 흐르는 오십천은 내연산 향로봉에서 발원하여 팔각산에서 물골을 모으고 영덕 읍내를 관통하여 강구항에서 동해로 유입되는 길이 37.5km의 하천이다. 낙동정맥에서 발원하여 동해로 흐르는 하천으로는 두 번째로 긴 오십천을 국토해양부에서 '고향의 강'으로 선정하여 생태하천으로 복원한다는 계획이다.

또한 영덕에서는 오십천에서 서식하는 은어를 주제로 황금은어축제를 개최하여 군민들의 호응을 얻고 있다. 빙엇과의 민물고기인 은어는 몸의 길이가 20~30cm에 모양이 가늘고 길며, 어두운 늑황색 바탕에 배 쪽으로 갈수록 연한 흰색을 띤다. 어릴 대는 바다에서 지내고 이른 봄 강을 거슬러 올라 급류에서 살다가 다시 하류로 내려가 알을 낳는 습성이 있다.

소나무가 울창한 오솔길로 들어선다. 무성한 나뭇잎에 가려 하늘도, 바다도 보이지 않는 호젓한 오솔길은 포근한 부엽토가 깔려 있어 발에 닿는 감촉이 아주 부드럽다. 영덕군청에서 권장하는 '블루로드'는 세상의 모든 번뇌를 털어 버리고, 사색으로 빠져드는 삼림욕장으로 조성하여 소나무에서 뿜어져 나오는 피톤치드가 온몸 구석구석을 파고든다.

표시는 없지만, 운동기구와 평상이 놓여 있는 봉화산(150m) 정상에서 숨을 돌리고 비알길을 내려서면 금호리와 금진 마을을 이어 주는 금진구름다리를 만난다. 다리 하나에도 아름다운 조형미를 갖추어 단조로운 산길을 새로운 명소로 탈바꿈한 영덕군의 정성이 돋보이는 구간이다.

모처럼 시야가 트이는 해맞이봉은 힘들게 올라온 등산객들이 쉬어 가기에 좋은 곳이다. 동쪽으로 풍력발전단지의 바람개비와 북쪽으로 고불봉을 바라보며 2.5km를 진행하면 고불봉 정상이다. 블루로드 숲길에서 전망이 가장 좋은 고불봉(235m)은 정상석과 휴식용 평상이 있고, 감시 카메라가 설치된 철탑이 있다.

"고불이란 봉우리 이름이 이상하다 하지만/ 여러 봉우리 중 최고로 뛰어난 봉우리이네/ 어디에 쓰이려고 구름, 달 사이로 높이 솟았나/ 때가 되면 홀로 하늘 맡을 기둥이 될 것이네."

고산 윤선도가 귀양살이로 영덕을 찾아와 고불봉의 아름다움에 취해 지은 노래비가 정상석 옆에 서 있다.

예전에 망월봉이라 불렸던 고불봉은 일망무제(一望無際)라. 동쪽으로 풍력발전단지에서 남으로 강구항과 삼사해상공원, 서쪽으로 영덕 읍내가 손바닥 위에 보석처럼 선명하고, 낙동정맥에서 가장 돋보이는 주왕산 국립공원이 하늘 금을 이룬다. 높지 않으면서도 높아 보이는 고불봉은, 영덕 자연환경관리센터 쪽으로 내려오면서 실감한다.

반대편에서 올라온다면 무척이나 힘이 드는 코스이다. 고불봉까지는 울창한 수림 속에서 편안한 산행이 이루어졌지만, 풍력발전단지를 조성하는 과정에서 주변의 나무를 벌목하게 된 것인지, 임도 주변으로는 그늘 하나 없이 작열하는 태양을 온몸으로 받아야 하는 고행의 연속이다.

영덕 자연환경관리센터 광고판이 있는 삼거리에서 왼쪽의 시멘트 포장길을 따라가면 폐차장과 소각장이 나오고, 영덕 해맞이캠핑장 3.4km 환경자원센터 2.1km 이정표를 지나 전망대를 겸하고 있는 정자에서 24기의 풍력발전기가 웅장하게 모습을 드러낸다.

멀리서 볼 때는 귀엽고 아름답게만 보이던 것이 거리가 가까워지면서, 그 규모가 어마어마하다. 풍차를 지탱하는 기둥의 높이가 80m에 날개의 직경이 80m에 이른다. 2만 가구가 사용할 수 있는 전기를 생산하는 풍력발전단지는 사업비만 675억 원이 소요되어 민간 자본으로는 국내 최대 풍력발전단지다.

현대인들에게 소중한 전기는, 다양한 방법으로 생산하지만, 풍차를 이용하여 얻는 신재생에너지는 21세기를 열어 가는 첨단 무공해 동력시설이다. 준비 단계라 시작은 미미하지만, 앞으로 조력발전과 함께 연구하고 발전해 나갈 산업 과제라 할 수 있다.

영덕 신재생에너지전시관에 도착하여 가장 먼저 찾은 곳이 매점이다. 냉커피 맛이 이렇게 좋을 줄이야. 목울대를 넘어가는 시원한 맛에 갈증이 싹 가신다. 신재생에너지전시관을 중심으로 산림생태공원과 해맞이캠핑장, 별반산봉수대가 조성되어 있다.

남쪽의 황석산과 북쪽의 대소산을 연결하는 별반산봉수대는 영덕 앞바다의 위급함을 알리는 파수꾼이다. 근처에는 월월이청청 노래비가 있다. 월월이청청은 전라도 해안 지방에서 전승되는 강강술래와 비교되는 동해안 지역의 대표적인 여성 집단전통놀이다. 정월 대보름날 보름달이 뜨는 밤이면, 마을 부녀자들이 손에 손을 잡고, 노래를 부르며 원을 그리는 춤이다.

밝은 달밤에 논다고 하여 월월이청청이다. 이웃끼리 손을 잡는다는 것은 갈등을 해소하고 단결하여 마을의 번영을 추구하자는 여성들의 소박하고 강렬한 소망이다. 한바탕 신나게 놀고 나면 마을의 화합으로 풍년이 든다는 월월이청청의 깊은 뜻이 담겨 있다.

해맞이공원이 있는 창포리까지는 2.5km. 동해의 푸른 물결을 바라보며 창포리에 도착하면 파도 소리가 반겨 준다. 해맞이공원 안에 있는 창포말등대는 깨끗한 바다와 하얀 포말을 일으키는 파도가 온몸을 포근하게 감싸는 청정 해안에 있다. '바닷속 이야기' 전시실과 바다와 하늘 사이 전망대, 추억 만들기 낙서판이 완비된 가족과 연인들의 데이트 장소로 호감이 가는 곳이다.

• 죽도산전망대

　동대문역사역에서 출발한 하나관광이 복정역에 도착하며 만차(滿車)를 이룬다. 40인승 버스에 빈자리가 없이 만원 사례를 이룬 것은 해파랑길 21구간을 지나오며 처음 있는 일이다. 거친 풍랑 속에서 만선의 꿈을 이룬 어부들의 심정이 이러할까. 모두들 환한 미소로 분위기가 무르익는다.
　영덕의 상징인 대게가 등대를 감싸고 있는 창포말등대에서 시작하는 B코스는 해맞이공원 계단으로 내려서며 해안가 산책길을 따른다. 강구면과 축산면 중간쯤 되는 해안선에 위치한 해맞이공원은 1997년 화재로 해안뿐만 아니라 인근 산(山) 전역이 불타 버린 자리를 복구하며 '자연 그대로의 공원' 조성을 목표로 바다와 연계하여 조성하였다고 한다.
　각종 야생화와 꽃나무가 어우러진 나무 계단을 따라 산책로를 내려서면, 5분 거리에 대탄리해수욕장이 반겨 준다. 피서 인파가 휩쓸고 간 빈자리는 고요하다 못해 적막감이 감돈다. 해수욕장이라는 이름 자체가 어울리지 않는 작은 포구는 피서철이 지나고 나면 찾는 발걸음도 없이 마을 사람들의 일상생활이 이어지는 조용한 어촌 마을이다.
　잠시 후 옹기종기 횟집들이 모여 있는 오보리 어촌 마을을 지나 고개 하나를 넘으면 영덕과 영해로 가는 7번 국도와 만나게 되고, 해안도로를 따라가면 전형적인 갯마을 해수욕장이다. 규사질 성분의 왕모래가 깔려 있는 해수욕장은 몸에 잘 달라붙지 않아 모래찜질을 하기에 더없이 좋은 곳이다.
　주변의 갯바위들은 감성돔, 광어, 가자미, 우럭, 보리멸치 등이 잘 잡히는 바다낚시터로 유명하다. 푸른 대게의 길로 명명된 해안길을 따라 노물리 방파제에 도착하면 물질을 끝내고 뭍으로 올라오는 해녀상이 반겨 준다. 삼복더위로 애를 먹던 가녀린 몸매에도 어느새 해안가 바위틈을 비집고 갈대와 들국화가 가을바람에 살포시 눈인사를 하고 있다.

석리 어촌체험마을은 마을에 돌이 많아 석동이라 부르다가 석리로 부르게 되었다고 한다. 병자호란 당시 순흥 안씨가 정착하며 마을이 형성되고 기암괴석과 해안 절경이 빼어난 곳이다. 돌미역, 돌김 채취, 테트라포드를 쌓아 만든 해수풀장, 해풍산림욕에 감성돔, 놀래미, 망상어가 주어종인 갯바위 낚시터가 인기를 끌고 있다.

'이야기가 있는 문화생태탐방로'란 문화부와 관광공사가 전국의 아름다운 길 7개 코스를 선정했는데, 그중 한 곳이 영덕 강구항 언덕에서 강원도 삼척까지 이어지는 '동해트레일' 64km 구간이고, 그 중심에 석리 마을이 있다. 마을 입구에서 보면 가파른 해안가에 아무것도 보이지 않지만, 70여 호의 주민들이 가파른 산비알에 옹기종기 모여 있는 마을이 정겹게 보인다.

마을을 끼고 있는 산책로에는 블루로드 종주를 확인하는 스탬프가 있고, 철사다리를 타고 올라서면 기암괴석으로 이루어진 해안 경관이 아름답게 펼쳐진다. 아슬아슬한 해안길을 15분간 걸어가면 군인상을 만난다. 관광객들에게 친근한 모습으로 다가가고픈 마음에서 세웠다는 군인상은 늠름하고 경직된 군인이 아닌 옆집 아저씨처럼 한 손을 번쩍 들어 환영하는 분위기이다.

"감성돔이 아니면 잡어로 취급한다"는 용바위 낚시터에는 벼랑 끝까지 자리를 잡은 낚시꾼들의 모습이 위태롭기만 하다. 갯바위까지 안전 산책로를 설치하고. 바다를 바라보며 쉬어 갈 수 있는 벤치에서 바라보는 동해는 티끌 하나 없이 깨끗한 에메랄드 해안이다.

이곳 바다에서 생산하는 미역은 국을 끓여 일주일 동안 두어도 미역이 풀리지 않을 정도로 질이 좋아 전국 각지로 비싼 값에 팔려 나가는데, 거친 파도가 밀려오며 미역이 깨끗하고 질긴 것으로 알려져 인기가 높다고 한다. 우리 일행도 이곳에서 짐을 풀고 휴식을 하는 중에 안타까운 소식을 전달받았다.

일행 중에 한 분이 해변의 날카로운 돌에 부딪치며 안면에 타박상을 입었다는 소식이다. 모두들 긴장이 되어 무사하기를 바라지만 응급조치를 위해 후송 중이라는 전갈이다. 호사다마(好事多魔)라고 해야 할지, 만찬의 기쁨도 뒷전으로 밀려나고 모두들 마음이 숙연해진다. 안전사고에는 예고가 없고 순간적인 방심이 큰 화를 당하는 것이니, 안전을 위해 긴장의 끈을 놓아서는 안 된다.

제주도의 쪽빛 바다보다 아름다운 석리 해안가. 에메랄드의 고운 빛깔이 암초를 덮치며 일어나는 물보라, 그렇게 심한 풍랑 속에서도 살아남은 소나무 한 그루. 정말 자연의 경이로움에 감탄이 절로 난다.

촛대바위가 반겨 주는 경정리는 오두산과 매화산에 둘러싸여 오매(烏梅)라 불렸으며, 뒷산이 까마귀가 춤을 추는 형상이라 오무(烏舞)라 하였다고 한다. 이 마을은 500여 년 전 권씨에 의해 개척되었는데, 마을 앞 동신바위에 심은 향나무가 현재까지 살아남아 보호수로 관리하고 있다.

한국 아름다운 길 표시판이 있는 곳에서 바닷길을 따르면, 험난한 등산로가 펼쳐진다. 아슬아슬한 벼랑의 연속이라 산책로가 조성되기 전에는 함부로 들어서지 못하던 위험한 곳이다. 비알길을 내려가면 두어 길 남짓 되는 벼랑에는 로프까지 걸려 있고, 모래톱을 질러가면 대게 원조 마을 기념비가 서 있다.

요즘에는 원조가 하도 많아 희소가치가 떨어지는 것이 사실이지만, 영덕 앞바다는 대게가 서식하기 좋은 환경을 가지고 있고, 그중에서도 강구와 축산 사이의 해역이 가장 적합한 서식처로 차유 마을이 대게 원조 마을로 인정을 받고 있다는 설명이다.

용두암을 지나며 험한 벼랑길도 끝나고, 죽도산전망대가 우리를 손짓한다. 발이 푹푹 빠지는 백사장을 통과하면, 아름다운 현수교를 만난다. 축산천을 가로지르는 블루로드교는 바다와 강이 만나는 물 위로 건설된 교량으로 길이가 약 100m 정도에 이른다. 다리를 건너 곧바로 죽도산으로 향한다.

대나무가 많은 죽도산은 원래 섬이었으나 일제 시대 방파제를 쌓으며 매립된 산이다. 산 전체가 희귀식물이 자생하는 자연 생태 보고로 각광 받는 죽도산은 해발 80m 중심부에 하얀 등대전망대가 있어, 축산항과 주변 경관을 바라보면 오늘 걸어온 해파랑길이 주마등처럼 펼쳐진다.

강구항과 더불어 영덕을 대표하는 축산항은 낙동정맥에서 곁가지로 뻗어 나온 산봉우리가 아름다운 해안선을 형성하여 동해안 제일의 미항으로 알려진 곳이다. 부둣가로 내려오면 영양 남씨 발상지 표지석을 만난다. 설화에 의하면 당나라 안렴사공 김충이 712년 일본에 사신으로 갔다 돌아오는 길에 풍랑을 만나 축산항에 기항하게 된다.

신라 경덕왕이 당의 천자에게 이 사실을 알리자. 천자는 김충 부자의 생존은 천우신조라 그들이 원하는 곳에 살도록 허락을 한다. 경덕왕은 여남에서 왔다 하여 성을 남(南)이라 하사하고 그의 아들 석중을 영양 김씨로 살게 하였으니, 영양 남씨와 영양 김씨의 발상지로 전해 오고 있다. 이곳에서 해파랑길 21구간도 끝이 나고, 점심 예약이 된 영해시장으로 가는 길에 괴시리 한옥마을을 찾는다.

괴시리 전통마을은 그 옛날 호지촌이었을 때, 가장 먼저 정착한 함창 김씨가 목은 이색의 외할머니셨다고 한다. 외가댁에서 태어난 이색 선생은 중국 원나라에서 문장으로 이름을 떨치고 돌아와 중국의 괴시 마을과 풍광이 비슷하여 괴시(槐市)로 고쳐 부르게 되었다고 한다.

마을의 주봉인 망월봉 아래 여덟 팔(八)자 형국의 괴시(槐市) 마을은 고려 말 함창 김씨가 가장 먼저 터를 잡았고, 인조 8년에 영양 남씨가 정착하면서, 집성촌을 이루어 400여 년을 이어 오고 있다. 괴시리에 남아 있는 고택은 30여 채로 대부분 1800년대 후반에 지은 문화재급 건물이다.

고색창연한 전통마을의 고샅길을 지나 너른 공터로 나오면, 전통체험 프로그램을 운영하고 있는 괴정(槐亭)에 이른다. 경북문화재자료 397호로 지정된 조선 시대 누각이다. 1766년(영조 42년) 괴정(槐亭) 남준형(南峻衡)이 고려 말 유학자 가정(稼亭) 이곡(李穀) 선생과 목은(牧隱) 이색(李穡) 선생을 기리기 위해 지은 '경목재(景牧齋)'라고 한다.

괴정을 찾는 손님들을 맞이하는 영양 남씨 종부 이분녀 여사로부터 향기 그윽한 작설차를 대접받으며 괴시리와 전통마을의 유래를 듣고, 동해안 3대 평야로 손꼽히는 영해평야를 바라보며 예약된 식당을 찾아 영해시장으로 향한다. 영덕군에서 규모가 가장 큰 영해시장은 동해안 일대에서 거래량이 많은 시장으로 정평이 나있는 곳이다.

교통이 불편하던 시절 영해, 영덕에서 잡은 고등어를 내륙 지방인 안동으로 들여와 판매하려면, 꼬박 하루가 걸려야 임동면 채거리 장터에서 물건을 넘길 수가 있는데, 이때 고등어는 뜨거운 날씨를 견디면서 뱃속의 창자가 상하게 되므로, 이곳에서 창자를 제거하고 뱃속에 소금을 한 줌 넣은 것이 얼간재비 간고등어이다. 임동면에서 다시 걸어서 안동장에 이르러 팔기 전에 한 번 더 소금을 넣은 것이 안동 간고등어로 탄생하는 과정이다.

이렇듯 번성했던 영해시장은 1919년 3월 18일, 영해장날을 기해 북부 4개 면민 3천여 명이 만세운동을 일으킨 우국충절의 고장이다. 영덕이 낳은 항일운동의 대명사인 신돌석 장군은 평민 의병장으로 30년의 짧은 인생 중에서 12년간 의병 활동에 몸 바친 우국지사로 1962년 건국훈장을 수여받고 국립묘지에 안장돼 있다.

• 고래불해변

사계절이 뚜렷한 우리나라에 기상이변이 일어났다. 6~7월을 마른장마로 보내고 태풍도 중국과 일본으로 비껴가더니, 뜬금없이 늦장마가 추적거리더니 썩은 팔월이 되고 말았다.

작년에 건강검진을 받은 뒤로 만성기관지염이라는 병마에 시달리면서 함께 하던 등산 클럽과도 헤어지고, 해파랑길 23구간부터 6구간이 빠지고 말았다. "앓던 이 빠진 듯"이 허전하게 남아 있던 구간을 아내와 함께 여행 삼아 채울 생각으로 팔월 하순으로 날짜를 잡았는데, 빗속의 여행길이 되고 말았다.

추적거리는 빗속에서도, 2박 3일간의 일정표대로 양평IC로 올라선 우리는 중부내륙고속도로를 신나게 질주한다. 집을 나선 지 2시간 만에 문경IC에서 국도로 내려선 다음, 34번 국도를 따라 안동시와 임하댐을 거쳐 4시간 만에 영덕에 도착한다. "금강산도 식후경"이라 영덕이 자랑하는 대게 정식을 찾아 강구항으로 달려간다.

'생생정보통'에서 맛 자랑으로 나온 '영덕 대게의 명가 죽도산'을 찾기는 그리 어렵지가 않다. 강구항이 내려다보이는 2층으로 안내를 받는다. 10여 가지나 되는 밑반찬이 그득하게 차려지고, 복어 껍질회를 시작으로 대게 튀김, 랍스터회, 대게 찜까지 차례차례 눈요기로 식욕을 돋우며, 6가지 코스 요리를 소화하고 나니, 임금님 수라상이 부럽지 않다.

여행길에서 푸짐한 밥상과 아름다운 경관을 즐기는 것이 일상의 탈피가 아닌가. 점심 먹는 동안 햇볕이 쨍하고 내비추더니, 또다시 궂은비가 내린다. 일기예보가 어쩌면 그리도 잘 맞는지, 족집게 도사가 따로 없다. 인공위성에서 시시각각으로 잡아내는 일기예보가 국지성 호우를 제외하고는 90% 이상을 맞추는 세상이다.

일주일 내내 남쪽을 강타하던 비는 부산과 진주에서 시간당 100mm라는 대형 물폭탄을 퍼붓고 말았다. 전국적으로 맑은 날씨에 영동 지방에만 비가 오겠다는 예보를 들으면서도 설마설마하며 기대를 걸었는데, 설마가 사람을 잡고 말았다.

인간사 새옹지마(塞翁之馬)라 하지 않던가. 빗속의 여행이라도 마음먹기에 달렸으니, 비바람이 몰아치는 해안가를 달려가며 분위기를 추스려 본다. 일상을 탈피하여 집을 나서면, 그 자체만으로도 기분이 전환되어 만단시름을 잊게 되고, 잡다한 인생살이의 고달픔이 사르르 녹아 버린다.

드디어 축산항에 도착한다. 그림 같은 현수교 앞에서 스냅 사진을 찍으며 분위기를 바꾸어 보지만 장대 같은 빗줄기 속에서 속수무책이다. 비바람이 몰아치는 궂은 날씨에 등대 오르는 길을 포기하고, 고래불해수욕장으로 방향을 잡는다.

대진항을 지나 도해단(蹈海壇)에 도착한다. 1852년 영양군 청기면에서 태어난 벽산 김도현 선생은 경전과 사서를 탐독하며 나라의 동량이 되고자 하였으나, 명성황후 시해사건이 일어나면서 그의 인생에도 전환점을 맞게 된다. 1989년 영양군 청기에서 의병을 일으킨 이후 안동을 오가며 맹활약을 하던 중, 1910년 일본에 의해 국권을 강탈당하고 만다.

비분강개한 울분 속에 망국의 한을 달랠 길 없어 자진하고 싶어도, 늙으신 부모님 때문에 차마 결행을 하지 못하다가 아버지의 삼년상이 끝난 1914년 왜적의 무리들을 막는 구국의 혼이 되고자, 겨울 바다로 들어가 도해순국을 결행을 하고 만다.

박정희 대통령께서 도해단(蹈海壇)에 관한 일화를 듣고, 1971년 선생의 애국일념을 기리고자 도해단을 중수하고 천추대의(千秋大義)라는 휘호를 내렸다. 국운이 위태로울 때마다 분연히 일어나는 백성들의 우국충정(憂國衷情)이 나라를 구하는 구심점이 된 것이다.

영해면 대진리에 도착하면, 송천을 중심으로 대진해수욕장과 덕천해수욕장이 펼쳐진다. 독경산 기슭의 창수저수지에서 흘러내리는 송천은 창수면과 영해면을 두루 거치며 동해바다로 흘러드는 하천이다. 하지만 해안으로 밀려오는 모래톱에 가로막혀 바다로 흘러들지 못하고 만다. 해서 대진해수욕장에서는 해수욕과 담수욕을 동시에 즐길 수 있는 이색적인 체험을 할 수가 있다.

송천을 가로지르는 길이가 300m에 이르는 고래불대교를 건넌다. 대게를 형상화한 난간과 가로등 조형물이 인상적이다. 백사장의 길이가 자그마치 20리에 이르는 동해안 제일의 고래불해수욕장이다.

고래불이란 영덕이 고향인 고려 말의 성현 이색 선생이 상대산 관어대에 올라 바다에서 고래가 흰 물줄기를 뿜어내는 장면을 보고 "고래가 노니는 뻘"이라는 뜻에서 '고래불'이라 부르게 되었다고 한다.

　고래불해수욕장 남쪽으로 펼쳐지는 덕천해수욕장은 울창한 송림이 자랑거리다. 소나무 산책로와 지압길을 조성하여 캠핑족들에게 사랑받는 야영장으로 활용되고 있다. 하지만 한여름의 축제도 끝이 나고, 썰물처럼 빠져나간 빈자리에는 애꿎은 가을비만 추적추적 내리고 있다.

3. 관동팔경

• 백암온천

　고래 형상의 조형물이 있는 고래불해수욕장이 해파랑길 23구간 시작점이자, 영덕대게공원부터 고래불해수욕장까지 총 64.6km에 이르는 영덕 블루로드의 종점이기도 하다. 덕천리를 지나 수산자원연구소가 있는 영덕군 병곡면 거무역(居無役)리를 지난다.
　이 마을에 내려오는 전설에 의하면, 고려 원종 때 안렴사 탁세통이 마을을 순시하던 중, 괴이한 일을 목격한다. 마을 사람들이 거북에게 매질하며 온갖 희롱을 하는데, 거북이는 매질에 못 이겨 죽을 지경이다. 안렴사가 가만히 살펴보니 거북의 등에 임금 '왕(王)' 자가 있는지라, 마을 사람들에게 후한 재물을 주고 바다로 돌려보낸다.
　그날 저녁 잠결에 백발 노인이 나타나 자기는 동해바다의 용왕인데, 자식을 살려준 은공으로 자손만대에 부귀영화를 누리게 될 것이라는 현몽을 한다. 그 뒤로 안렴사는 문하시중 평장사에 오르고, 아들과 손자도 시중에 올라 한집안에 3정승이 나오자, 이 마을에 부역을 면제하여 거무역(居無役)이라 부르게 되었다고 한다.

영덕 심층수 온천을 지나면 서쪽으로 칠보산이 우람하게 보인다. 표고가 810m인 칠보산은 남쪽으로 등운산(767m)까지 고산준령이 험준한 산세를 이루는 명산이다. 일곱 가지 보물이 숨겨 있어 칠보산으로 부르는 이곳은 선덕여왕 6년(637년) 때에 자장율사(慈藏律師)가 창건한 천년고찰 유금사가 자리 잡고 있다.

유금사 가는 길은 금곡진료소가 있는 삼거리에서 왼쪽으로 산길을 따른다. 굽이굽이 울창한 숲길을 따라 6km를 거슬러 오르면, 첩첩산중 막다른 분지 안에 숨겨진 마을이 나타난다. 삼십여 호가 넘는 집들이 옹기종기 모여 있는 이곳이야말로, 정감록에 나오는 십승지가 아닌가 싶다.

유금사는 삼국 시대부터 금을 캐던 광산이 있었고, 신라의 국보인 금척도 이곳에서 발견하여 임금에게 진상하였다고 한다. 또한 유금사에 전해 오는 전설에 의하면, 어느 날 주지가 불국사 법회를 마치고 돌아오는 중에 사찰 앞 용소(龍沼)에서 두 마리 용이 교미하는 것을 보게 되었는데, 절에 도착하기도 전에 갑자기 폭우가 쏟아지며 산사태로 절이 폐허가 되고 말았다고 한다.

그 뒤 다시 중건하였으나 화재로 소실된 것을 1627년(인조 5년) 중창하여 오늘에 이르고 있다. 석가여래삼존불이 봉안되어 있는 대웅전을 1973년에 보수하였는데, 이때 천장 속에서 금서(金書)를 발견하고, 보물 674호로 지정된 삼층석탑을 대웅전 뒤뜰로 옮기는 과정에서, 탑 속에 있던 금불상을 발견하여 국립중앙박물관에서 보관하고 있다고 한다.

지경 마을에서 화랑 순례길이 끝나고, 관동팔경 길이 시작된다. 백암휴게소를 지나 울진근 후포항에 도착한다. 후포항은 1937년 개항한 이래 죽변항과 함께 울진을 대표하는 항구로, 동해안 어업전진기지 중의 한 곳이다.

울진이 자랑하는 홍게는 7백m에서 2천m까지 수심이 깊은 곳에서 서식하기 때문에 붉은 빛을 띠게 된다. 겨울이면 대게와 붉은 대게를 잡아온 어선들로 파시를 이루고, 아침부터 시작되는 경매로 전국의 상인들이 후포항으로 몰려든다.

그칠 줄 모르는 빗속에서 몸도 마음도 지치고 누울 자리를 찾아가는 것이 급선무다. "같은 값이면 다홍치마"라는 말이 있다. 울진을 찾아와서 백암온천을 외면할 수가 있는가. 평해읍에서 서쪽으로 10여km를 들어간 뒤에야 백암산 자락에 안겨 있는 백암온천을 찾는다.

백암온천의 원탕(元湯)이 있는 태백온천모텔에 여장을 푼다. 온양온천, 수안보온천과 함께 3대 온천수로 명성이 높은 백암온천은 국내에서 가장 높은 52도의 수온을 유지하고 있다. 온천수에는 알칼리성 방사능 유황 성분이 있어서, 만성피부염, 신경통, 류머티즘에 효험이 있을 뿐만 아니라, 당뇨병, 중금속 중독, 동맥경화증에도 뛰어난 효과가 있다고 한다.

따끈한 온천수에 몸을 담근 뒤, 시원한 맥주로 입가심을 하고 나니, 천 리 길을 달려온 여독이 말끔히 가신다. 먼동이 터 오는 온천장을 빠져나오니, 밤새 비도 그치고 싱그러운 풀냄새가 코끝을 파고든다.

동국여지승람에 의하면, 신라 때 사슴을 쫓던 사냥꾼이 벼랑에 떨어져 상처를 입었는데, 계곡에서 떠온 물로 씻고 나은 뒤로 신비의 물로 알려지기 시작하였다고 한다. 인근에 있는 백암사 스님들이 돌을 쌓아 욕탕을 설치했고, 고려 때는 현령이 욕탕을 지어 주민들에게 개방했다고 한다.

1912년 한일합방 후, 일본인이 피닉스호텔 자리에 최신식 '백암온천관'을 신축하여 영업을 시작한 것이 백암온천의 효시라고 한다. 아침 식사를 마친 우리는 어제 둘러보지 못한 후포항으로 이동한다. 백암온천에서 평해읍으로 나오는 10km 길가에 만발한 배롱나무(백일홍)가 환상적이다. 가로수로 심은 분홍 빛깔의 백일홍이 고즈넉한 산길에 정겨움을 더하고, 우리의 심란하던 마음도 봄눈 녹듯이 사라진다.

집을 떠나기 전부터 후포항을 노래하던 아내는, 후포항에서 '백년손님' 찾기에 분주하다. SBS에서 절찬리에 방영되는 '백년손님'은 사위가 처가집에서 벌이는 해프닝이다. 이곳 후포항을 중심으로 벌어지는 백년손님은 남서방(의사)으로 통하는 남재현이 걸쭉한 입담의 장모(이춘자), 장인(최윤탁)과 벌이는 사연이 전개된다.

이 골목 저 골목 기웃거리며, 찾아간 곳은 후포항이 내려다보이는 언덕 바라지다. 아내가 보고 싶어 하던 할머니는 출타 중이고, 영감님이 반겨 주신다. 400여 년간 대를 이어 오는 강릉 최씨 문중에서 TV에 출연한 덕분에 20만 원짜리 이발도 해보고, 호텔 스위트룸에서 호강을 했다고 파안대소를 한다.

커피 대접을 받고 등대가 있는 계단을 오른다. 등기산(64m) 위에 자리 잡은 후포등대는 팔각형 콘크리트 구조물로 높이가 11m이다. 1968년 불을 밝히기 시작하여 고기잡이배들을 비롯하여 후포항을 찾는 선박들의 길잡이를 하고 있다. 전망대에 올라서면 동해의 푸른 바다와 갯바위전망대, 후포항이 그림처럼 펼쳐진다.

• 월송정(月松亭)과 망양정(望洋亭)

후포항을 뒤로하고 월송정 가는 길에 대게 원즈 마을 거일리를 지난다. 방파제를 기어오르는 대게와 만선의 기쁨을 안고 힘차게 노를 젓는 어부, 울진을 상징하는 대나무를 소재로 조성한 조각공원 앞에서 잠시 휴식을 한다.

먹구름이 물러간 하늘빛은 푸른 물감을 풀어 놓은 듯이 선명하고, 쪽빛 바다에서 불어오는 해풍을 타고 물보라를 일으키는 파도가 방파제를 집어삼키는 모습이야말로 대자연의 순리가 아닌가. 30도를 오르내리는 열기 속에서도 승용차 문을 활짝 열고 갯바람을 맞으며 달려가는 이 순간만은 모든 것이 내 세상이다.

직산리에서 서쪽으로 난 작고개를 넘어가면 남대천을 만난다. 백암산 동쪽 사면에서 발원하여 백암온천을 품고 있는 남대천은, 심산계곡의 구절양장을 굽이돌아 평해읍에서 동해로 흘러드는 하천이다.

해변을 중심으로 아름드리 소나무가 숲을 이루는 월송정은 관동팔경 중에서 가장 남쪽에 있는 제1경이다. 신라 시대 네 화랑(영랑, 술랑, 남석랑, 안상랑)이 고요히 흐르는 달빛 아래서 호연지기를 기르며 심신을 연마하던 곳이 월송정이고, 조선 숙종이 "화랑들이 놀던 자취 어디 가서 찾을 것인가?"라며 탄식했다는 일화가 전해 오는 곳이다.

고려 시대부터 있었던 월송정은, 조선 연산군 때 강원도 관찰사 박원종(朴元宗)이 중건하였고, 1933년 이 고을 황만영, 김자문 등이 재차 중건하였지만, 일제 강점기를 맞아 일본군에 의해 철거되고 만다. 1969년 재일교포로 구성된 금강회의 후원으로 2층 콘크리트 건물로 세웠으나, 원래의 모습과 다르다는 비판에 따라 1980년 지금의 모습으로 다시 지었다고 한다.

화랑들이 이곳에서 달을 보고 놀았다 하여 월송정(月松亭) 혹은 중국 월나라에서 소나무를 가져다 심었다 하여 월송정(越松亭)이라 하였다는데, 우리나라의 아름다운 경승지 이름을 중국에서 모방한 것이 한두 곳이 아니고 보면, 사대주의와 맥을 같이 하는 것이 아닐까 싶다. 월송정의 옛 자취를 찾을 수는 없지만, 예로부터 전국의 명승지를 찾은 시인 묵객들의 풍류가 묻어나는 현판들이 빼곡히 걸려 있어 그나마 위안이 된다.

참고로 관동팔경을 열거해 보면 통천의 총석정, 고성의 삼일포, 간성의 청간정, 양양의 낙산사, 강릉의 경포대, 삼척의 죽서루, 울진의 망양정, 평해의 월송정이다. 대관령의 동쪽에 있어서 관동이라 부르며, 조선 선조 때 정철이 관동팔경과 금강산 일대의 산수미를 읊은 〈관동별곡〉으로 유명세를 더하고 있다.

월송정과 이웃하고 있는 평해 황씨 시조제단원도 울창한 소나무 숲 속에 자리 잡고 있다. 황씨 도시조(都始祖)인 황락은 중국의 한학사로 서기 28년(신라 유리왕 5년) 교지국(지금의 베트남)에 사신으로 가던 중, 동해에서 풍랑을 만나 이곳 평해 앞바다에서 표류하다 월송포에 상륙하여 정착하였다고 한다.

구산항 뒤편으로 경상북도 기념물 165호인 대풍헌이 자리 잡고 있다. 대풍헌은 조선 시대 울릉도(독도)로 가는 수토사가 순풍을 기다리며 머물던 숙소였다. 인근 삼척진이나 월송포 수군들이 3년마다 교대로 수토사가 되어 구산항에서 출발했다고 한다.

근대사를 회고해 보면 19세기에도 울릉도와 독도를 실효적으로 지배하고 있었음을 보여 주는 사료로 평가받는 곳이다. 울진공항을 지나 척산천에 걸려 있는 기성교를 건너면 기성면 버스터미널이 나오고 이곳에서 24구간을 다 감한다.

　기성면 사동리에 있는 해월헌을 찾는다. 경상북도 민속문화재 제156호인 평해 황씨 중시조인 해월 황여일의 신위를 모시고 있는 사당이다. 황여일(黃汝一: 1556~1622) 선생의 자는 회원(會元), 호는 해월(海月)이고 본관이 평해이다.

　1585년 별시문과에 급제한 후, 1592년(선조 25년) 임진왜란이 일어나자 도원수 권율의 종사관으로 공을 세우고 1598년 명나라에 서장관으로 다녀와서, 동래부사, 공조참의를 지냈으며, 사후 가선대부 이조참판에 증직된 인물이다.

　기성면을 지나는 해파랑길 25구간은 수산교까지 특별한 명소도 없고, 진입 도로와 해안 절벽이 많아 손쉽게 7번 국도를 따라 북상하는 중에, 낮은 구릉지에 거대한 황금 불상이 나타난다. 궁금증과 호기심으로, 산문을 들어서니 납골을 모시는 사찰이다. 망자들의 납골을 화려한 대리석으로 치장하여 아름다운 공원으로 조성하고, 수십 미터의 금불상을 안치해 놓은 영명사다.

　자연 훼손과 호화 장례의 폐단을 막기 위해 납글당과 납골묘로 발전하는 추세이지만, 빈부의 격차가 그대로 재현되어, 대안으로 떠오른 것이 수목장이다. 숲도 가꾸고 흙으로 돌아가는 것이 자연의 이치라고 한다면, 수목장이야말로 가장 이상적인 장례문화가 아닌가 싶다.

　망양정 옛터를 찾았다. 망양정은 고려 시대 기성면 망양리 해안에 세워졌으나, 오랜 세월 비바람에 퇴색하여 1471년(성종 2년) 평해군수 채갑보(蔡甲保)가 현종산(縣鍾山) 남쪽 기슭으로 옮겼다고 한다. 해안가 언덕 위로 오르는 나무 계단이 있어 쉽게 찾을 수가 있고, 소나무 3그루가 서 있는 언덕 위로 오르면, 수서 박선장 선생 시비(詩碑)가 시선을 끈다.

開懷森森 三山遠	바다 바라보니 가슴이 트이고 바다는 먼데
極目茫茫 萬頃平	눈길 닿는 저 끝까지 남경창과 펼쳐 있네
欲遂平生 觀海志	평생에 바다 보려는 뜻 이루고자 하시거든
請君頂上 望洋亭	그대 부디 망양정에 올라 보시 게나

―박석무(다산연구소 이사장) 역, 〈망양정(望洋亭)〉

25구간을 빠르게 지나온 우리는 가장 먼저 망양정에 오른다. 망양정(望洋亭)은 울진군의 한가운데를 흐르는 왕피천 하구에 자리 잡고 있는 관동팔경 중 한 곳이다. 넓은 동해를 바라보며 산 정상에 날아갈 듯이 올라앉은 아름다운 자태는, 바다로 나간 낭군을 기다리는 아낙네의 간절한 모습으로 보인다.

망양정은 1471년(성종 2년) 평해군수 채갑보(蔡甲保)가 현종산(縣鍾山) 남쪽 기슭으로 옮긴 뒤로 수차례 보수 끝에, 1860년(철종 11년) 울진 현령 이희호(李熙虎)에 의해 현재의 위치로 옮기어 오늘에 이르고 있다. 조선 숙종은 관동팔경 중에서도 망양루의 경치가 으뜸이라며, 關東第一樓(관동제일루)란 현판을 내렸다고 한다.

금강산도 식후경이라 했던가. 부실하게 먹은 조반으로 허기가 드는지라, 망양정 아래 횟집을 찾아 아내가 좋아하는 물회와 회덮밥을 주문했다. 동해안에서만 맛볼 수 있는 싱싱한 횟감으로 차린 식사는 말 그대로 꿀맛이다. 쫄깃쫄깃하게 씹히는 감칠맛이 혀끝에서 녹아들고, 곁들이는 소주야말로 찰떡궁합이다.

울진이 자랑하는 왕피천은 영양군과 울진군을 북동쪽으로 감입곡류(嵌入曲流)하여 동해로 흘르드는 길이가 67.7km에 이르는 하천이다. 실직국의 왕이 이곳으로 피난 와서 살았다고 하여 마을 이름을 왕피리로, 계곡 이름을 왕피천이라 부른다.

하천의 상류나 중류는 원시림과 산간협곡이 절경을 이루고, 감입곡류로 돌아가는 계곡마다 아름다운 비경이 숨어 있다. 울진이 자랑하는 성류굴을 찾아간다. 왕피천 하류에 있는 성류굴은 길이가 915m에 이르는 석회암 동굴로 담홍색과 회백색을 띠고 있다.

동굴 안에는 수심이 4~5m에 이르는 물웅덩이, 고드름처럼 생긴 종유석(鐘乳石)과 땅에서 돌출되어 올라온 석순, 석주(石柱) 등 다양한 동굴 생성물이 고루 분포하고 있다. 성류굴은 원래 신선들이 놀던 곳이라 선유굴이라고 불렀으나, 임진왜란(1592년) 때 왜군을 피해 불상을 굴 안에 피신시킨 후로, 성스런 부처가 머물던 곳이라는 뜻에서 성류굴이라 부른다.

다음으로 찾아간 곳이 격암 남사고 유적지다. 경북 울진근 근남면 수곡리에서 태어난 남사고(1509~1571년) 선생은 조선 중기의 유학자로 본관이 영양이고, 자는 경원, 대학(大學)의 격물치지(格物致知)에서 깨달은 바가 있어 호를 격암이라 했다.

어려서부터 유학에 심취하더니, 중년에 이르러서는 역학과 천문, 지리에 능통하여 임진왜란과 분당 정치, 선조 즉의를 예언하여 명성을 얻었다. 그의 생활신조가 절제된 의식을 몸소 실천하여 평생 소학(小學)을 가까이 두고, 그의 나이 56세인 명종 19년(1564년)에 사직 참봉에 천거된 것이 고작이다. 그의 저서로는 『남사고비결(南師古秘訣)』, 『남격암십승지론(南格菴十勝地論)』이 정감록에 전해지고 있으며, 후세 사람들이 그를 해동강절(海東康節)이라 부른다.

다음으로 엑스포공원을 찾는다. 울창한 소나무 숲 속에 민물고기

연구센터, 미생물전시관, 아쿠아리움까지 모든 시설물이 한 군데 조성되어 견문을 넓힐 수 있는 볼거리를 제공하고 있다. 지방자치제가 시행되면서 각 지방마다 특색 있는 콘텐츠를 개발하여 고장의 특산물을 홍보하는 이벤트가 넘쳐나는 세상이다.

과유불급(過猶不及)이라. 지나침은 모자람만 못하다는 말이 옛 성현들의 말씀이 아니던가. 지방마다 우후죽순으로 생겨나는 문화축제와 남발되는 홍보물이 사전 준비도 없이 선심성 공약으로 자행되어, 곳간의 재물을 탕진하는 일이 비일비재(非一非再)하고 보니 말이다.

울진 읍내를 관통하는 남대천은 응봉산 남쪽에서 발원하여 북면 하당리를 지나 울진읍 비래봉 부근에서 동해로 유입되는 25km의 하천이다. 울진에서는 왕피천과 광천 다음으로 큰 하천이다. 상류 구간은 감입곡류의 형태를 띠고 있으며, 좁은 곡저평야를 지나 남쪽의 왕피천과 인접하여 수산리 일대에서 충적평야를 이루고 있다.

인근에 있는 연호정을 찾아간다. 연호라 부르는 자연호수는 연꽃이 만발하고 경관이 수려하여, 시인 묵객들이 모여들어 흥을 돋우던 곳이고, 태공들이 속세의 번뇌를 타파하기 위해 명상을 즐기던 곳이다. 연호는 고씨들이 살던 곳이었으나, 땅이 꺼지며 늪으로 변하여 고성 늪이라 불렀다고 한다.

백여 년 전만 해도 울진읍 중심부까지 차지할 정도로 큰 호수였으나, 토사의 유입으로 현재의 모습이 되었다고 한다. 송림 속에 자리 잡은 연호정은 1815년(순조 15년) 향원정이라는 정자가 있었으나, 정자가 퇴락하자 1922년 동헌의 객사 건물을 옮겨 세우고 연호정이라 부르고 있다.

물어물어 찾아간 연호정은 연못을 덮은 연잎이 장관이다. 계절이 지난 탓에 연꽃의 아름다운 자태를 보지는 못하지만, 싱그러운 연잎을 보는 것만으로도 기분이 좋아진다. 우아함과 고귀함, 순결을 상징하는 연꽃은 열 가지 의미를 지니고 있다고 한다.

연꽃은 진흙탕 위에서 자라지만 진흙에 물들지 않고, 연잎 위에는 한 방울의 오물도 머물지 않는다. 연꽃이 피면 시궁창 냄새는 사라지고 향기만 남고, 오물에 뿌리를 내린 연꽃의 줄기와 잎에는 청정함을 유지한다. 연꽃의 줄기는 부드러워 비바람에도 부러지지 않고, 잎과 꽃이 둥글어 바라보고 있어도 마음이 편안해진다. 연꽃은 반드시 열매를 맺고, 꿈에 보이면 좋은 일이 생긴다고 한다.

해파랑길과 겹쳐지는 관동팔경 녹색 경관 길은 고성군 대진등대부터 시작하여 울진군 월송정까지 330km의 도보 길을 일컫는다. 죽변항 가는 길에 '울진봉평신라비전시관'을 방문한다. 제1전시실로 들어서면, 전시실 중앙에 국보 제242호로 지정된 울진봉평신라비가 자리 잡고 있다.

신라 법흥왕 11년(524)에 세워진 것으로 추정되는 비석에는, 당시 국왕의 지위와 신라 십칠 관등의 성립 연대와 지방 통치 조직 및 촌락 구조, 그리고 복속민에 대한 시책 등 신라 사회 전반을 검토해 볼 수 있는 실마리가 적혀 있다고 한다.

제2전시실에는 삼국 시대의 비 10여 기를 실물 모형으로 제작하여 전시하고, 제3전시실에는 삼국 시대의 그림에서 글자로 변모되는 과정을 소상하게 적어 놓은 금석학의 계보 및 역사와 한글의 기록 유산과 미래를 지향하는 비전을 제시하고 있다.

10여 년 전 중국 서안을 방문하여 비림(碑林)을 찾아간 적이 있다. 이곳에서 사서삼경(四書三經)이 새겨진 비석을 보고 감탄하였는데, 오늘 울진봉평신라비를 바라보면서, 소중한 문화재를 한자리에 모아

후손들에게 전해줄 수 있다는 데서, 새로운 자긍심을 갖는다.

• 죽변항과 임원항

　울진이 자랑하는 죽변항에 도착한다. 1995년 국가 어항으로 지정된 죽변항은 항공사진으로 보면 흡사 용이 웅크리고 있는 형상이라 '용추곶'으로 부르던 곳이다. 동해 앞바다에서 건져 올린 울진 대게를 비롯하여 오징어, 꽁치, 명태, 참소라 등 다양한 수산물이 거래되고 있다.

　키 작은 신우대가 빼곡히 들어찬 오솔길을 거슬러 오르면, 산 정상에 죽변등대가 반겨 준다. 높이가 15.6m인 등대에서 밝혀 주는 불빛을 따라 만선의 기쁨을 안고 죽변항으로 들어서는 오징어잡이 어선들. 목청을 높이는 경매사들의 고함 소리가 어판장에 울려 퍼지면, 전국에서 모여든 상인들의 손동작에 열기가 달아오른다.

　배가 항구로 들어오면 가장 먼저 반겨 주는 것이 갈매기들이다. 이곳의 터줏대감인 갈매기는, 오징어 뱃속에서 발라낸 내장이 항구에 버려지기가 무섭게 아귀다툼이 벌어진다. 대게는 겨울이 제철이다. 울진 대게는 울진곶에 있는 대나무 마디를 닮았다 하여 울진 대게라 부르는데, 매년 11월부터 5월까지 잡아 올린다.

　덕천리 백사장에서 시작하여 봉평리와 온양리까지 드넓은 백사장을 봉평해수욕장이라 부르는데, 그 길이가 자그마치 10km가 넘는다. 동해의 청정해수와 깨끗한 모래가 동해안 제일의 해수욕장으로 명성을 얻고, 먹거리가 풍부한 죽변항과 빼곡히 들어찬 모텔들로 관광객의 마음을 사로잡는다.

죽변항에 또 하나 명소가 탄생했으니, 2004년 SBS에서 방영했던 인기 드라마 '폭풍 속으로' 세트장이 바로 그곳이다. 죽변등대 북서쪽 해안 절벽에 지은 교회와 살림집이다. 바닷바람이 강하게 불어오는 곳에 자리 잡은 세트장의 교회는 정식으로 사용하려고 준비 중이며, 주인공이 살던 건물은 일반인이 출입하도록 개방하여, 안에는 자판기와 화장실까지 갖추고 있다.

후정해변을 지나 덕천리 해변가에 이르면 언덕 위에 멋진 전망대가 보인다. 이곳이 도깨비 장군으로 명성이 높은 김언륜(金彦倫) 장군이 노닐며 체력을 연마하던 장유대다. 동쪽으로 망망대해의 푸른 물결이 출렁이고, 서쪽으로 백두대간의 고산준령이 힘차게 뻗어 내린 모습이 능허대에 버금간다 하여 장유대라고 전해지는 곳이다.

부구천이 바라보이는 대지 위에 자리 잡고 있는 원자력발전소 전시관을 찾는다. 1978년 4월 고리 원자력발전소를 준공한 이래 4개 지역에서 20기의 원자력발전소를 가동하고 있는 우리나라는 전체 전력량의 40%(1771만 7천kw)를 생산하여 미국, 프랑스, 일본, 러시아, 독일에 이어 6위의 규모를 자랑하고 있다.

현재 6기를 가동하고 있는 울진 원자력발전소에서는 국민들의 의구심을 해소하고, 원자력발전 원리와 안정성을 홍보하기 위해 전시관을 개관했다고 한다. 원자력이란 핵분열이 연속적으로 일어나면서 나오는 열로 에너지를 만들어 전기를 생산하는 방식이다.

급증하는 전력 수요를 충당하기 위해서는 원자력발전소 건설이 가장 안정적이고 손쉬운 방법이다. 하지만 장점에 비해 치명적인 약점을 지니고 있기에 대다수 국민들이 원자력발전소 건설을 반대하는 이유다. 하지만 현대문명 속에서 한시라도 없어서는 안 될 소중한 자산이 전기 에너지다.

부구천을 거슬러 오르면, 울진이 자랑하는 덕구온천이 자리 잡고 있다. 평균 42도의 수온을 유지하고 있는 국내 유일의 자연 용출 온천이다. 온천수는 호텔이 있는 광장에서 금강송 숲길을 따라 4km쯤 계곡을 거슬러 올라가면, 응봉산 중턱에서 솟아나오는 자연 용출 온천수를 송수관을 통해 덕구온천으로 끌어온다.

나곡해변(봉화산)을 지나 고포 마을에서 강원도와 경상북도가 경계를 이룬다. 남쪽은 지금까지 걸어온 경북 울진군 북면 나곡리이고, 북쪽은 강원도 삼척시 원덕읍 월천리다. 이제부터 본격적인 삼척 지역 81.38km의 긴 해안선을 걷게 된다. 삼척은 신라 파사왕 시절 실직국이었으나 505년 지증왕 때 신라에 병합되면서 실직주가 설치되었고, 757년(경덕왕 16년) 삼척군이라는 이름으로 등장한다.

강원도에서 가장 남쪽 바다로 흘러내리는 가곡천은 서쪽으로 계곡을 거슬러 올라 가곡면 풍곡리에서 남북으로 계곡이 갈라진다. 북쪽 계곡을 통할계곡이라 하여 육백산(1244m)에서 발원하고, 남쪽으로 갈라지는 덕풍계곡은 응봉산(999m)에서 발원한다.

계곡 산행의 마니아들이 꿈에도 그리는 덕풍계곡은 응봉(999m)에서 덕풍 마을까지 자연의 신비가 그대로 숨어 있는 비경이다. 14km에 이르는 덕풍계곡은 전문 등반인이 아니면 접근하기 어려운 험난한 계곡이라, 장마철에는 함부로 접근해서는 안 된다.

호산천을 건너 만나는 원덕읍에서 7번 국도를 따라 작진항, 노곡항, 비화항을 지나 임원항에 도착한다. 국가 어항인 임원항은 조선시대에 여행자의 숙소(만년원)가 있던 곳이다. 해돋이 명소로 정평이 나 있는 임원항에서 빼놓을 수 없는 곳이 '남화산해맞이공원' 이다.

남화산해맞이공원은 임원항에서 뒤로 보이는 남화산(141m) 정상에 조성한 테마공원이다. 주변 경치를 감상할 수 있는 최적의 장소에 부지를 선정하여 2006년부터 총사업비 60억 원을 투입하여 2만 6천 m²에 전망대와 조형물을 설치하고, 임원항과 연계하는 테마공원으로 조성하였다.

남화산해맞이공원의 랜드마크는 수로부인석상이다. 삼척시에서 16억 원을 들여 높이 10m, 무게 500톤짜리 수로부인석상을 중국에서 제작하여 남화산 정상에 안치하였다. 신라 성덕왕 때 순정공이 강릉태수로 부임해 가는 도중에 점심을 먹게 되었는데, 깎아지른 절벽 위에 예쁜 철쭉꽃이 피어 있는지라, 수로부인이 저 꽃을 꺾어 올 자가 있느냐고 묻자. 아무도 나서는 자가 없었다.

이때 암소를 끌고 가던 노인이 노래를 지어 부르며 꽃을 바친다. 다시 길을 가다 점심을 먹는데, 용이 나타나 순식간에 부인을 끌고 바다로 사라진다. 당황한 순정공이 애절하게 불러보지만 소용이 없었다. 노인이 일러 준 비법대로 경내의 백성들을 불러 모아 막대기로 언덕을 두드리며 노래를 부르자, 용이 부인을 데려와 순정공에게 바쳤다고 한다.

수로부인의 자태가 수려한 절세가인이어서 큰 연못을 지날 때마다 여러 번 신에게 잡혔다 풀려나는 고초를 겪었다는 일화는, 신라에 전해 오는 향가를 모티브로 하여 순정공과 수로부인의 행차를 표현한 조형물이다.

龜乎龜乎 出水路	거북아 거북아 수로를 내놓아라
掠人婦女 罪何極	남의 아내 앗은 죄 그 얼마나 큰가
汝掠悖逆 不出獻	네 만약 어기고 바치지 않으면
入網捕掠 燔之喫	그물로 잡아서 구워 먹으리라.

1968년 10월 북한에서 남파된 무장간첩 120명이 동해안으로 상륙하여 백두대간을 타고 서울로 진입하려 했다. 평창에서 "나는 공산당이 싫어요."라고 외치는 이승복 어린이를 살해한 사건의 시발점이 임원항이다.

역사를 되돌아보면, 휴전선을 넘어온 김신조 일당이 서울로 진입하는 양동작전으로, 남한을 혼돈 속으로 빠뜨리려는 기만 술책이었다. 만약 성공했다면 얼마나 비참한 일이 벌어졌을지 생각만 해도 끔찍한 사건이었다.

• 해신당공원

신남항을 내려서면 해신당공원이 반겨 준다. 동해안에서 유일하게 남근 숭배 민속이 전래된 마을이 바로 해신당을 모신 신남마을이라고 한다. 어촌이라야 자그마한 포구에 불과하지만, 해신당이라는 이색적인 공원을 조성하면서 관광객들이 찾아오는 명소가 되었다.

경로 요금 1,500원을 지불하고 들어선 해신당공원에는 남성의 심벌인 남근 조각상이 줄줄이 도열해 있다. 소나무 숲 속에 자리 잡은 해신당을 찾아가는 길엔 마을의 역사와 함께 자라온 500년 된 향나무가 반겨 준다. 성문화(性文化)가 발달하지 못한 우리에겐 생소하게만 느껴지는 남근 조각상을 바라보며 찾아간 해신당 앞에서 엄숙한 분위기가 감돈다.

그 옛날 이 마을에는 결혼을 약속한 애랑과 덕배라는 처녀 총각이 있었는데, 해초 작업을 나갔던 애랑이 풍랑을 만나 죽고 난 뒤로 고기가 잡히지 않았다고 한다. 마을에서는 처녀의 원혼을 달래기 위해 남근을 만들어 제사를 지낸 후로 고기가 많이 잡혔다는 전설이 전해 온다.

　지금도 정월 보름이면 남근을 깎아 세우고 해신당에서 제사를 지내는 풍습을 재현하여 해신당공원을 조성하게 되었다고 한다. 바다를 향해 닻을 올리는 어선을 형상화하여 만든 어촌민속관은 어촌의 옛 모습을 재현하여 어민들의 생활을 간접 체험할 수 있는 문화 공간과 영상 수족관, 어류 표본 및 모형을 전시하여 어린이들에게 꿈을 심어 줄 수 있는 학습의 장으로 구성하고 있다.

　산등성이를 넘어서면 그림같이 아름다운 갈남해변에 도착한다. 조용한 포구 앞바다에 쿠초처럼 떠 있는 월미도. 소나무가 무성한 무인도가 갈매기의 천국이다. 갈매기의 울음소리에 이끌려 벼랑 끝에 조성한 전망대에 올라서면 낭만가도를 설명하는 안내판이 반겨 준다.

　해파랑길을 종주하다 보면 각 지방마다 특색 있는 산책로를 조성하고 있는데, 영주의 블루로드와 함께 삼척에서도 동해안의 빼어난 경관을 '낭만가도'로 정하여 해파랑길과 함께 진행하고 있다.

　7번 구(舊) 도로를 따라가면 한국의 나폴리 장호항에 도착한다. 동해안 제일의 미항으로 명성이 높은 장호항은 아름다운 해변과 쪽빛 바다에 둔대 바위섬을 중심으로 아기자기한 해금강이 펼쳐진다. 진기한 보물일수록 사람들의 눈에 뜨이지 않는 은밀한 곳에 숨어 있게 마련이다. 동쪽 끝자락에 숨어 있는 둔대섬을 찾아가면 무지개다리가 걸려 있다.

　둔대 바위섬 정자에서 바라보는 조망은 가슴속이 후련하도록 청량감을 느낄 수가 있다. 소나무와 어우러진 기암괴석들 사이로 밀려오는 하얀 포말들, 물속에 잠겼다가 모습을 드러내는 크고 작은 바위섬이 마술사의 주머니를 들락거리는 보물단지처럼 신비스럽다. 무지개 다리 아래서 어촌 체험에 참가한 가족과 연인들의 재잘거리는 웃음소리야말로 자연이 빚어내는 천상의 소리다.

둔대바위 오르는 길에 한 쌍의 고래 조형물이 보인다. 1986년 고래 포경이 금지되기 전에는 동해연안에서 잡은 고래들을 이곳 장호항에서 해체 작업을 했고, 그런 연유로 이 지역을 고래 무덤이라고 한다. 손님 맞을 준비가 끝난 장호해수욕장은 고운 입자의 백사장과 소나무 숲이 어우러진 아름다운 해변이다.

삼척로(7번 국도)를 따라가면, 민박마을 용화해변이 반겨 준다. 삼척이 자랑하는 레일바이크 용화 정거장이 있는 곳이다. 궁촌에서 용화해변까지 레일바이크로 동해의 아름다운 절경을 감상하며 소나무 숲길을 달리는 7.2km야말로 환상의 구간이다.

용화해변에서 초곡리 가는 길은 삼척로(7번 국도)를 따라 산등성이를 넘어야 한다. 모처럼 바다가 보이지 않는 호젓한 길을 따라 산모퉁이를 돌아서면, 레일바이크 철도 건널목이 나타나고, 오륜 마크도 선명한 '황영조 기념공원'이다. 작은 키에 다부진 몸매로 숙적 일본의 다니구치를 몬주익 언덕에서 따돌리고 당당히 금메달을 차지한 우리의 영웅 황영조 선수.

작은 어촌 마을 초곡리가 스페인 몬주익(예수의 언덕)의 영웅 황영조 선수가 태어난 곳이다. 황영조는 1992년 제25회 바르셀로나 올림픽 마라톤에서 금메달을 획득하여 1936년 손기정 선수의 마라톤 금메달 이후 56년 만에 마라톤에서 금메달을 조국에 바쳤다.

황영조 선수의 어린 꿈을 간직하고 있는 초곡리 마을을 벗어나면, 정자와 어우러진 기암 사이로 삼존미륵바위가 있다. 삼세교법(三世教法)과 해인조화(海印造化)로서 중생구제(衆生救濟)를 위해 56억 7

천만 년 만에 용화도장(龍華道場)에 출현한 미륵부처님의 묘상이 있다는 곳이다.

고개를 주억거리며 문안해변을 따라가면 바닷가에 있는 세은정사를 만난다. 암자의 규모를 벗어난 아담한 사찰이지만, 파도 소리와 어우러지는 불경 소리는 심심산골의 암자에서 들려오던 소리와는 또 다른 사바세계로 빠져든다. 굴다리를 빠져나가며 시작되는 레일바이크와의 동행은 동해안 제일의 경관을 자랑한다.

아름드리 소나무가 도열한 숲 사이로 철길이 놓이고, 동해의 푸른 파도가 넘실거린다. 느릿하게 움직이는 레일바이크에서 젊은 연인도, 노부부도 환한 웃음 속에 십 년씩 젊어진다. 레일바이크 탑승객들이 잠시 쉬어 가는 초곡 정류장을 지나 갯바위 풍광을 바라보며 해변을 걷다 보면 궁촌에 도착하며 오늘의 일정도 끝이 난다.

• 관동팔경 죽서루

해파랑길 답사를 위해 8개월 만에 찾는 감회가 새롭다. '함께 하는 등산클럽' 과 오륙도에서 함께 깃발을 올렸지만, 강원도 고성까지 완주하지 못한 것이 두고두고 미련과 아쉬움이 남는다. 2013년 건강검진을 받은 결과 '만성기관지염' 으로 판정이 나왔다. 신생아 시절부터 잦은 병치레를 달고 살면서 죽을 고비를 수없이 넘기던 약골이었다.

그러던 내가 초등학교에 들어간 뒤로는 감기 한번 걸리지 않고 70 평생을 건강하게 살아왔다. 그뿐이랴. 월남전에 참전하여 건강한 몸으로 돌아왔고, 40대 후반부터는 산 사나이로 돌변하여 국내외 천

(千)여 산(山)을 오르며 백두대간을 완주하고, 4대강 1,300여km를 완주하는 저력을 보였는데, 생각지도 못한 변고가 생기고 말았다.

의사의 진단으로는 그동안 너무 무리한 운동으로, 기가 약해지면서 몸에서 가장 약한 부분이 병으로 나타나게 되었다고 한다. 찬바람이 불어오며 기침도 심해지고 누런 가래가 쏟아지며, 칼로 도려내는 듯이 통증이 심하여 외출도 못하면서 고통의 날을 보냈다. 몇 달 전만 해도 세상에 거칠 것 없이 돌아다녔는데, 너무도 안타까운 일이다.

이 병원 저 병원으로 전전하지만, 백약이 무효라 특별한 처방 없이 평생을 달고 살아야 한다는 진단이다. 기관지에 좋다는 산도라지 진액을 장복하며, 추운 겨울이 지나기만을 기다릴 수밖에. 다행히 날씨가 풀리면서 병세가 호전되어 둘레길 정도를 산보할 수 있는 수준이 되었다. 인간이란 망각의 동물인가. 겨우내 그 고생을 하고서도 병세가 호전되고 보니, 미련을 떨쳐 버릴 수 없으니 말이다.

하고 싶은 일을 참아도 병이 된다고 하지 않던가. 여러 날 준비 끝에 동서울터미널로 달려간다. 삼척까지 3시간 10분. 주마등처럼 스쳐 가는 추억의 순간들. 다시 시작한다는 설레임과 두려움이 교차한다. 삼척터미널에서 시내버스(24번)로 40여 분을 달린 끝에 공양왕릉 입구에 내려선다.

공양왕릉은 버스 정류장에서도 바라보인다. 반가운 마음에 달려가지만, 너무도 초라한 왕릉 앞에서 마음이 서글퍼진다. 500년 사직이 무너진 마지막 왕, 그에게 무슨 힘이 있었겠는가. 공민왕 이후로 허울 좋은 왕으로서 실권도 없이 권문세도 정치의 꼭두각시가 아니었던가.

비문에 의하면 강원도기념물 71호로 지정된 궁촌왕릉은 고려의 마지막 임금인 공양왕과 그의 아들 왕우, 왕석의 무덤으로 알려져 왔다. 왕위 4년 만에 이성계가 조선을 개국함에 따라 고려는 결망하고, 공양왕으로 봉하여 원주로 유배되고, 그도 미덥지 않아 삼척시 근덕면 궁촌으로 귀양지를 옮겼다가 한 달 만에 사사하고 말았다.

패자는 말이 없다. 민초들의 무덤에도 망주석과 표지석에 상석은 갖추게 마련인데, 왕의 구덤이라고는 상상할 수도 없이 봉분만 덩그러니 버림받고 있으니 브기에도 민망하다. 그나마 1837년 삼척부사 이규헌이 묘지를 개축하고, 1977년 삼척군수와 근덕면장이 개축 보수하여 이 정도로 유지하고 있다는 설명이다.

공양왕의 넋이 환생하였는지, 다른 곳에서는 볼 수 없는 하얀 민들레가 군락을 이루고 있다. 혀를 끌끌 차며 돌아선 곳이 궁촌 마을이다. 너른 마당에는 이곳의 특산물인 미역 말리는 작업이 한창이다. 칠팔십 되어 보이는 촌아낙들이 뙤약볕 아래서 미역 줄기를 가지런히 정리하는 모습은 시간도 정지된 듯, 조용히 시간만 흘러갈 뿐이다.

버스 정류장으로 되돌아 나오면 삼척이 자랑하는 궁촌 레일바이크 승강장이다. 2시간에 한 번씩 운행하는 궁촌 레일바이크는 2인승과 4인승으로 구분되고, 용화역까지 7.2km에 1시간이 소요된다. 해변가를 달리는 레일바이크로는 국내에서 이곳뿐이라고 한다.

오늘 예정된 구간이, 공양왕릉 입구에서 덕산해변까지 31구간(9.8km)과 죽서루가 있는 삼척 시내까지 32구간(15.4km)에 25.2km 거리다. 평소의 체력이라면 해볼 만한 거리지만, 현재의 컨디션으로는 엄두가 나지 않는다. 7번 국도를 따라가는 근덕면사무소까지는 시내버스로 이동하기로 한다.

근덕면사무소에서 오른쪽으로 돌아 나오면 삼척노인복지센터가 있고 곧바로 마읍천이다. 낙동정맥이 남진하며 고산준령을 이루는 응봉산(1267m)과 사금산(1092m)에서 발원하여 덕산해수욕장과 맹방해수욕장을 사이에 두고 동해로 흘러드는 하천이다. 덕산교를 건너 제방을 따라가면 작은 공원이 나타난다.

 거창한 원석 위에 검은 글씨로 '원전 백지화 기념탑'이라는 비석이 서 있다. 근덕면민들이 결사 반대하여 덕산 원전 건설 계획을 취소시키고, 이를 기념하여 세운 비석이다. 처음에는 90%가 넘는 삼척 주민들이 찬성했으나, 후쿠시마 원전 사고 이후 반대 여론이 거세게 일어나고, 삼척시장 주민소환제까지 주장하며 일구어 낸 승리라고 한다.

 덕산해수욕장과 맹방해수욕장 사이로 봉긋하게 솟아 있는 산이 덕봉산이다. 전설에 의하면, 금강산에서 동해바다로 떠내려온 덕봉산은 삼형제였는데, 맏이는 마읍천 하구의 덕봉산이요, 둘째는 호산의 해망산, 막내는 울진의 축산이라고 한다. 덕산해수욕장에서 덕봉대교를 건너면 그 유명한 명사십리 맹방해수욕장이 반겨 준다.

 푸른 바다와 입자 고운 백사장, 울창한 소나무 숲길이 어우러진 맹방해수욕장은 그 길이가 장장 시오리 길이다. 가도 가도 끝이 없는 해변길, 부서지는 파도가 모래톱을 삼키며 포말을 일으키는 정경이야말로 선경이 따로 없다. 송림 사이로 아름다운 리조트가 자리를 잡고, 한가로이 해변을 거니는 연인들의 모습이 한 폭의 그림처럼 아름답게 비친다.

 모처럼 해파랑길 이정표를 만난다. 울창한 소나무 그늘에서 잠시 휴식을 하고 길을 나서니 삼척이 자랑하는 유채꽃 밭이 펼쳐진다. 하지만 관광객도 별로 없는 쓸쓸한 모습이 안쓰럽다. 한눈팔고 있는 사진사에게 사진 한 컷을 부탁하며, 말을 건네니 지난겨울의 폭설로 유채가 제대로 자라지 못해 파장이 되고 말았다며, 그때를 생각하면 끔

찍하다고 고개를 설레설레 흔든다.

  우리야 안방에서 TV를 보면서 호들갑을 떨었지만, 현지 주민들의 타들어가는 분통함을 어찌 헤아릴 수 있으랴. 하룻밤을 자고 나면 쌓이고, 치우고 나면 또 쌓이는 눈을 바라보며 하늘을 원망하던 그들. 민가의 지붕과 맞닿은 눈높이로 이웃과도 단절된 고립무원의 처지에서 생지옥이 따로 없었다는 설명이다.

  맹방해변과 오분해변을 가르는 고개가 한치재다. 자동차들이야 한치터널로 손쉽게 통과하지만, 죽장망혜(竹杖芒鞋) 단표자(單瓢子)로 천리강산(千里江山)을 찾아가는 풍운아(風雲兒)에게는 고통의 연속이라, 한치고개 십 리 길은 그리 녹록지 않다. 손에 잡힐 듯이 가까워지다가도 또다시 멀어지는 고갯마루, 하지만 힘들게 올라선 고갯마루는 이 세상 어느 곳에 비할 수 없이 아름답다.

  일망무제(一望無際)라. 팔각정에서 바라보는 풍광은, 시오리 맹방해수욕장이 시야에 가득하고, 유성의 꼬리처럼 하얀 포말을 일으키며 달려가는 쾌속선과 한자리에 정박한 채 때를 기다리는 어선들, 급경사를 이루며 바다 위로 솟아오른 기암절벽이 한 폭의 그림처럼 아름다운 비경을 연출한다.

  올라올 때의 고통도 내려가는 상쾌함에 비할 수 있으랴. 휘적휘적 걸어가는 발걸음에 거칠 것이 없고, 때 이른 여름 날씨가 등줄기로 쏟아져도 목적지가 가까워짐에 생기가 난다. 봄단장이 한창인 삼척역에 도착한다.

  1936년 개통된 삼척선은 동해역을 연결하는 영동선의 지선으로 길이가 12.9km에 불과한 미니 철도이다. 60년대는 특산물을 실어 나르는 황금 노선이었지만, 지금은 강릉역까지 관광객을 상대로 바다 열차가 운행 중이다.

오십천 제방으로 올라선다. 오십천은 백병산에서 발원하여 미인폭포를 빚어 놓고, 삼척 시내로 들어오며 죽서루의 비경을 간직한 채 동해로 흘러드는 길이가 59.5km에 이르는 하천이다. 『동국여지승람』에 의하면, 삼척에서 발원지까지 가는 동안 마흔일곱 번을 건너야 하기 때문에 오십천으로 부른다고 한다.

보물 제213호인 죽서루는 관동팔경 중에서도 제1경으로 꼽히는 곳이다.

관동팔경이 바다를 바라보고 있는데, 유독 죽서루만이 강가에 자리 잡고 있다. 오십천이 휘도는 벼랑 위에 정면이 7칸이요, 측면이 2칸으로 세운 2층 누각이다. 동쪽에 대나무 숲이 있어서, 죽서루의 동편에 죽죽선녀의 유희소가 있어서 죽서루라 부른다.

옛 성현들이 즐겨 찾던 죽서루의 서쪽에는 송강 정철의 가사비가 있다. 조선 중기의 시인이자 정치가이었던 그는 1536년 서울에서 출생하여 명종 16년(1561년)에 진사시에 장원급제하고, 이듬해 별시에도 장원급제한다. 1580년 강원도 관찰사로 제수되어 금강산을 비롯하여 동해안 일대를 유람하면서, 그 유명한 〈관동별곡〉을 발표하였다.

누각 안에는 부사 허목이 쓴 죽서루기와 고려 말의 학자이며 대서사시 『제왕운기』를 저술한 이승휴의 시와 근대의 서예가 일중 김현충이 쓴 율곡 이이의 죽서루 차운 등 26개의 현판이 걸려 있다. '관동제일루(關東第一樓)' '죽서루(竹西樓)'의 현판은 숙종 41년 삼척부사 이성조의 글씨이고, '해선유희지소(海仙遊戲之所)' 현판은 조선 헌종 3년 삼척부사 이규헌의 글씨라고 한다.

이제 돌아갈 시간이다. 고속버스 터미널로 향하는 발걸음이 가벼운 것은, 삼척의 아름다운 명소들을 둘러본 것보다도 나의 건강에 자신감을 갖게 된 것이다. 그렇다고 완치된 것이 아니고, 일상생활 속으로 복귀했다는 신호탄이다. 조심 또 조심하며 나머지 시간들을 소중하게 활용하고 싶은 욕망이다.

• 추암공원 촛대바위

　다시 찾은 삼척에서 가장 먼저 만나는 곳이 장미공원이다. 오십천 고수부지 7만여m²에 조성한 장미공원은 218종, 13만 그루의 장미를 심어 세계 최대 규모를 자랑한다. 때 이른 방문이라 화려한 꽃송이들을 볼 수 없는 것이 못내 아쉽다. 눈부신 햇살 아래 화려하게 피어나는 장미동산. 산책로를 비롯하여 바닥 분수, 이벤트 가든, 잔디 광장으로 조성하여 시민들의 휴식 공간과 새로운 명소로 탄생하였다.
　수만 가지 꽃을 대변하는 장미는 우아함과 성스러움을 상징한다. 승리를 상징하는 붉은 장미, 성모마리아의 순결과 영적인 사랑을 표시하는 흰 장미, 완벽한 성취를 상징하는 노란 장미, 첫사랑을 고백하는 주황색 장미, 당신은 영원히 나의 것이라는 소유의 상징인 흑장미, 꿈은 이루어진다는 무지개 장미 등 색깔에 따라 꽃말도 제각각이다.
　삼척교사거리에서 삼척교를 건너는 것은 실직주(삼척의 옛 이름)로 부임한 신라 장군 이사부가 지증왕 13년(512년) 오분항에서 목선을 이끌고 출항해 우산국을 정벌하여 우리 영토로 편입시킨 현장이다. 독도를 저들의 땅이라고 우겨대는 일본의 야만성에 온 국민이 분노하고 있는 이때, 동해바다 영토 개척의 선구자인 이사부 장군이 우산국을 복속시키기 위해 출항한 오분항을 답사하는 데는 나름대로 의미가 깊다 하겠다.

다시 돌아오는 거리가 2km나 되지만, 장군의 참뜻을 조금이라도 이해할 수 있다는 데서 30여 분간의 시간이 아깝지가 않다. 되돌아온 삼척교에서 동해대로를 따라가면 정라삼거리에 이르고, 정라주민센터 뒤편의 육향산을 오른다. 경주 고분 정도의 낮은 산이다. 삼척항을 바라보는 육향산은 척주동해비의 역사만큼이나 오래된 고목들이 울창한 숲을 이루고 있다.

미수 허목을 모신 미수사가 있고, 정상에는 허목(1595년~1682년)이 세운 척주동해비와 삼척포진성유적지가 있다. 허목은 당대 최고의 학자이자 남인의 실세로서, 1660년(현종 원년) 제1차 예송 논쟁(효종의 계모인 자의대비 복상기간을 둘러싸고 서인과 남인 간의 논쟁) 때 송시열의 기년설(1년)에 반대하여 3년 상을 주장하다 삼척부사(1660년~1662년)로 좌천되고 만다.

삼척부사 재임 중에 심한 폭풍(쓰나미)으로 오십천이 범람해 백성들의 피해가 극심하자, 동해를 예찬하는 동해송을 짓고 정라진 앞의 만리도에 비를 세우자 물난리도 사라지고, 거센 풍랑도 잠잠해지니, 조수를 물리치는 비(碑)라 하여 일명 퇴조비라 불렀다. 숙종 48년(1722년)에 비를 세웠던 만리도가 풍랑으로 파괴되어 이곳 육향산으로 옮겼다고 한다.

삼척포진성지(三陟浦鎭城址)란 외침을 막기 위해 조선 시대 첨절제사 겸토포사를 두어 영동 9개 군의 수군을 관장하던 진영이다. 삼척포진은 고려 우왕10년에 왜구의 침입을 막기 위해 요전산성에 진을 설치한 것이 처음인데, 그 후 중종 15년(1520년)에 죽관도 북쪽으로 옮겨 석성을 쌓고 토포아문, 진동루, 둔전을 설치하여 동해를 지키는 기지가 되었다.

육향산에서 내려와 새천년도로로 명명된 해안가를 따라가면 이사부광장에 도착한다. 시원하게 펼쳐지는 동해를 바라보며 포효하는 사자상, 우리의 소망처럼 이사부 장군의 위세에 눌려 일본의 야만성이 수그러든다면 오죽이나 좋을까. 미친놈에겐 몽둥이찜질이 약이라고 하는데. 저들의 버르장머리를 고쳐 주는 길은 우리의 힘이 강할 때임을 한시라도 잊어서는 안 된다.

동해를 바라보는 낮은 언덕에 조성한 소망의 탑 광장에 도착한다. 새천년을 맞아 소원을 비는 양손의 모양을 형상화했고 소망의 탑 안에는 소망의 문과 소망의 종을 조성하고, 탑 아래는 새로운 천년을 기념하는 타임캡슐을 묻었다. 또한 외벽에 쌓아 올린 33,000개의 조약돌은 삼척 시민 33,000명의 뜻을 한데 모은 상징성이 있다고 한다.

새천년도로를 따라가는 4.5km는 '한국의 아름다운 길 100선'에 선정된 구간이다. 중간 중간에 삼척의 역사와 전설을 풀어내는 명소들을 조성하여 다시 찾아오고 싶은 삼척으로서 의미가 깊다. 하지만 공들여 만든 산책로가 파도에 휩쓸려 붕괴되고 있으니, 이것도 자연의 순리에 역행하는 인재가 아닌가 싶다.

바다를 바라보면서 쉬어 갈 수 있는 비치조각공원은 드라이브 코스로도 멋진 곳이다. 1999년부터 35억 8천만 원을 들여 조성한 조각공원에는 평화의 도원, 선원(The Sailer), 새벽 등 30여 점의 국내외 유명 작가들의 작품이 전시되어 해돋이의 고장 삼척시의 문화, 관광 명소로서 각광을 받고 있다.

비치조각공원에서 10여 분을 진행하면 철책 너머로 낚시꾼과 해녀들이 물질에 여념이 없고, 물속이 투명하여 고기들의 노는 모습이 선명하다. 고운 모래가 깔려 있는 작은 어촌 마을이 후진해변(삼척시 교동)이다. 원래 후진(後津)은 '뒷나루'라는 뜻으로 동헌 뒤쪽에 있는 포구를 말하며 작은 후진과 큰 후진으로 나뉜다.

잠시 후 무인간이역(無人簡易驛)인 삼척해변역을 찾아간다. 원래 이름이 후진역이었는데, 어감이 좋지 않아 명칭을 바꿨다고 한다. 아담한 삼척해변역을 뒤로하고 삼척해수욕장으로 향한다. 삼척 시내에서 1.4km가량 떨어진 곳인데, 길이가 1.2km에 폭이 100m에 달하는 삼척에서는 가장 큰 해수욕장이다. 울창한 송림에 깨끗한 백사장이 관광객들의 호평을 받아 청량리에서 출발하는 '환상의 해안선 기차여행'의 종착지이기도 하다.

해안을 끼고 600여m를 진행하면 수로부인공원에 도착한다. '해가사의 터' 기념비에 의하면 신라 성덕왕 때 순정공이 강릉태수로 부임하는 도중, 임해정(臨海亭)이라는 곳에서 점심을 먹고 있었는데, 갑자기 해룡이 나타나 부인을 끌고 바닷속으로 들어가자 남편인 순정공이 마을 사람들을 동원해 막대로 언덕을 치며 해가(海歌)라는 노래를 지어 부르니 용이 수로부인을 모시고 나타났다고 한다.

『삼국유사』 수로부인 편의 '해가'라는 설화를 근거로 '해가사의 터'에 비를 세우고 임해정을 복원해 놓았다. 삼척의 명소 촛대바위가 보이는 해안가에 자리 잡은 '수로부인공원'에는 임해정(臨海亭) 옆으로 사랑의 여의주 드래곤볼이 있다. 중국 사천성에서 수입해 온 드래곤볼은 직경이 1.3m에 무게가 4톤이나 되는 검은 오석이다.

증산해수욕장은 수로부인공원에서 이사부사자공원 사이에 있는 길이가 300여m에 불과하지만, 수심도 얕고 물이 맑아 가족 나들이에 안성맞춤이다. 삼척시와 동해시가 경계를 이루고 있는 이사부사자공원은 전망대와 어린이 놀이터, 천국의 계단, 사계절 썰매장, 야외 공연장으로 꾸며져 있다.

동해안을 내려다볼 수 있는 절경 위에 조성된 이사부사자공원은 내물왕의 4세손이었던 이사부 장군을 기리기 위해 조성한 공원으로 독도가 우리 영토임을 알리는 상징성이 있는 곳이다. 울릉도를 복속시킬 때 전선에 싣고 가 위협적인 도구로 활용하였던 나무사자상(像)을 형상화하여 우리 국민들의 국토 사랑을 일깨우는 역사의 장을 마련했다고 할 수 있다.

촛대바위로 유명한 추암공원이 지척에서 손짓한다. 추암 마을은 삼척시의 증산 마을과 산등성이를 경계로 마주 보고 있으면서도 동해시에 속하고 있다. 삼척선이 지나는 추암역(湫岩驛) 굴다리를 통과하면, 추암조각공원과 추암해수욕장으로 이어진다. 바다를 향해 솟아오른 작은 동산에 오르면, 동해바다와 어우러진 촛대바위가 장관이다.

망망대해의 아득한 수평선 위로 불끈 솟아오르는 태양을 바라보는 순간, 가슴이 덕먹해 오는 것이 바로 나라 사랑이다. 그래서 애국가의 첫 소절에 등장하는 추암(湫岩)의 일출 장면이 우리에게 무한한 감동을 주게 된다.

볼수록 신기한 촛대바위. 억겁의 세월을 지나오는 동안 거친 풍랑에도 자리 지킴을 하고 있는 촛대바위는 머리 조아린 신하들로부터 하례를 받는 군왕의 모습이다. 원래는 촛대바위가 두 개였는데, 숙종 7년(1681년) 강원도에 지진이 났을 때 바위 하나가 부서지고, 나머지 하나가 일출 조망의 포인트로 자리를 잡게 된 것이라고 한다.

추암의 뛰어난 절경을 '삼척의 해금강'으로 부르며, 조선 세조 때 강원도 제찰사로 부임한 한명회가 아름다운 경관에 취해 '능파대'라 불렀다고 한다. 삼라만상의 기암들이 관광객들의 마음을 사로잡으며 거북바위, 두꺼비바위, 부부바위, 코끼리바위, 형제바위 등으로 사랑을 받고 해안 절벽과 동굴, 칼바위 등 크고 작은 바위섬이 장관을 이룬다.

조각공원 옆에 있는 해암정(海巖亭)은 고려 공민왕 10년(1361년) 삼척 심씨의 시조인 심동호가 벼슬을 버리고 향리로 내려와 건립한 정자인데, 후학 양성과 풍월로 여생을 보낸 곳이라고 한다. 화재로 소실된 것을 조선 중종 25년 어촌 심언광이 중건하고, 정조 18년에 중수하였다는 기록이 있다.

조각공원을 한 바퀴 돌아 추암공원을 벗어난다. 오늘의 일정을 묵호항까지로 예상했지만, 동서울에서 6시 30분 차를 타지 못하고, 이사부 장군의 출항지를 다녀오는 관계로 시간이 많이 지체된 탓에 송정동에서 일정을 마감하고, 16시 7분 동서울행 버스에 오른다.

• 묵호 해양공원

만경대를 찾아가는 길은 동해 시외버스터미널에서 택시를 이용하는 것이 가장 편한 방법이다. 만경대는 지도에 나와 있지만, 호해정과 할미바위는 지도에도 현지인들에게도 머리카락 하나 보이지 않도록 꼭꼭 숨어 있으니 말이다. 다행히 기사 아저씨의 눈썰미로 동해화력발전소까지 가서야 전천과 동해가 만나는 강 하류에서 호해정을 발견한다.

한달음에 올라선 호해정(湖海亭)은 울창한 숲 속에 몸을 숨겨 두고 있어도 동해를 바라보는 풍광이 너무도 아름답다. 하지만 1979년 정자 앞으로 흐르는 전천과 동해바다를 매립하면서, 옛 정취가 많이 훼손되고 말았으니 애석한 일이다.

해방된 기쁨과 조국 광복을 기념하기 위하여 1946년 3월 최덕규 선생 외 39인이 가춘계를 조직하고, 구미산 3번지 갯목 할미바위 옆에

호해정(湖海亭)을 건립하였다고 한다. 모진 풍파에도 꿋꿋한 기상을 간직하고 있는 할미바위[老婆岩]는 수십 길 벼랑 위에 위태롭게 앉아 있는데, 심술궂은 마귀할미가 바닷속으로 밀어 버린 것을 용왕님이 마귀할멈을 벌하고 제자리에 올려 놓았다는 전설이 있다.

호해정(湖海亭)에서 지척에 있는 만경대(萬景臺)를 찾아간다. 구미산 53번지 성산봉에 터를 잡은 만경대는 조선조 광해군 5년(1613년) 첨정(僉正) 벼슬에서 물러나 낙향한 김훈이 건립한 정자이다. 동해시의 젖줄인 전천(川)이 굽이쳐 흘러 삼척의 죽서루와 쌍벽을 이루는 경관을 자랑하여 예로부터 시인 묵객들의 발길이 끊이지 않았다고 한다.

1660년(현종 원년) 문신이자 학자인 미수 허목(許穆, 1595~1682)이 주변 경관에 감탄하여 '만경(萬景)'이라 하였는데, 그 후부터 만경대라 부른다. 1786년(정조 20년) 부사 유한전이 시를 읊어 현판으로 남겼고, 1872년(고종 9년) 중수하였을 때 공조판서 김원식이 상량문을 짓고, 한성부윤 이남식이 '해상명구(海上名區)'라는 현판을 남겼다.

동해시 북평 지역은 원래 삼척시 관할이었다. 1980년 행정 개편에 의해 강릉의 묵호읍과 삼척의 북평읍을 합하여 동해시가 탄생한 것이다. 전천 위에 걸려 있는 북평교를 건넌다. 전천(箭川)은 상류에서 군사 훈련 때 쏜 화살이 수수히 떠내려와서 붙여진 이름인데, 북서쪽의 백봉령에서 발원한 신흥천과 남서쪽의 두타산과 청옥산에서 흐르는 무릉천이 합하여 동해로 흐르는 하천이다.

전천을 거슬러 오르다 삼화동에서 남서쪽으로 흐르는 무릉천을 따라가면 동해안 제일의 무릉계곡(武陵溪谷)을 만난다. 가장 먼저 반겨 주는 무릉반석은 계류 전체가 하나의 거대한 암반(1,500여 평)으로 깔려 있어, 반석 위로 흐르는 청정옥수가 비단결 같고, 주위에 펼쳐지는 기암괴석은 가히 선경을 찾아온 무릉도원 같다 하여 붙여진 이름이다.

조선의 4대 명필이요, 시선의 일인자인 봉래 양사언이 반석 위에 새긴 무릉선원(武陵仙源), 중대천석(中台泉石), 두타동천(頭陀洞天)이란 초대형 석각 12자를 비롯하여 옛 선인들의 발자취를 엿볼 수가 있다. 일제 강점기에 향교가 폐강된 것에 분개한 유생들이 모여 건립한 금란정(金蘭亭), 신라 선덕여왕 때 자장율사에 의해 건립되었다는 삼화사(三化寺), 청류절벽에서 학이 놀았다는 학소대(鶴所臺), 쌍폭포와 선녀탕을 지나 용추폭포(龍湫瀑布)에서 절정을 이룬다.

동해항사거리에서 용정삼거리까지 해안을 끼고 진행하면, 동해체력단련장과 감추해수욕장을 만난다. 해안선의 길이가 300여m에 불과한 아담하고 조용한 해수욕장이다. 선화공주의 전설을 간직하고 있는 감추사는 바람이 거센 날에는 파도가 부딪칠 정도로 바다와 가까운 곳이다.

한섬해변으로 가는 중에 왼쪽으로 천곡동굴 안내판이 보인다. 시내 한복판에 있는 천곡동굴은 길이가 1,400여m에 이르고, 4~5억 년 전에 형성된 수평 동굴로 1991년 도시 기반 공사 중에 발견하여 700m를 개방하고 있다. 동굴 내부에는 국내에서 가장 긴 천정용식구, 커튼형 종유석, 종유폭포 등 희귀석들이 발견되었다고 한다.

조그마한 야산과 이어지는 한섬해변은 울창한 송림과 기암괴석이 어우러지고, 아담한 백사장까지 갖추고 있어 가족 단위 피서지로는 최적의 장소이다. 현재는 간이 해변으로 활용하고 있으나, 천혜의 삼림과 도심 속에 인접한 해상 관광자원을 활용하여 미래 지향적인 유원지로 구상 중에 있다고 한다.

천곡항으로 가는 중에 왼쪽으로 동해시 청사가 보인다. 동해시는 신라 파사왕 때 실직국으로 시작하여 여러 지명으로 변경되어 오다가 1980년 동해시로 승격되어 10개 동에 9만여 명이 살아가는 동해안의 거점 도시이다. 동해바다에서 떠오르는 태양을 표현하여 '해오름의 고장' 임을 강조하고, 일출의 장엄한 모습이 21세기 환동해권 시대를 주도하는 국제 도시로서의 비전을 암시하고 있는 고장이다.

구불구불 산길을 올라간 곳에 바다가 펼쳐진다. 이곳이 바로 '웃어라 동해야' 촬영지이다. 정말로 조용하고 한적한 곳이다. 출렁이는 바다를 바라보고 있으면 말이 필요 없고, 만단시름이 사라지는 정적만이 감돈다. 고불가해변으로 이어지는 산길을 간다. 솔바람이 불어오는 오솔길에는 향기 짙은 금계국이 말없이 반겨 준다.

하평해변을 지나면 곧바로 묵호항역이다. 삼척과 태백의 풍부한 탄전 지대를 개발하여 일본으로 수탈하기 위해 1940년 철암에서 묵호에 이르는 철도를 개설하였다. 해방 후 삼척 철도를 철암선으로 개칭하여 묵호역을 신설하면서, 묵호항역에는 여객 열차가 들어오지 않는 화물 전용역으로 변신했다고 한다. 대합실도 없는 건물 앞에는 제주도가 고향인 돌하르방이 지나는 길손을 맞이하고 있다.

묵호역 가는 길엔 색시골목이 펼쳐진다. 선창가 뒷골목에 형성된 선술집은 우리 서민들의 애환이 묻어나는 곳이다. 6~70년대 골목이 떠들썩하도록 젓가락 장단에 고성방가가 이어지던 곳, 선창과 오동추야가 들려오던 호박, 춘향이, 수궁, 마당, 미향 등 정겨운 이름들이다.

묵호라는 지명은 조선 후기 순조 때 큰 해일이 일어나 백성들을 구제하기 위해 나라에서 파견되어 온 이유응 부사가 마을 이름이 속지명과 한자 지명이 두 가지인 것을 알고, 이곳은 물도 검고 바다도 검고 물새도 검으니, 먹 묵(墨)자를 써서 묵호(墨湖)라는 이름을 지어 주었다고 한다.

　잠시 후 묵호항에 도착한다. 울릉도를 왕래하는 여객선이 이곳 묵호항에서 출항한다. 울릉도 가는 길은 포항, 후포항, 강릉항 등 4곳인데, 이곳에서 출항하는 썬플라워 2호는 4,600톤 급의 국내 최대 쌍둥이 카페리호로 승객 985명과 차량 150대를 싣고 35노트의 속도로 3시간 30분 만에 울릉도에 도착한다.

　묵호항에서 빼놓을 수 없는 곳이 활어 판매센터다. 동해안에서 갓 잡아 올린 싱싱한 생선들이 관광객들의 시선을 끈다. 생선 구경, 사람 구경 활기가 넘쳐흐르고, 시장기를 달래기 위해 흥정이 한창이다. 회를 떠서 옆에 있는 목로주점에서 상차림 비용만 내고 먹어도 된다.

　든든한 배를 쓸어내리며 등대 오름길로 올라선다. "다시 빛날 묵호를 그리며 논골담길, 묵호를 밝히다"라는 구절이 마음을 사로잡는다. 키 낮은 토담집 낡은 담벼락이 지나간 옛 추억을 떠올리는 화폭으로 변신하여 묵호항을 배경으로 살아온 서민들의 삶을 사실적으로 묘사해 놓은 벽화들. 바다와 물고기에 자판기 그림까지. 힘겨운 리어커도 담벼락에서 살아 움직인다.

　묵호등대 해양문화공원이다. 바다 조망이 시원한 묵호등대는 묵호항이 전성기를 이루던 1963년 해발 고도 67m의 야산에 터를 잡아 백원형 철근 콘크리트로 높이 22m의 7층형 구조로 기능을 강화하였다. 동해는 물론 백두대간의 두타산과 청옥산, 동해시를 조망할 수 있고, 등대전망대, 해양문화전시물, 파고라 등을 갖추어 해양 문화 공간으로 조성하고 있다.

　동해의 일출을 상징하는 불꽃 조형물을 중심으로 해파랑길 34코스가 시작되는 표지물이 있고, 등대 카페를 지나면 드라마 '찬란한 유산'을 촬영한 출렁다리를 만난다. 주인공 이승기와 한효주의 키스

장면이 인상 깊었던 곳, 그래서인지 짓궂은 남자들은 출렁다리를 흔들어 놓고, 비명을 지르며 남자 품으로 파고드는 연인들의 모습을 심심찮게 볼 수가 있다.

계단을 내려서면 해안길이다. 남대문에서 정 동쪽에 있는 까막바위다. 도로 옆에 높이 10m가 넘는 검은 빛의 바위 하나가 시선을 끈다. 까마귀가 이 바위에 살면서 새끼를 쳤다는 유래에 따라 지어진 이름이라고 하는데, 문어 청동상은 조선 시대 의로운 호장이 문어로 환생해 왜구를 물리쳤다는 전설에 의해 조성해 놓은 것이란다.

낚시 명소 어달항, 바다 가운데 빨간 등대가 포인트라도 되듯이 잔잔한 바닷물에 낚시를 드리우는 강태공들. 미동도 않는 바닷물을 바라보며 세월을 낚는 것도 강태공들이 추구하는 취미란 말인가. 인적 없는 갯바위에는 갈매기들의 배설물이 덕지덕지 붙어 있고, 방파제 안에는 손님을 기다리는 낚싯배들이 한가롭기만 하다.

대진항이 시야에 들어온다. 망망대해(茫茫大海)의 푸른 굴결 위로 쌓아 올린 테트라포드가 이색적이다. 거친 해일이 몰려올 때, 배들을 안전하게 보호할 수 있는 구조물이 방파제다. 방파제는 고대 지중해에서 가장 먼저 이용했다고 하는데, 기술의 발전으로 큰 배가 만들어지고, 항구를 보호할 수 있는 방파제의 규모가 커지다 보니, 석재를 이용한 서석 방파제에서 콘크리트 방파제를 거쳐 테트라포드 방파제로 발전하였다.

대진항 활어회센터를 지나 천년 묵은 구렁이와 살았다는 노인의 전설이 있는 노고암을 지나면, 동해 제일의 망상해수욕장이 모습을 드러낸다. '관동팔경을 따라 걷는 녹색 경관 길'이 시작되는 해물금교를 건너며 오늘의 일정을 마감한다.

• 모래시계 정동진

　일각이 여삼추라. 서울에서 첫새벽에 출발했어도 동해터미널에 도착하니 9시 40분이다. 망상해수욕장을 오가는 버스가 있기는 하지만, 동해시를 순례하며 골목마다 지나는 버스가 하 세월이라, 거금을 지불하고 택시에 몸을 싣는다. 망상역에 도착하니 10시. 인적도 없이 잡풀만 무성하다.

　간이역인 망상역은 해수욕장을 개장하는 여름 한철에만 손님을 받는다. 기념 사진 한 컷을 찍고 해수욕장을 찾아가는 길은 한국철도 망상수련원 계단을 따라 철길을 건너야 한다. 건너다보이는 노봉해수욕장으로 진입이 금지된 것은 군부대 철조망 때문이다. 이래저래 바다를 찾아가는 길이 만만치를 않다.

　콘도 해오름가족호텔에 도착해서야 망상해수욕장에 진입할 수가 있다. 동해를 대표하는 망상해수욕장도 개장 준비에 바쁜 일손을 빼고는 정적만이 감돈다. 동해의 푸른 바다를 가슴에 안고 2km가 넘는 백사장에 오토캠핑장과 캐빈하우스를 조성하여 손님 맞을 준비에 여념이 없다.

　해변의 모래톱 사이로 키 작은 식물들이 고개를 내민다. 해안이나, 강가, 사막에서 모래 사이로 자라는 식물을 사지식물(沙地植物)이라 부른다. 모래 언덕은 바람에 의해 수시로 변하기 때문에 웬만한 식물은 뿌리를 내리지 못한다. 좀보리사초, 갯메꽃, 갯완두와 같이 키가 작으면서도 자생력이 강한 식물이 뿌리를 내린 다음 해당화가 그 자리를 차지하고, 해송이 뒤를 따르게 된다. 이러한 천이의 과정을 거치며 메마른 모래 언덕에도 새 생명이 뿌리를 내리는 것이다.

　아름다운 해안가를 무작정 걷다 보니 철조망이 앞길을 가로막는다. 사방을 둘러봐도 빠져나갈 구멍이 없다. 동쪽은 바다요, 서쪽은 영동선 철길에 펜스가 가로막고 있으니 말이다. 옥계지구전적비가 있는 출구까지 되돌아 나와서야 올바른 길을 찾는다. 20여 분간 길을 잃고 고생한 덕분에 망상해수욕장을 구석구석까지 살펴볼 수 있었으니, 전화위복이라고 할까.

동해그랜드호텔이 있는 망상동 뒤편으로 약천 남구만 선생의 유적지가 있는 심곡 마을이다.

동창이 밝았느냐! 노고지리 우지진다
소치는 아이놈은 상기 아니 일었느냐
재 너머 사래 긴 밭을 언제 갈려 하느뇨.

초등학교 교과서에 단골로 등장하던 서정시의 배경이 바로 심곡 마을이다. 약천(藥泉) 남구만(南九萬) 선생은 조선 중엽 인조, 효종, 현종, 숙종의 4대(1629년~1711년)에 걸쳐 활동하던 정치 거물로 영의정까지 지낸 인물이다.

『청구영언』에 단 한 편 전해지는 시조가 바로 망상동 유태 생활에서 지은 시조이다. 강원도 태생이 아니면서도 강원 문화와 밀접한 관련이 있는 선생은 본관이 의령이고, 호가 약천(藥泉)이다. 1651년(효종 2년) 사마시(司馬試)로 입문하여 국정 전반에 걸쳐 경륜을 쌓으며, 서인(西人)으로 남인(南人)을 탄핵하다 남해로 유배되었다가 이듬해 남인이 실각하자 도승지로 입조(入朝)하게 된다.

1683년 서인(西人)이 노소론(老少論)으로 분열되자 소론의 영수가 되어 우의정과 좌의정을 거쳐 영의정에 오른다. 1689년 기사환국으로 남인이 득세하면서 강릉(江陵)으로 유배되어, 주변 경관이 아름다운 이곳에서 학문과 풍류를 즐기며, 주민들에게 큰 덕을 베풀어 그의 발자취가 그대로 전해 오고 있는 것이다.

가곡해변에서 해파랑길은 갈릉바우길과 함께 망운산을 넘어 옥계시장으로 연결된다. 하지만 부실한 몸(만성기관지염)으로 30도가 넘는 더위를 이겨낼 자신이 없어 7번 국도를 따르기로 한다. 영동선 철길을 가로지르는 도직교에 올라서면, 한 폭의 그림처럼 아름다운 정경이 펼쳐진다. 동해의 푸른 바다와 백사장, 소나무 숲 사이로 달리는 바다 열차가 동화 속의 파노라마로 환생한다.

도직교를 넘어서면, 옥계항 전체를 차지하고 있는 한라시멘트 레미콘공장이 우람하게 보인다. 백두대간을 지나는 자병산을 중심으로 무진장 매장되어 있는 석회석을 가공하는 공장이다. 경제 발전의 원동력이 되는 시멘트로 인해 옥계면이 발전하고, 산업의 역군으로 일익을 담당하고 있는 자랑스러운 현장이다.

옥계역에서 새로 건설한 옥천대교(玉泉大橋)를 건넌다. 아직 완공 전이라 자동차는 다니지 못하고 사람만 겨우 다닐 수 있어, 옥계시장을 돌아오는 2km를 절약하고 보니 이래저래 기분 좋은 시간이다. 옥천대교 밑을 흐르는 하천이 주수천이고, 하천을 중심으로 해파랑길 35구간이 시작된다.

주수천은 백두대간이 지나는 석병산(1055m) 동쪽 사면에서 발원하고, 옥계해변에서 낙풍천과 합류하여 동해로 흘러드는 길이가 15.5km에 이르는 비교적 짧은 하천이다. 하지만 주수천은 양양의 남대천, 삼척의 오십천과 함께 연어가 회귀하는 하천이라 연어 포획장을 설치하여 운영하고 있다.

연어는 태어난 곳으로 돌아오는 회귀성 어종이다. 이곳 강릉의 주수천은 하천의 길이가 짧고 바다로 나가는 과정에서 장애물이 별로 없어 연어가 산란을 위해 돌아오기가 용이하여 주수천으로 연어들이 몰려들게 된다. 어린 연어가 거친 파도를 헤치고 베링해협까지 이동하여 5년이라는 긴 세월을 이겨내며 성어가 되어 모천으로 회귀하는 과정은 그야말로 가시밭길을 더듬는 험난한 여정일 것이다.

낙풍천을 건너면 곧바로 옥계해변이다. 울창한 소나무 숲 속으로 방갈로가 펼쳐지고, 아름드리 소나무가 군락을 이루는 솔밭공원 속에는 한국여성수련원이 명당자리를 차지하고 있다. 금진초등학교에 도착하면 금진항 2.4km, 정동진 8.8km 이정표가 반겨 준다.

옥계해변과 금진해변이 백사장으로 연결되지만, 군부대의 철조망이 둘 사이를 갈라놓아 먼 거리를 돌아와야 하는 수고로움이 있다. 그림 같은 펜션이 손님 맞을 준비에 여념이 없고, 해안가로 둘러친 철조망을 따라 헌화로가 시작된다.

『삼국유사』에 나오는 수로부인의 설화를 근거로 금진해변에서 심곡 마을까지 4.3km를 헌화로라 부른다. 헌화로 중간 지점에 있는 합궁(合宮)골은 남근과 여근이 마주하여 탄생의 비화를 간직하고 있다. 동해에서 떠오르는 태양의 서기를 받아, 부부가 함께 오면 금실이 좋아지고 기다리던 아기가 생긴다고 한다.

'한국의 아름다운 길 100선'에 선정된 헌화로는 산모퉁이를 돌아갈 때마다 새로운 풍경이 나타난다. 심곡 마을에 도착하면, 마을 중앙에 180여 년이나 되는 성황당이 있고, 수백 년이 넘어 보이는 고목나무 아래서 마을 어른들이 담소를 나누는 정경이야말로, 심산유곡의 별장이 따로 없다.

제법 가파르게 이어지는 고갯마루에 올라서면, 오늘의 목적지인 정동진이 아련히 내려다보인다. 화이트 하우스를 시작으로 해돋이의 명소답게 모텔들이 줄줄이 모습을 드러낸다. 누가 뭐래도 정동진을 대표하는 곳은 모래시계로 시작되는 유원지와 절벽 위에 자리 잡은 썬크루즈리조트이다.

정동진 백사장에서 남쪽 언덕을 바라보면, 바다로 출항하는 형상의 썬크루즈호텔이 너무도 아름답다. 썬크루즈는 2002년 조선소에서 주문 제작한 길이 165m에 높이가 45m로서, 3만 톤급이나 되는 유람선 실물이라고 한다. 211개의 콘도형 객실과 부대 시설을 갖춘 썬크루즈는, 조각공원과 해돋이공원을 조성하여 어느 곳에서나 정동진 해변이 그림처럼 펼쳐진다.

1995년 방영된 인기 드라마 모래시계 촬영지로 알려지면서, 인기를 한 몸에 받고 있는 정동진은 한류 열풍의 원조라 할 수 있다. 이 세상에서 바다와 가장 가까운 정동진역은, 서울 광화문에서 정 동쪽에 있는 해변이라서 붙여진 이름이다.

세계에서 가장 큰 정동진 모래시계는 8톤 분량의 모래가 담겨 있고, 전부 내려오는데 1년이 걸린다고 한다. 일반 모래시계와 달리 둥근 모양은 시간의 무한성과 동해에서 떠오르는 태양을 상징하고, 레일은 영원한 시간의 흐름을 의미한다. 또한 모래시계의 유리면에는 우리의 전통적 시간 단위인 12간지가 새겨져 있다.

앙증맞은 정동진박물관과 객차를 개조한 시간박물관을 돌아보고 끝없이 펼쳐지는 백사장으로 나선다. 입자 고운 모래가 발바닥을 간질이는 정동진은 젊음을 발산하는 낭만의 해수욕장이요. 한 알 한 알 흘러내리는 모래시계처럼 추억을 고이 간직하고 싶은 곳이다. 굴다리를 빠져나오면 곧바로 정동진역이고, 이곳에서 35구간을 마무리한다.

정동진역에서 출발하는 해파랑길은 괘방산으로 연결되지만, 편의상 구(舊) 7번 국도를 따르기로 한다. 단조로운 해안선에 철책이 가로막아 고성목해변과 등명해변을 바라보며 걷노라면, 잠시 후 6·25

참전사적비를 만난다. 1950년 6월 25일 남침 개전 시간보다 1시간 빠른 새벽 3시, 북괴군 선발대가 등명동 해안가로 침공한 것을 기념하기 위해 세운 비석이다.

취지문에 의하면, 민족의 비극인 6·25전쟁에서 민간인 첫 희생자를 시작으로 3년 동안 일백만 명이 넘는 민간인 희생자가 나왔다는 사실과 천인공노할 김일성 집단의 만행을 잊지 말자는 반공이념을 고취하기 위해 전국 최초로 민간인 희생자 위령탑을 건립하게 된 것이라고 한다.

잠시 후 괘방산 등명락가사에 도착한다. 등명락가사는 대한불교조계종 4교구 본사인 월정사의 말사로서, 신라 선덕여왕 때 자장율사가 건립한 사찰이다. 처음에는 수다사(水多寺)라 하여 고구려와의 접경지역에 병란을 막고자 석탑 3기를 세우고, 수중보궁을 모셨다고 한다. 『신동국여지승람』에는 문수보현보살이 부처님 사리를 모시고 동해로 내려와서, 보현보살은 보현사에, 문수보살은 오백 나한과 함께 수다사에 머물렀다는 기록이 있다. 이를 재현하기 위해 1977년 인간문화재 유근형 선생이 3년 6개월의 각고 끝에, 오백 나한상을 청자로 빚어 모셨으니, 다른 사찰에서는 볼 수 없는 진귀한 보물이다.

일주문을 지나 영산전을 찾아가는 중에, 등명약수를 만난다. 오백 나한을 조성하고 난 뒤, 발견한 등명약수는 철분이 들어 있어, 부인병과 위장병, 피부병에 특효가 있는 신비의 약수로 알려지고 있다.

해안을 끼고 달리는 영동선 철길을 바라보며 안인피암터널을 지나면, 거대한 함정이 정박해 있는 강릉통일전시관에 도착한다. 퇴역한 전북함은 1945년 미국에서 진수되어, 2차 세계대전과 월남 전쟁에서 활동하다가, 1972년 한국에 인수되어 2001년부터 함정전시관으로 활용되고 있다.

함정전시관은 안보의식을 고취하자는 취지에서, 우리나라 해전의 역사와 해군의 발달사를 전시하고 있다. 통일전시관에서 가장 눈길을 끄는 곳이 적의 잠수함이다. 1996년 9월 25명의 무장 간첩이 정보활동을 마치고, 동해안을 통해 복귀하려다 우리 아군에 발각되어 49일간 간첩 소탕 작전이 벌어진 시발점이다.

• 오독떼기 전수관

안인해변에서 시작하는 37구간은 솔바람이 불어오는 소나무 숲길을 걷는 구간이다. 강릉 고속버스터미널에 도착하니 9시 30분. 17시에 출발하는 의정부행 버스표를 예약하고, 강동면사무소가 있는 상시동까지 택시(9,600원)로 이동한다.

시동천을 따라 진행하는 들녘에는 결실의 계절을 맞이하여, 오곡이 알차게 여물어 가고 있다. 잠시 후 수변공원이 시작되는 쟁골저수지로 올라선다. 저수지라기보다는 방죽으로 부르는 것이 더 잘 어울릴 규모가 작은 연못이다.

쟁골저수지를 한 바퀴 돌아 산모퉁이를 돌아가면, 정감이 마을 등산로가 시작된다. 모전리에서 언별리까지 4km에 이르는 소나무 숲길은 사색의 길이요, 체력을 단련하는 삼림욕장이다. 강릉하면 먼저 떠오르는 곳이 경포대와 오죽헌이다. 하지만 관광객들이 대관령을 넘어오며, 가장 먼저 감탄하는 것이 울창한 소나무 숲이다.

강릉시에서는 이점을 착안하여 소나무 숲길을 개발하면서, 이름도 정감이 가는 바우길로 정하고 19개 코스에 300km가 넘는 숲길을 조성하였다. 지금 걷고 있는 이 길을 풍호연가길로 부르며, 해파랑길을 이 구간으로 유도하여 전래농요인 오독떼기를 비롯하여 강릉의 숨은 비경을 선보이고 있다.

　정감이 마을 김 부잣집에 예쁜 고명딸이 있었는데, 영특하고 부지런한 머슴을 사모하게 되었으니. 정분을 나눈 두 사람은 도망가기로 결심하고, 칠성산 깊은 계곡으로 숨어들기 위해 이 고개를 넘어갔다고 한다. 이후 젊은 연인들이 이 고개에서 사랑을 언약하면, 소원이 이루어진다는 이야기가 전해 온다.

　고압 전신주를 따라가는 정감이 마을 등산로는 운동 기구를 설치한 전망대를 지난다. 나무로 만든 전망대는 너무 낡아서 금방이라도 무너질 듯이 삐걱거린다. 아슬아슬하게 2층 전망대로 올라서면, 북쪽으로 강릉 시내가 아득하게 멀어 보이고, 신나게 질주하는 동해고속도로 뒤편으로 칠성산(953m)과 만덕봉(1,033m)이 험준한 산세를 이룬다.

　고갯마루 이정표가 있는 갈림길에서 언별리 방향을 버리고 덕현리 버스 종점 쪽으로 내려선다. 강동면에서 보았던 시동천 상류와 다시 만나 덕골 마을 뒤편으로 돌아 덕고개를 넘는다. 고갯마루에서 바라보는 금광 마을은 조용한 농촌 들녘이다. 이제 산길도 끝이 나고 들길을 걷는다.

　반듯하게 정리된 들단의 차도를 따라 금광 마을로 진입하여 금광초등학교를 찾아간다. 금광 마을은 금덩이를 건져 올린 용금정에서 유래하고 있다. 또한 영동 지방에서 가장 먼저 천주교(1887년)를 전파한 금광리 공소가 있다. 그만큼 이 마을은 강릉에서도 외진 곳이라, 모진 박해 속에서도 사람의 눈길을 피해 옹기를 구워 가며 신앙생활을 하던 마을이다.

　잠시 휴식을 한 다음, 초등학교 서쪽 담장을 따라 들길을 간다. 학산3리 경로당을 찾아가는 중에 어단리를 지난다. 어단리의 유래는 이성계가 조선을 건국하자, 고려의 충신들이 불사이군(不事二君)의 기치를 내걸고, 은둔 생활을 하면서 고려 우왕의 위패를 모신 어단을 쌓아 놓고 충절을 지킨 데서 유래되었다고 한다.

언덕을 올라서자, 멀리서도 굴산사 당간지주가 모습을 드러낸다. 오독떼기 전수관을 찾는 것이 순서라는 생각에 발걸음을 재촉한다. 이름도 생소한 오독떼기는 강릉 지방에 전해 오는 농요를 일컫는 말이다. "농자(農者)는 천하지대본(天下之大本)"이라는 신념으로 살아온 우리 조상들은, 품앗이로 모내기와 논을 매는 힘든 고비를 넘기는 지혜를 터득하게 된다.

내 어린 시절, 고향에서도 모내기와 김매기를 하면서 북채를 잡은 선소리꾼의 선창에 따라 구성지게 울려 퍼지는 농요는, 탁배기 한 사발에 허리 휘는 줄 모르게 신바람이 나던 모습이 생생하다. 강릉시 구정면 학산리에서 전수되고 있는 오독떼기는 강원도 무형문화재 제5호로 지정되어, 보존회에서 벼농사를 직접 지으며 시연을 하고 있다고 한다.

수백 년은 됨직한 아름드리 소나무 숲 속으로 내려앉은 학을 연상하는 흰색의 2층 건물이 오독떼기 전수관이다. 아마도 우리 선조들이 즐겨 입던 배달민족의 하얀 옷 색깔에서 전수관의 외관을 장식한 것이 아닌가 싶다. 전수관 현관에서 건너다보이는 곳이 굴산사지 발굴 현장이다.

반가운 마음에 달려가 보니, 양지바른 언덕을 배경으로 멋진 부도탑이 반겨 준다. 보물 제85호로 지정된 승탑은 승려들의 유골이나 사리를 모신 무덤의 일종이다. 신라 말에서 고려 초기의 것으로 추정하는 승탑은 굴산사를 창건한 통효대사 범일의 사리탑으로 전해지고 있다.

8각형의 지대석 위에 접시 모양의 받침돌을 놓고, 기단 부위에 몸돌과 지붕돌을 올려놓았는데, 가운데 받침돌은 소용돌이치는 구름무늬로 8개의 기둥을 표현하고, 지붕을 8각형으로 다듬어 연꽃 문양을 넣은 아름다운 조형미가 굴산사를 신비의 세계로 인도하고 있다.

강릉 지방의 불교를 대표하는 굴산사는 신라 문성왕 9년(847년)에 통효대사(범일)가 창건한 사찰이다. 당나라에서 유학하고 돌아온 통효대사는 왕의 부름을 거절하고, 오로지 40여 년간 굴산사에서 불법을 전파하는 데 전력을 기울였다고 한다.

수령이 5백여 년이 넘는 소나무를 비롯하여, 강원도 문화재 38호로 지정된 석불좌상과 보물 86호인 굴산사 당간지주가 유명하다. 당간지주는 사찰에서 불교의식이나 행사가 있을 때, 당을 걸어 놓는 돌기둥인데, 높이가 5.4m로 국내에서 가장 큰 당간지주라고 하니 굴산사의 규모를 미루어 짐작할 수가 있다.

석불좌상이 모셔진 기단 밑에 있는 샘물은, 강릉단오제의 주신인 범일국사를 잉태하게 한 우물로 전하고 있다. 옛날 이 마을에 양갓집 처녀가 있었는데, 하루는 우물에서 바가지로 물을 뜨니 해가 담기는 것이었다. 물을 버리고 다시 뜨기를 반복하지만, 그때마다 바가지에 해가 담기는지라, 물을 마시고 난 뒤로 배가 불러 오고, 14개월 만에 낳은 남자아이가 범일국사라는 것이다.

굴산사지와 범일국사의 숨은 이야기는 강릉이 자랑하는 단오제의 기원이 되었고, 학마을에는 학바위에 얽힌 설화가 전해 오고 있다. 범일국사가 아비 없는 자식이라 하여 어린아이를 학바위에 버리게 된다. 며칠 뒤에 찾아가 보니 백학이 날개로 아이를 덮어 주고, 아이 입에 붉은 열매를 넣어 주는 모습을 보고, 범상치 않은 아이라는 사실을 확인하고는 집으로 데려와 키우게 된다. 그 후 아이는 출가하여 승가에서 가장 높은 국사의 자리에 오른 인물이 되었다고 한다.

소나무 숲 속에 둥그렇게 돌담을 쌓아 놓은 학산 성황당이 있다. 강릉단오제의 주신(主神)인 대관령국사성황 범일국사가 태어난 학산의 성황당이다. 매년 음력 4월 15일 거행되는 국사성황행차가 대관령국사여성황사로 가기 전에 굿을 하고 제사를 올리는 곳이라고 한다.

유서 깊은 학마을 표지석을 뒤로하고, 왕고개를 넘어오면, 구정면 소재지다. 석섬천 상류에 걸려 있는 대동교를 건너면서, 이정표는 장현 저수지 쪽을 가리킨다. 붕어 낚시의 명소로 유명한 장현(모산)저수지 상류 쪽으로 접근한다. 지난 2002년 8월 태풍 루사의 영향으로 동해안 지역에 많은 비가 내리면서 장현저수지 일부가 붕괴되는 사고가 발생했다고 한다.

당시 폭우로 인해 저수지 제방 40여m가 붕괴됐고, 하류 지역 주민 800세대 2,400여 명이 대피하는 소동이 벌어진 곳이다. 71억 원의 사업비를 투자하여 저수지 복구 공사가 시작됐고, 2년 뒤인 2004년 12월 장현저수지는 지금의 현대적인 모습으로 거듭 태어났다.

울창한 소나무 숲 속에 자리 잡은 장현저수지는 도시민들의 휴식공간으로 최적의 장소이며, 단오공원으로 가는 바우길 6구간에서 최대 명소로 손꼽히는 곳이다. 저수지를 둘러싸고 있는 모산봉은 밥그릇을 엎어 놓은 것처럼 생겼다고 해서 '밥봉'이라고, 볏짚을 쌓아 놓은 것 같다는 의미에서 '노적봉', 인재가 많이 배출된다고 해서 '문필봉'이라고 부른다.

조선 중종 때 강릉부사 한급(韓汲)이 강릉 지역에 인재가 많이 배출되는 것을 막기 위해 지역 명산인 모산봉의 봉두를 인위적으로 낮

췄다는 웃지 못할 이야기 속에, 지난 2005년에는 강남동을 중심으로, 지역 단체들이 옛 정기를 찾는 복원 운동에 나서 105m로 봉두의 높이를 높였다고 한다.

보리선원 옆으로 7번 국도를 횡단하는 토끼굴을 빠져나와 임영로를 따라가면, 남대천이 흐르는 고수부지에 강릉단오산림공원이 펼쳐진다. 하루 종일 숲 속을 지나왔으면서도, 단오산림공원을 보는 순간, 눈이 환하게 밝아 온다. 푸른 잔디밭에 소나무를 심고, 인공폭포를 중심으로 문화관과 전시실에 놀이마당까지, 강릉단오의 메카로서 중심축을 이룬다.

단오는 설날, 추석, 한식과 함께 우리나라 4대 명절로 손꼽힌다. 수릿날, 중오절, 천중절이라고도 부르며, 농부가 이른 봄부터 각종 씨앗을 뿌리고, 모내기가 끝날 때까지 피로에 지친 심신을 풀어 주는 날이다. 단옷날이 되면 여인들이 나풀대는 치맛자락을 휘날리며 남정네의 애간장을 녹이고, 웃통을 훌러덩 벗어던지고 남성미를 과시하는 씨름이야말로, 여인들의 가슴을 두방망이질을 하는 정경이다.

전시실로 들어가면, 강릉 지방 단오제 진행 과정이 일목요연하게 전시돼 있다. 굿마당으로 들어가면, 조전제가 끝난 뒤 행해지는 단오굿이 자세히 묘사돼 있다. 굿은 인간의 생각을 신에게 전달하는 의식으로, 대략 19가지의 주제로 30여 차례 행해진다고 한다. 인간과 신을 연결시켜 주는 중재자가 굿을 주관하는 무녀이다. 인간이 소원을 빌면 무녀를 통해 신으로 전달되고, 신으로부터 내려오는 공수를 통하여 풍농풍어, 행로안정, 영동 지역의 안녕을 기원한다.

단오굿이 끝나면 놀이마당이 펼쳐진다. 그 대표적인 것이 관노가면극이다. 강릉 지역의 관노들에 의해 시연된 관노가면극은 다섯 마당으로 펼쳐진다. 퇴계원산대놀이, 양주별산대놀이, 송파산대놀이,

안동하회탈춤, 북청사자놀이 등과 함께 조선 후기를 대표하는 탈춤놀이다.

　난장마당에서 절정을 이룬다. 난장이란 임시로 마련된 장터를 일컫는 말로, 단오굿에 참여한 모든 사람들이 한마음이 되어 축제의 장이 펼쳐지는 것으로 구성하고 있다. 강릉단오제는 중요무형문화재 13호로 등록되면서, 우리나라를 대표하는 단오 축제로 자리매김을 하고, 2005년 11월에는 유네스코가 지정하는 인류 구전 및 무형유산으로 등록되었다고 한다.

・솔바람다리

　대관령을 넘어온 버스가 강릉IC를 빠져나오면, 가장 먼저 보이는 건물이 강릉시 청사다. 푸른 숲 속에 우뚝 솟은 하얀 건물. 높이가 18층에 연면적이 5만 2,000여m^2로 맘모스 빌딩이다. 백년대계를 생각하여 인구 50만에 걸맞는 설계라고 하지만, 강릉의 인구가 그 절반에도 미치지 못하는 22만 명이라면 해도 너무하다는 생각이 앞선다.

　강릉 고속버스터미널에서 가장 먼저 찾은 곳이 임영관이다. 임영관은 강릉 관아에 부속된 건물로, 고려 시대부터 조선 시대에 걸쳐 중앙의 관리들이 강릉에 내려와서 머물던 건물터다. 지금까지 남아 있는 객사문은 강원도에 산재한 건축물 중에서 유일하게 국보(51호)로 지정된 건물이다. 정문에는 공민왕이 쓴 '임영관(臨瀛館)'이란 현관이 걸려 있다.

　중앙시장을 지나 남대천 고수부지에 도착한다. 강릉시의 중심부를 흐르는 남대천은 대관령과 삽당령에서 시작하는 물줄기가 성산면 오봉에서 모여, 동해로 흘러드는 길이가 32km에 이르는 하천이다. 백두대간을 지나는 닭등에서 모아진 빗물이 동쪽으로 흘러내리며 남대천 상류에 무성한 솔숲을 만들고, 강릉 시민의 상수원과 농업용수를 공급하는 원천이다.

남대천에 걸려 있는 강릉교를 건너면서 해파랑길은 병산 마을로 인도하지만, 남대천의 매력에 이끌려 고수부지로 발걸음을 이어 간다. 남대천도 한때는 각종 오염물질이 넘쳐나는 시궁창이었다. 1992년 남대천 정화사업이 시행되면서, 주민들의 노력으로 연어도 돌아오고, 은어와 칠성뱀장어까지 서식하는 깨끗한 하천으로 정화되었다.

울창한 숲 속에 자리 잡은 중앙고등학교를 바라보며 강변길을 걸어가면, 자전거와 산책길에 체육시설까지 조성하여 체력단련장으로 활용하고 있다. 남대천 하류에는 철새들을 탐사할 수 있는 탐조대와 망원경까지 설치하여, 인간과 생물이 공존할 수 있는 친환경 공간이 펼쳐진다.

공항대교를 건너 하류로 내려가면, 남대천이 바다와 만나는 두물머리에 걸려 있는 솔바람다리가 환상적이다. 길이 192m의 솔바람다리는 자전거와 보도 전용으로 설계되고, 물고기 골통을 형상화하여 아름다운 조형미를 갖추고 있다. 다리 중심부에 올라서면 바닷물의 거친 물결이 도도하게 강물을 밀어 올리며, 두 물이 한데 어울려 멋지게 보듬어 안는다.

해파랑길(39구간)을 이어 가는 안내 간판을 확인하기 위해 솔바람다리를 건넌다. 바우길 안내도 옆으로 "아름다운 바다 위를 나비처럼 훨훨 날아간다."는 아라나비체험장이 있다. 발동하는 호기심으로 달려가지만, 휴업 중이라 솔바람다리를 다시 건너 강릉 여객터미널로 향한다.

　강릉항은 울릉도를 오가는 뱃길이 가장 가까운 항구다. 울릉도 저동항까지 2시간 40분이면 도착할 수 있다는 선전 문구가 관광객을 유혹한다. 관광객도 찾지 않던 강릉항 여객터미널에 솔바람다리와 죽도봉공원, 커피거리가 있는 안목항까지 멋진 드라이브 코스를 조성하여 강릉의 새로운 관광 코스로 부상하고 있다.

　바다를 배경으로 커피거리를 조성한 안목항. 서양에서 들어온 식품이고 보니, 거리 또한 이국적인 냄새가 물씬 풍긴다. 라면으로 끼니를 때우면서도 커피를 마셔야 하는 것이 우리들의 생활 습관이다.

　우리 조상들도 예로부터 차를 즐겨 마셨다. 고구려 시대부터 전해 온 차 문화는 고려 시대에 들어와 귀족과 승려층에서 즐겨 마셨고, 조선 시대에 들어와 양반들의 전유물이 되어 예술의 한 부분으로 승화되었다.

　차를 우려내는 다기를 정갈하게 차려 놓고, 두 손으로 받쳐들고, 코로 향을 음미하며 마시는 차 문화가 우리의 전통 예절이었다. 곡우 이전에 따는 차를 우전이라 하여 으뜸으로 치고, 녹차와 발효차로 가공하여 마시던 차 문화가 뒷전으로 밀려나고 말았으니 애석한 일이다.

　커피가 우리나라에 들어온 시기는 정확히 알 수 없지만, 임오군란이 일어나고 청나라를 통해 서양 문물이 들어오는 1890년 이후라고 한다. 서양 외교관들이 왕실과 귀족들에게 환심을 사기 위해 진상하면서 보급이 시작되었고, 1920년대부터 명동, 충무로를 중심으로 커피전문점(다방)이 등장하면서, 6·25전쟁 이후 본격적으로 커피 전성시대가 시작되었다고 한다.

　커피 전문점이 즐비한 안목해변에서 강문해변까지 5km에 이르는 소나무 숲길이 시작된다. 동양 최대를 자랑하는 소나무 숲. 솔바람이 불어오는 그늘 속을 걸어가노라면, 심신의 피로가 말끔히 가신다. 동해안을 답사하며 수많은 솔밭을 걸어왔지만, 강릉의 솔밭이 으뜸이다. 나무 데크 대신 마대를 깔아 반영구적으로 친환경에도 좋고, 발바닥에 전해 오는 감촉이 부드러워 피곤한 줄을 모른다.

강문해변에 도착하면, 손님을 부르는 횟집들이 즐비하다. 군침 도는 횟집들을 지나가는 중에 '회막국수집'이 눈에 들어온다. 붙임성 있는 아주머니에 이끌려 회덮밥으로 정하고, 반주까지 걸치고 보니 세상에 부러울 것이 없다.

강문해변과 경포해변을 사이에 두고 흐르는 경포천 위로 아름다운 강문솟대다리가 걸려 있다. 송강 정철의 〈관동별곡〉 중에서 강릉을 노래한 구절을 인용하여 만든 명소다. 또한 푸른 숲 속을 배경으로 공사가 한창인 '호텔현더경포대'가 완공되고 나면, 경포해수욕장과 경포호수를 바라보는 명소로 탄생할 것이다.

경포호수 순례가 시작된다. 강릉에서 대표적인 명소라고 하면, 단연 경포호수를 꼽는다. 경포호수는 모래톱에 바닷물이 가로막혀 형성된 자연 석호다. 예전에는 호수의 둘레가 12km이었지만, 토사의 유입으로 지금은 4.3km로 작아졌다고 한다. 호수의 평균 수심이 2~3m로 얕고, 호수 한가운데 월파정과 새바위가 있어 풍치가 더욱 아름답게 보인다.

경포호수는 수면이 거울과 같이 맑아서 붙여진 이름이다. 호수 동쪽은 경포대해수욕장을 중심으로 소나무 숲과 벚나무가 어우러진 도립공원이다. 가장 먼저 찾은 곳이 '허균과 허난설헌' 기념관이다.

울창한 소나무 숲 속에 자리 잡은 허균 생가. '홍길동'의 저자로 유명한 허균은 1569년(선조 2년)에 태어나서 1618년(광해군 10년)에 참수형을 당한 조선 중기의 학자, 문인, 정치가이다. 대대로 학문에 뛰어나서 아버지 엽(曄), 두 형인 성(筬)과 봉(篈), 그리고 누이인 난설헌(본명: 초희) 등이 모두 시문으로 이름을 날린 집안이다.

정시(庭試) 합격으로 벼슬길에 오른 그는, 반대자의 탄핵을 받아 파면되거나 유배를 당한다. 그 후 사신으로 뽑혀 중국에 가서 문장 대가로 명성을 날리는 한편, 당대의 실력자였던 이이첨과 결탁하여 폐모론을 주장하면서 왕의 신임을 받아 예조참의, 좌찬성 등을 역임했으나, 국가의 변란을 기도했다는 죄목으로 참수형을 당한 인물이다.

그의 작품으로 전하는 『홍길동전』은 그의 비판정신과 개혁사상을 반영하는 것으로서, 적서차별로 인한 신분적 차별을 비판하면서 탐관오리에 대한 징벌, 가난한 서민들에 대한 구제, 새로운 세계의 건설 등을 제안했다. 사당에 봉안된 허균의 초상화는 정갈한 옷차림에 날카로운 눈매가 범상치 않은 인물로 묘사되고 있다.

명문가에서 태어나 용모가 아름답고 천품이 뛰어난 초희는, 오빠와 동생 사이에서 어깨 너머로 배운 글로, 8세에 '광한전백옥루상량문(廣寒殿白玉樓上梁文)'을 지어냈으니, 천재의 기질을 타고난 신동이 아닌가. 봉건적 현실을 초월한 도가사상의 신선시와 삶의 고민을 그대로 드러낸 작품이 『난설헌집』에 담겨 있다.

1563년(명종 18년) 강원도 강릉에서 태어난 허난설헌은 엽(曄)의 딸이고, 봉(篈)의 여동생이며, 균(筠)의 누나이다. 15세에 혼인했으나, 관직에 나간 남편은 기방을 드나들며 주색(酒色)에 빠져 가정을 돌보지 않았고, 시어머니의 시기와 질투로 학대를 당한다. 더구나 어린 남매를 잃고, 친정집에 옥사(獄事)가 있어, 동생 허균도 귀양을 가버리자 삶의 의욕을 잃고 시를 지으며 나날을 보내다가 27세에 요절을 하고 만다.

미인박명(美人薄命)이라 했던가. 허난설헌의 동상 앞에서 마음이 숙연해진다. '곡자(哭子)'의 시 구절은 자식 잃은 어미의 애끊는 심정을 노래한 것이다. 수백 년 세월을 지나온 배롱나무는 알고 있겠지, 허난설헌의 심정을. 시대를 잘못 타고난 천재 시인 허난설헌은 모진 풍파 속에서 꽃망울도 터트리지 못하고, 가녀린 꽃대가 꺾이고 말았으니 허망한 일이다.

다시 경포호수로 올라선다. 시비와 조각상을 조성한 호숫가에는 벚나무 가로수가 그늘을 드리우고, 연잎이 만발한 늪지로 산책길이 이어진다. 삼복더위의 열기 속에서 수줍은 꽃잎을 피워 올리더니, 어느새 구멍이 숭숭 뚫린 연밥이 탐스럽게 입을 벌리고 있다. 〈세월이 가면〉 박인환의 시 구절을 읊조리며 도착한 곳이 강릉 지역 삼일독립만세운동기념탑(三一獨立萬歲運動紀念塔) 앞이다.

이곳에서 경포대 쪽은 다음 행선지로 미루고, 매월당기념관으로 발길을 돌린다. 가는 날이 장날이라고 했던가. 기념관의 문이 굳게 잠기고, 건물 수리가 한창이다. 매월당 김시습은 본관이 강릉으로 충순위(忠順衛)를 지낸 김일성(金日省)의 아들이다.

1435년 한양에서 출생한 김시습은 어려서 신동의 이름을 떨쳐 장래가 촉망되었으나, 삼각산 중흥사에서 단종의 폐위 소식을 듣고 세상을 비관하여 입신양명의 길을 버리고, 21세의 나이에 머리를 깎고, 유리걸식하며 방랑의 길을 걷는다. 경기도 양주(楊州)의 수락산(水落山)을 시작으로, 경주 금오산 용장사에 머물며 〈금오신화〉를 저술하고, 노년엔 부여 무량사에서 보내다 세상을 하직하고 만다.

다음으로 찾아간 선교장(船橋莊)은 강원도 강릉시 운정동에 위치한 99칸의 사대부가의 상류 주택으로서, 국가 지정 중요민속문화재 제5호로 지정되어 있는 개인 소유의 국가 문화재이다. 효령대군의 11대손인 가선대부 무경에 의해 처음 지어졌으며, 예전엔 배로 다리를 만들어 경포호수를 건너다녀서 선교장이라 불렀다.

오늘의 마지막 방문지인 오죽헌으로 향한다. 경포동 주민센터를 지나 난곡교를 건너면, 곧바로 양지바른 언덕을 배경으로 오죽헌이 자리 잡고 있다. 신사임당과 그의 아들 율곡 이이 선생이 태어난 곳이다. 오죽헌이란 이름은 뒤뜰에 검은 대나무가 자라고 있어 지어진 이름이다. 정문을 들어서면 율곡 이이 선생의 동상을 만나게 된다. 얻은 것을 보면 옳은 것인가를 생각하라는 견득사의(見得思義)는 공직자들이 새겨들어야 할 대목이다.

어머니는 오만 원, 아들은 오천 원권 지폐의 주인공으로 모신 신사임당과 율곡 이이 선생은 우리의 사표로서 영원히 추앙받는 모자상이다. 보물로 지정된 몽룡실이 있는 오죽헌, 용이 문머리에 서려 있는 태몽을 꾸고 조선 최고의 학자 율곡 이이 선생을 낳았다고 한다.

율곡 이이 선생의 영정을 모신 문성사는 인조 임금이 율곡 선생에게 내린 시호로, 도덕과 학문이 막힘없이 통달했으며 백성의 안정된 삶을 위하여 정사의 근본을 세웠다는 뜻을 지니고 있다. 신사임당과 율곡의 신화를 지켜보았을, 600년이 넘는 배롱나무가 오죽헌 앞마당에서 오늘도 변함없이 관광객을 맞이하고 있다.

박물관 앞뜰에 조성된 신사임당의 인자한 모습을 바라보며, 강릉이 낳은 두 집안이 너무도 대조되는 삶을 실감한다. 두 집안 모두 명문가에서 천재적 기질을 타고난 신동이었다. 율곡의 집안은 천추만대에 추앙을 받는 명문가의 길을 걸어왔지만, 허균의 집안은 파란만장한 삶을 살다가 참수형을 당하는 비극의 종말을 맞고 말았으니, 현대를 살아가는 우리들이 의미심장하게 새겨야 할 사표라고 할 수가 있겠다.

• 강릉 경포대

　대관령 분지에 자욱하던 안개도 경포대(鏡浦臺)로 내려서며, 청명한 가을 하늘이 눈부시게 빛난다. 강원도 지방유형문화저 제6호로 지정된 경포대는 1326년(고려 충숙왕 13년)에 안무사(按撫使) 박숙정(朴淑貞)이 현 방해정(放海亭) 북쪽에 세운 것을, 1508년(중종 3년) 부사(府使) 한급(韓汲)이 현재의 위치로 옮겼다고 한다.

　경포대를 찬기한 시비에 의하면, 신라의 화랑들이 호연지기를 기르던 경포대는 강릉 문화의 발상지로서, 시인 묵객들이 찾아와 주옥같은 시를 남긴 곳이라고 한다. 율곡 이이 선생은 경포대부(鏡浦臺賦)에서 "이곳에 오르면 신선이 된 것 같다."고 노래하였고, 송강 정철(鄭澈, 1536~1593년)은 "잔잔한 호수는 비단을 펼쳐 놓은 것처럼 아름다워 관동팔경 중에서 단연 으뜸이다." 라고 칭송하였다.

　경포대 누각에 오르면, 호수가 시원하게 펼쳐지고, 숙종의 어제시(御製詩)를 비롯하여 여러 명사들의 기문(記文)과 시판(詩板)이 걸려 있다. 저녁이 되어 달빛이 쏟아지면 하늘, 바다, 호수, 그리고 술잔과 임의 눈동자 등 다섯 개의 달을 볼 수 있다는 노랫말은, 우리의 심금을 울리고도 남는 명언이다.

汀蘭岸芷繞西東	난초지초 가지런히 동과 서로 둘러섰고
十里煙霞映水中	십리 호수 물안개는 물속에도 비추는데
朝暄夕陰千萬像	아침 안개 저녁노을 천만 가지 형상이라
臨風把酒興無窮	바람결에 잔을 드니 흥겨움기 그지없네.

　전국의 명승지를 돌아보면, 고려의 공민왕과 이조 숙종의 편액과

시문이 유난히도 많은 것을 볼 수가 있다. 지금과 같이 교통이 편리한 것도 아니고, 임금님 행차가 얼마나 번거로운 일인데, 골골마다 서려 있는 명승지를 찾아다닐 수가 있겠는가. 명승지를 다녀온 시인묵객들의 구전과 화가들의 그림을 보고 지은 숙종대왕의 어제시는 예술의 경지에 오른 작품으로 사료된다.

동해안 제일의 달맞이 명소인 경포해변을 찾아가는 중에 금란정, 상영정, 경호정의 정자를 만난다. 아름다운 경포호수 주변으로 11개의 정자가 있다고 하니 예사로운 일이 아니고, 그중에서도 가장 아름다운 정자가 금란정이다.

조선 말기, 이 고장의 선비인 김형진이 경포호가 바라보이는 경포대 북쪽 시루봉 기슭에 건립한 집으로, 앞뜰에 매화를 심어 학이 둥지를 틀었다고 하여 매학정이라 하였다. 그 후 1889년 금란계원(金蘭係員)들이 구입하여 이곳으로 옮기면서 금란정(金蘭亭)으로 부르고 있다.

에디슨박물관을 지나 홍장암에 도착하면, 애틋한 사랑 이야기가 전해 온다. 관찰사로 부임해 온 박신과 기녀 홍장은 첫눈에 반해 사랑 놀음에 시간 가는 줄 모르다가, 관찰사 임기를 마친 박신이 홍장과 석별하면서 몇 개월 후에 다시 오겠다고 언약을 남긴다. 그 후 홍장을 잊지 못한 박신이 다시 찾아와 안개 낀 호수에서 행복하게 살았다는 미담이다.

드디어 강릉이 자랑하는 경포해변에 도착한다. 동해안 최대 해변으로 강문동에서 안현동까지 1.8km에 이르는 백사장과 평균 수심이 1~2m로 적당한 깊이와 완만한 경사로 해마다 많은 인파가 찾아오는 곳이다. 주변에는 소나무 숲이 울창하여 해수욕과 산림욕을 동시에 즐길 수가 있다.

하얀 백사장과 푸른 바다가 펼쳐지는 강릉해변은 역사와 문화, 자연이 깃들어 있는 솔향의 고장 강릉을 상징하는 곳이다. 조형물을 뒤로하고 솔밭으로 향하는 중에 '한반도횡단울트라마라톤' 종착점 표지석을 발견한다. 백두대간을 종주하던 시절, 도전하고 싶었던 길이 아니었던가. 인천시 강화도 창후리 선착장에서 경포해수욕장을 향해 308km의 먼 길을 달리는 의지를 불태웠건만, 역부족을 실감하며 포기한 기억이 새롭다.

앙증맞은 솔밭과 동해 바다, 백사장까지 썰물처럼 빠져나간 빈자리는 조용하다 못해 쓸쓸하기 그지없다. 옥계시장부터 시작하여 강릉을 구석구석 누빈 해파랑길도 6번째 코스를 답사하면서 주문진으로 향한다.

안현교를 건너면서 사근진 해변이 시작된다. 파랑주의보가 내려진 탓에, 거센 파도가 밀려오는 해변가에는 인적도 끊기고, 청정 해역의 백사장을 되찾은 갈매기들이 제 세상을 만난 듯이 일광욕이 한창이다. 사근진해변에서 1km 거리에 순긋해변이 있다. 이름도 정겨운 순긋해변. 순포해변, 사천해변을 지나 사천천 위에 걸려 있는 사평교를 건넌다.

사천해변과 사천진항 사이로 흘러드는 사천천은 우리나라에서 가장 오래된 어도가 설치된 하천이다. 강이나 하천에 농업용수를 확보하기 위해 댐이나 보를 설치하면서, 하천을 오르내리며 살아가는 물고기들이 통로가 막혀 멸종되는 위기를 막기 위해, 물고기들이 오르내릴 수 있도록 물길을 터주는 것을 어도라고 한다.

현재 남아 있는 가장 오래된 어도는 1966년에 설치한 강릉 사천천의 도벽식 어도이다. 은어, 뱀장어, 연어와 같이 강과 바다를 오르내리며 살아가는 회귀성 어종들을 보호하고, 열목어, 피라미, 산천어처럼 강의 상류와 하류를 오가며 살아가는 국지 회유 어종들을 보호하게 된다.

오대산에서 남쪽으로 뻗어 내린 백두대간이 진고개를 지나 대관령으로 연결되면서 그 등줄기가 다시 황병산으로 솟아오른다. 황병산의 동쪽 사면부에 깊은 골이 형성되어 있는데, 이 골짜기가 바로 용연계곡이다. 사기막저수지에서 시작되는 사천천은 강릉운전면허시험장을 지나며 큰 물줄기를 이루고, 사천 면사무소를 지나 동해로 빠져나가는 길이가 22km에 이르는 하천이다.

사천진해변에서 해파랑길 39구간과 40구간이 연결된다. 아름다운 사천진, 이곳에는 강원도 무형문화재 제10호인 사천하평답교놀이 전수관이 있다. 강릉단오제와 함께 전승되어 오는 답교놀이는 음력 2월 6일 좀생날에 초승달이 떠오르면, 다리 위에서 달과 좀생이별과의 거리를 보고 한해 농사의 풍년을 점쳐 보는 답교놀이를 비롯하여, 횃불놀이와 달집태우기를 하는 민속놀이다.

조선 시대부터 현재까지 전국에서 유일하게 전해 오는 좀생이날 민속놀이는, 2001년 42회 전국민속놀이에서 대통령상을 수상하고, 2003년 강원도 무형문화재 제10호로 지정되어 있다. 보존회에서는 사천하평답교놀이 전수 활동을 체계 있게 보존하기 위해 기능보유자를 중심으로 정기적인 전수교육을 실시하여 50여 명의 이수자를 배출하였다고 한다.

하평해변, 사천진해변, 뒷불해변을 지나는 길목은 울창한 소나무 숲이 장관을 이루고, 푸른 바다와 고운 백사장이 어우러지는 연곡해변을 지나 영진교가 걸려 있는 연곡천을 건넌다. 영동고속도로 진부IC에서 6번 국도를 따라 북쪽으로 진행하면, 오대산국립공원을 관통하는 진고개를 만난다.

이곳에서 발원하는 연곡천은 오대산국립공원 내부를 관통하는 대표적인 하천으로 노인봉과 백마봉에서 발원한 물줄기가 동해안 제일의 명소를 빚어 놓으니 소금강 계곡이다. 천하 절경 금강산을 닮았다 하여 부르는 소금강은 낙영폭포를 시작으로 골골마다 기암절벽을 이루고, 은선계곡과 세심폭포에서 절정을 이룬다.

그림 같은 영진해변이 펼쳐진다. 쪽빛 바다에 푸른 하늘, 끝없이 펼쳐지는 백사장을 따라 밀려오는 파도 소리가 우리의 마음을 순화시켜 주고, 암초 위에서 망중한을 즐기는 갈매기와 관광 유람선이 푸른 물살을 가르는 정경이야말로, 세파에 찌든 도시인들에게 달콤한 솜사탕을 물려주는 기분이다.

드디어 주문진항이 시야에 들어온다. 신리하교를 건너면서 시작되는 주문진항은 언제나 활기가 넘치는 곳이다. 가장 먼저 찾은 곳이 유람선 여객터미널이다. 주문진항에서 연진항까지 돌아오는 초호화 유람선 이사부 크루즈호는, 승선 인원이 일천 명에 총길이 61m, 무게 745톤이나 되는 초대형 유람선이다.

우리 역사상 처음으로 독도를 우리의 영역으로 복속시킨 신라 이사부 장군의 업적을 기리는 뜻에서 배의 이름을 이사부 크루즈로 명명했다고 한다.

2010년 7월에 취항을 시작한 유람선은 하루에 3회 운행으로, 요금이 18,000원에 80분이 소요된다고 한다. 선상에서 러시아 무희들의 쇼가 펼쳐지는 유람선 여행에 구미가 당기지만, 다음으로 미루고 수산시장을 찾는다.

동해안 제일의 주문진항. 강릉을 찾은 관광객들이 필수 코스로 다녀가는 곳이다. 평일임에도 주차장마다 만원이고, 관광차를 부르는 호객 행위로 시장이 시끌벅적하다. 아내가 좋아하는 문어를 사기 위해 시장 바닥을 누빈다. 하필이면 찾는 문어가 보이지를 않는다. 며칠 동안 일기가 불순하여 조업을 나가지 못한 때문이란다.

땡감 씹은 얼굴로 이리저리 헤맨 끝에, 보통 시세보다 갑절이나 주고 산 문어가 더욱 소중하게 보인다. 늦은 밤, 문어를 보고 반색하는 아내의 표정에서 행복을 실감하고, 감칠맛 나는 문어 회식으로 가정의 행복을 꽃피운다. 여보! 해파랑길 언제 또 갈 거야.

4. 통일 기원

• 주문진해변

해파랑길 40구간을 답사한 지 2개월 만에 다시 찾은 주문진항. 단풍이 곱게 물든 가을이었는데, 어느덧 겨울 한파가 시작되는 12월이다. 기관지염으로 겨울에는 장거리 외출을 삼가고 있었지만, 터키 여행을 다녀오며 많은 시간을 소진한 탓에 무리인 줄 알면서도 2박 3일 일정으로 집을 나선다.

동서울에서 6시 30분차로 주문진 버스터미널에 도착하니 9시 30분이다. 답사의 성패는 날씨가 좌우하는데, 생각보다 포근한 날씨에 마음이 놓인다. 주문진 등대를 오른다. 좁은 골목을 요리조리 헤치며 올라선 등대공원은 멋진 풍경을 연출하고 있다. 인근 마을의 물품을 주문 받아 나르던 나루터가 있어서 주문리라 불렀는데, 1937년 포구의 이름을 따서 주둔면으로 부르게 되었다고 한다.

주문진등대는 1918년 조선총독부 시절 강원도에서 처음으로 건립되었다. 직경이 3m에 높이가 13m인 등대는 6·25 참화로 파손된 것을 여러 차례 보수 끝에 2004년 12월 회전식 등명기를 설치하여 현재에 이르고 있다.

소돌포구로 내려선다. 옛날 노부부가 이곳에서 백일기도 끝에 아들을 얻은 후 자식 없는 부부들이 기도를 하면 소원이 이루어진다는 전설이 있다. 이곳에는 파도 노래비, 동자상을 비롯하여 억겁의 세월을 지나오는 동안, 기기묘묘한 형상으로 다듬어진 바위들이 관광객의 시선을 끌고 있다.

우암교를 건너 강릉의 최북단에 있는 주문진해변에 도착한다. 넓은 백사장과 낮은 수심으로 아이들을 동반한 가족들이 즐겨 찾는 곳이다. 엄동설한의 혹독한 추위 속에 사람의 그림자를 찾을 수는 없지만, 하얀 백사장 위로 비추는 햇살에 눈이 부시고, 포말을 일으키며 밀려드는 파도 소리가 정적을 깨트린다.

이곳에서 해파랑길 41구간은 강릉 바우길 13구간과 중복되는 구간이다. 주문진해변과 이웃에 있는 향호해변에서 좌측으로 해파랑길을 따라간다. 7번 국도를 건너면서 시작되는 향호는 둘레가 2.4km로 제법 큰 호수다. 바다와 격리된 석호이면서도, 지하에서 해수가 스며들어 플랑크톤이 풍부하고 부영양화가 많아 생물들이 살아가는데 최적의 조건을 갖추고 있다.

바우길과 해파랑길이 만나는 삼거리에서 7번 국도(향호삼거리)로 올라서면, 강릉시와 양양군이 경계를 이루는 지경공원이다. "산 좋고 물 맑은 양양이라네" 메마른 정서에 한줄기 빛을 내려주는 정감이 가는 문구다. 그만큼 양양은 설악산을 품고 있는 산자수명(山紫水明)한 고장이다.

지경해수욕장을 찾아간다. 양양군 남쪽 끝자락에 있는 조그 아담한 지경해수욕장은 해변가로 철조망이 굳게 잠겨 있다. 이곳은 인적도 없이 외진 곳이라, 여름 한철 성수기에만 개방하고, 평상시에는 굳게 잠겨 있다. 철조망을 사이에 두고 이어지는 해안도로는 말끔하게 단장한 '국토 종주 동해안 자전거길'이 끝없이 이어진다.

어망을 손질하는 트랙터가 먼지를 일으키며 분주하게 움직인다. 내지 사람들에게는 신기한 광경이다. 넓은 공터에 어망을 펼쳐 놓고, 트랙터로 돌아다니며 흙을 털어내는 작업이다. 하긴 그물의 길이가 1km가 넘는 것이고 보면 사람의 손으로는 어림도 없는 일이다.

가도 가도 끝없는 철조망. 해안가로 밀려드는 파도 소리를 들으며 2km를 진행한 다음, 화상교를 건넌다. 답답하던 철조망도 사라지고 아담한 팔각정이 있어 지루하게 걸어온 여독을 풀어 줄 쉼터로 적당한 곳이다. 가슴이 탁 트이는 원포해변. 사람들도 찾지 않는 겨울 바다로 성큼성큼 들어서는 검은 복장의 서퍼들. 파도를 타는 기술이 신기에 가깝고, 스릴 넘치는 정열이 부럽기만 하다.

서핑의 기원은 타이티의 폴리네시아인들이 파도 타기를 시작하고, 하와이로 건너와 전통적인 스포츠로 발전했다고 한다. 서핑은 파도가 심한 동해안에서 활성화되어 양양의 해변에서 강습소를 심심찮게 볼 수가 있다. 고도의 평형 감각과 균형 감각을 필요로 하는 서핑에서 주의할 점은 한번 빠지면 나오기가 어렵다는 점이다.

강원도의 베니치아로 부르는 남애항이 시야에 들어온다. 삼척의 초고항, 강릉의 심곡항과 함께 강원도 3대 미항으로 알려진 보석 같은 항구다. 소나무가 무성한 산자락을 배경으로 옹기종기 모여 있는 남애항은 동해의 청정 해역을 터전으로 살아가는 전형적인 어항의 모습이다.

빨갛고 하얀 등대 사이로 만선의 기쁨을 안고 들어서는 어선들을 반겨 주는 곳이 남애항이고, 그물 손질에 분주한 남정네와 제철 만난 도루묵을 그물에서 떼어 내는 여인네들의 정담이 묻어나는 포구다.

 방파제가 시작되는 소나무 사이로 우뚝 솟은 전망대는 남애항의 랜드마크다. 바닥이 투명한 전망대에서 바라보는 남애항은 한 폭의 그림처럼 아름답다. 남쪽으로는 하얀 백사장이 길게 꼬리를 이어 가는 원포해수욕장과 천혜의 남애포구가 펼쳐지고, 북쪽으로 휴휴암과 죽도정을 이어 가는 해안가로 절벽을 이루고 있다.

 갯마을 해변을 지나 7번 국도로 올라선다. 양양군에서도 영덕군처럼 해파랑길 조성에 열성적이다. 해안가 철조망 옆에서 벼랑 끝까지, 국도변을 가릴 것 없이 나무 데크로 조성하고, 이정표와 리본을 달아 답사하는데 조금도 불편함이 없으니, 관계 당국에 감사할 따름이다.

 7번 국도 왼쪽으로 포매호가 펼쳐진다. 상류의 포매천과 견불천에서 유입되는 석호 호수다. 망원산에서 남쪽으로 뻗은 산세가 매화나무 가지와 비슷하여 개매호(開梅湖)라 부르다가 포매호로 바뀌었다고 한다. 동해안에서 많이 볼 수 있는 석호는 강릉에서 삼일포 사이에 주로 분포하고 있는데, 대표적인 것이 강릉의 경포호와 속초의 영랑호를 꼽을 수 있다.

 석호(潟湖)는 사주나 사취의 발달로 바다와 격리된 호수로서, 지하를 통해서 바닷물이 섞여 드는 일이 많아 염분 농도가 높고, 담수호에 비해 플랑크톤이 풍부하다. 조류가 운반해 온 모래와 암석 쇄석물들이 만의 입구에 쌓여 바다와 분리하면 석호가 된다.

 쉬고 또 쉰다는 뜻을 가진 휴휴암(休休庵)을 찾아간다. 미워하는 마음과 어리석은 마음, 시기와 질투, 증오와 갈등까지 팔만사천의 번뇌를 내려놓은 곳이다. 15년 전인 1999년 주지 홍법 스님이 이곳에

암자를 짓고 기도를 드리던 중, 4년째 되던 해 무지개가 뜨는 해변에서, 누워 계신 관세음보살을 발견하면서 명소로 급부상했다.

강원도 양양군 현남면 광진리에 있는 휴휴암(休休庵)은 동해안 바닷가 주변 100여 평 남짓한 바위(연화법당)에서 200여m 앞 왼쪽 해변으로 기다란 바위가 보이는데, 마치 해수관음상이 감로수병을 들고 연꽃 위에 누워 있는 모습이다. 그 앞으로는 거북이 형상을 한 커다란 바위가 평상처럼 펼쳐져, 부처를 향해 절하고 있는 모양새라고 한다.

휴휴암에는 화강암으로 제작된 16m의 거대한 지혜관세음보살상이 압권이다. 바로 앞 왼쪽에는 휴휴암 관음종 정각이 있다. 외부 전체에 순금을 입힌 황금종이다. 종을 세 번 치면 업장이 소멸되고 앞길이 열리며 복이 들어온다고 한다.

죽도정에 오른다. 양양8경 중에 제6경인 죽도정은 1965년 5월에 건립한 정면 3칸, 측면 2칸에 천정이 정(井)자형이다. 동해로 뻗어 나온 둘레 1km, 높이 53m의 죽도 정상에 있는 죽도정을 찾아가는 길은 송죽이 사시사철 울창하여 붙여진 이름이다. 예전엔 섬이었지만 차츰 모래가 쌓이면서 그 모래가 바닷물을 밀어내고 육지가 되었다고 한다.

• 양양 하조대

시원하게 트인 동해바다와 향긋한 대나무 향에 취해 죽도정을 벗어난다. '조개 굽는 마을' 동산리 이정표가 있는 동산항은 세월이 비껴간 조용한 어촌 마을이다. 그나마 낚시꾼들로 인해 외지 사람을 구경할 수 있는 동산항은 그만큼 때가 묻지 않은 순박한 마을이다. 그러하기에 도시에서의 복잡한 삶을 잠시 내려놓고 자연의 품 속으로 안기고 싶은 곳이다.

전방 지역을 다니다 보면 38선 표지석을 많이 볼 수가 있다. 휴게소까지 겸하여 국민들에게 안보의식을 고취하기 위해 세운 38선 표지석은 우리 민족의 아픈 상처를 보듬어 주는 현장이다. 1945년 일제 강점기로부터 해방의 기쁨도 잠시, 미소공동위원회의 자의적인 판단에 따라 한반도의 허리가 두 동강으로 잘리고, 6·25라는 민족의 비극을 맞으며 현재까지도 지구상에 유일한 분단 국가로 존재하고 있는 부끄러운 현장이다.

모처럼 바다 냄새가 물씬 풍기는 기사문항에 도착한다. 깨끗한 백사장을 보듬어 안으며 모래톱을 만들고, 부드러운 모래와 부딪치는 파도 소리에 귀를 기울이면 자연이 만들어 내는 소리에 산란하던 마음도 진정된다. 청정 해역에서 건져 올리는 수산물 어촌 체험 현장을 찾아가면, 어민들의 생활상을 그대로 체험하는 즐길 거리가 기다리고 있다.

북쪽으로 오늘의 목적지인 하조대가 모습을 드러낸다. 고운 백사장이 끝없이 펼쳐지고 동해의 푸른 물결이 넘실대는 하조대 해변. 사방을 둘러봐도 모텔 천국이다. 입맛대로 골라잡을 수 있는 숙소가 있기에 마음이 한결 편안해진다. 하조대까지는 1.5km, 왕복으로 3km를 답사해야 오늘의 여정이 끝나게 된다.

산등성이를 넘어서면, 새로운 바다가 펼쳐진다. 억겁의 세월을 지나오면서 갖가지 형상의 바위들이 빚어낸 수석 전시장이다. 소나무들이 벼랑 끝까지 울창한 숲을 만들고, 육지로 달려드는 파도가 암초에 부딪히며 일으키는 물보라가 장관이다.

관동팔경으로 손꼽히는 하조대에 올라선다. 겨울 해가 서산 너머로 걸터앉는 시간. 마음이 급해진다. 동쪽 산등성이에 있는 등대를 먼저 찾는다. 등대보다는 마주 보고 있는 하조대를 감상하기 위함이다. 수십 길 벼랑 위에 터를 잡은 하조대와 암초 위에서도 꼿꼿한 자세로 아름다운 자태를 뽐내는 낙락장송 한 그루가 압권이다.

굳은 지조를 상징하는 소나무가 수백 년 인고의 세월을 지나면서 고고한 품위를 유지하고 있는 모습이야말로 중국 황산의 영객송보다도 아름다운 모습이다. 줄달음치다시피 달려간 곳이 하조대 팔각정자다.

조선 개국공신인 하륜과 조준이 잠시 머물렀다는 하조대. 대신들의 이름 첫 글자를 따서 하조대라 부른다. 정자에 올라서면, 속세를 벗어나 신선들이 노닐던 경지에 들어선 듯, 만단시름이 모두 사라진다. 만경창파가 절벽의 암초에 물보라를 일으키고, 건너편에서 보았던 소나무가 깎아지른 벼랑 위에서 손짓을 한다.

하조대전망대까지 답사하자면, 더 이상 지체할 수가 없다. 절경 속에 자리 잡은 등대 카페에서 차도 한 잔도 마시지 못하고 찰걸음을 재촉한다. 다시 해변가로 나와서 전망대를 찾아간다. 잠시 후, 낙조의 그림자가 드리우는 바다는 또 다른 풍경을 연출한다. 백사장도 푸른 바다도, 온 세상이 모두 황금색으로 물든다. 황홀한 정경을 마주 대하며 나옹선사의 말씀을 되새겨 본다.

    청산은 나를 보고 말없이 살라 하고
    창공은 나를 보고 티 없이 살라 하네
    성냄도 벗어 놓고 탐욕도 벗어 놓고
    물같이 바람같이 살다가 가라 하네

알프스비치 505호에서 하룻밤 신세를 지고 일출을 보기 위해 베란다로 나오니, 잿빛 구름이 하늘을 덮고 있다. 아쉬운 마음을 뒤로하고 서둘러 숙소를 나선다. 인적도 없는 겨울 해변. 끝없이 펼쳐지는 백사장이 더욱 넓어 보인다. 다음 목적지를 향해 발걸음을 재촉하는데, 집 잃은 유기견 한 마리가 쓰레기통을 뒤지고 있다. 측은지심으로 손짓을 하니 꼬리를 살래살래 흔들며 따라붙는다. 갈 곳 없이 외롭게 방황하던 개도 내 마음을 아는지 십여 리 길을 동행하며 친구가 된다.

7번 국도 옆으로 개설된 농로를 따라가는 해파랑길. 갈대숲도 지나고, 소나무 숲도 지난다. 1시간 동안 지루한 고행 끝에 여운포리에 도착한다. 눈에 익은 벽화 마을이다. 골목 담장을 따라 벽화로 꽃을 피우니, 삭막한 시골 마을에 생동감이 돈다. 입가에 미소를 지으며 그림을 감상하는데, 경계심이 가득한 개들의 합창으로 동리가 떠나갈 듯이 소란스럽다.

서둘러 마을을 빠져나오니, 더욱 호젓한 시골길이 이어진다. 예전에는 7번 국도였지만, 새로 개설된 7번 국도에 자리를 양보하고 뒷전으로 밀려나고 말았다. 길옆으로 울창한 소나무가 숲을 이루고, 솔밭 속에 자리 잡은 양양공항호텔과 중앙대학교 실습림(實習林)을 지나 동호리 해변가로 이어진다.

적막감 속에 잠겨 버린 겨울 바다가 더욱 을씨년스럽다. 밀려오는 파도 소리마저 처량하게 들려오는 백사장에는 제 세상을 만난 갈매기들만이 천국을 이루고 있다. 다시 7번 국도로 올라선다. 을지인력개발원을 지나 양양 국제공항 이정표가 나타난다.

시설과 입지 여건이 열악한 속초공항과 강릉공항을 대체하고, 설악산을 중심으로 금강산을 연계하여 영동 지방의 관광 산업을 육성

한다는 목표로 개발한 공항이다. 취지와는 달리 이용객이 적어 매년 수십억 원의 혈세를 쏟아붓는 강원도의 골칫덩어리로 전락한 양양 국제공항.

양양 국제공항을 선심성 공약의 부산물로 평가하기에는 부적절할지 모르겠지만, 지방자치제가 실시된 이후로 국고를 탕진하는 선심성 공약이 봇물을 이루고 있으니, 한탕주의식 개발정책을 근절해야 할 것이다.

수산리가 시야에 들어온다. 삼태기처럼 삼면이 산으로 둘러싸이고, 전면으로 푸른 바다가 펼쳐지는 수산리 포구는 천혜의 조건을 갖춘 어항이다. 수산리 제일 명소인 봉수대를 찾아간다. 출입구 왼쪽 계단은 군사용이고, 오른쪽 계단은 민간인이 사용하도록 분리되어 있다. 옛날 북한 잠수함이 침입한 수산리는 야간이면 경계 태세가 엄중하여 민간인의 출입을 엄격하게 통제하고 있다.

등대가 있는 정상까지는 갈 수가 없고, 중간에 전망대가 있어 수산리 전경이 시원하게 펼쳐진다. 동해의 푸른 물결 위로 요트 한 척이 외롭게 떠 있고, 1991년 국가 어항으로 지정된 수산항을 보호하는 북방파제(700m)와 남방파제(240m)가 있어 어항으로는 양양군에서 가장 큰 규모라고 한다.

수산 마을은 지금으로부터 350여 년 전, 최씨, 문씨, 김씨 세 가구가 정착하면서 마을이 형성되었고, 현재는 75가구 150여 명이 살아가는 순박하고 살기 좋은 마을이다. 남방파제가 시작되는 포구에는 수산항이 자랑하는 마리나 요트장이 있다. 60척의 요트를 계류할 수 있는 요트장은 2006년부터 5년간 공사 끝에 완공하여 관광과 레저를 융합한 새로운 해양관광단지로 기대를 모으고 있다고 한다.

• 관음도량 낙산사

　7번 국도를 따라가는 무료한 여정에 이색적인 공방을 만난다. 호기심에 들어가 보니 죽은 나무에 혼을 불어넣는 현장이다. 장인의 손끝에서 갖가지 형상의 공예품이 탄생한다. 그 이름도 정겨운 '감자꽃 필 무렵'.

　정수리에 하얀 고깔을 눌러쓴 대청봉이 너무도 정겹게 보인다. 십여 년 전만 해도 무수히 오르내리던 산이 아니었던가. 대청봉을 중심으로 북서쪽의 마등령과 미시령으로 이어지는 백두대간, 서쪽의 귀때기청봉과 대승령으로 이어지는 서북능선, 북동쪽의 화채봉과 칠성봉으로 이어지는 화채능선 등 3개의 주능선으로 지형을 구분한다. 이들 능선을 경계로 서쪽은 내설악, 동쪽은 외설악, 남쪽은 남설악이라 부른다.

　주요 경관으로는 공룡능선, 용아장성, 울산바위를 중심으로 우리나라 제일의 경관미를 갖추고, 십이선녀탕, 구곡담, 천불동계곡, 주전골계곡, 백담사계곡을 중심으로 수많은 폭포와 크고 작은 소와 담이 암석 지대를 타고 내리며 아름다운 경관을 연출하고 있다.

　오산리 선사유적박물관 앞을 지난다. 1977년 주변 호수를 매립하여 농경지로 만들면서 모래 언덕의 토사를 옮기는 과정에서 발견된 선사유적지라고 한다. 기원전 14세기의 움집, 돌칼, 돌화살촉, 돌도끼 등 4천여 점의 유물이 발견된 곳이다. 측정 결과 8천여 년 전 신석기 시대의 유물로 확인되었으며 1997년 사적 제394호로 지정되었다.

　7번 국도변으로 조성된 자전거 전용도로는 가도 가도 끝이 없다. 바로 인내력이 필요한 구간이다. 드디어 낙산대교를 건넌다. 그 유명한 양양 남대천 위로 건설된 교량이다. 연어가 올라오는 가을이면,

다리 위에서 곡예를 하는 강태공들을 볼 수 있다고 하는데, 겨울의 남대천은 연어도 강태공도 자취를 감추고 드넓은 강바닥을 차지한 갈매기들이 천국을 이루고 있다.

양양 남대천은 백두대간이 지나는 응복산에서 발원하여 동해로 흘러드는 길이가 54km에 이르는 강이다. 남대천은 동해로 흘러드는 다른 강에 비해 생태계 보존 상태가 좋아, 상류에는 1급수에 서식하는 산천어와 버들개, 중류에는 피라미와 갈겨니, 하류로 내려오면서 3급수에서도 살아가는 붕어와 메기 등 다양한 민물고기들이 서식하고 있다.

남대천에는 회귀성 어종이 산란을 위해 찾아오는데, 봄에는 은어와 숭어, 황어가 올라오고 가을이면 연어가 올라온다. 특히 남대천이 자랑하는 연어는 전국 연어의 절반 이상을 차지할 정도로 그 수량이 많다.

낙산대교를 건너면서 길은 두 갈래로 갈라진다. 왼쪽은 양양군청이 있는 읍 소재지다. 강원도 중부 동해안에 있는 양양군은 면적의 대부분이 산악 지역이라 39.5km의 해안가를 중심으로 3만여 명이 살아가는 고을이다. 양양읍에서 44번 국도를 따라 오색천을 거슬러 오르면, 설악산국립공원 오색약수와 만난다.

천연기념물 529호로 지정된 오색약수는 16세기 무렵 성국사의 스님이 발견하였다고 한다. 약수에는 나트륨과 철분이 함유되어 있어서, 맛과 색깔이 특이한 것이 장점이지만, 용출량이 너무 적어 아쉬움이 많다. 또한 이곳이 대청봉 오르는 지름길이다.

빙판 위에서 휴식을 즐기던 갈매기들이 헬리콥터의 소음에 놀라 일제히 하늘로 날아오른다. 서해안 시화방조제에서 가창오리 떼의 군무를 본 적은 있지만, 수만 마리의 갈매기들이 하늘을 뒤덮는 모습은 난생처음이다. 은빛 날개를 활짝 펴고 선두의 뒤를 따라 하늘로 솟구치는 장관이야말로 남대천이 아니면 볼 수 없는 진풍경이다.

드디어 낙산해변에 도착한다. 100만 이상의 인파가 다녀가는 강원도에서 가장 인기 있는 해변이다. 백사장 길이가 1.8km에 이르고 깨끗한 모래와 수질이 좋아 관광객들로부터 사랑을 받는다. 주변에는 울창한 소나무 숲과 편의시설이 많아 젊은이들이 선호하고, 천년고찰 낙산사가 있어 문화 여행도 함께 즐길 수가 있다.

동해안 제일의 관음도량인 낙산사를 찾는다. 671년(신라 문무왕 11년) 의상대사가 창건한 천년고찰 낙산사(사적 제495호)는 관세음보살이 항상 머문다는 뜻에서 낙산사라 부른다. 1400여 년의 역사를 간직한 낙산사는 나라가 수난을 당할 때마다 참화를 당하지만, 그때마다 새롭게 중건하여 사람들의 소망과 기원을 한 몸에 받고 있다.

2005년에는 산불로 대부분의 전각이 소실된 것을 2007년 새롭게 중건하였다. 불길에 녹아 버린 범종의 모습을 보면서 당시의 화재가 얼마나 거세었는지 실감할 수가 있다. "길에서 길을 묻다"는 의미심장한 법어를 되새기며 의상대로 향한다.

의상대(義湘臺)에서 바라보는 경관은 낙산사의 백미라 할 수 있다. 낙산사를 관동팔경으로 꼽는 것도 의상대로 인해 생겨난 명소다. 벼랑 끝에 세워진 의상대는 두 그루의 소나무로 인해 그 운치를 더하고 있다. 의상대에 올라서면, 동해의 거센 파도에 심신이 모두 정화되고, 벼랑에 걸려 있는 홍련암이 한 폭의 그림처럼 아름답다.

다음은 보타전을 거쳐 해수관음상이 있는 오봉산으로 향한다. 해수관음상은 모든 중생을 구제한다는 설법에 따라 동해바다가 한눈에 내려다보이는 높은 곳에 높이 16m 둘레 3.3m의 화강암으로 모시고, 왼손에는 감로수병을 오른손에는 수인을 짓고 있다.

30여 분간 경내를 둘러보고 홍예문을 나선다. 강원도 유형문화재 제33호인 홍예문은 세즈 13년에 왕이 낙산사에 행차하여, 절 입구에 세운 무지개 모양의 돌문이다. 당시 강원도는 26개의 고을이 있었는데, 세조의 뜻에 따라 각 고을의 수령들이 석재를 하나씩 제공하여 26개의 화강석으로 홍예문을 만들었다고 한다. 홍예문 위의 누각은 1963년에 새로 세운 것이다.

7번 국도로 올라서면, 국토 종주 자전거길 마무리 공사가 한창이다. 설악해변에서 후진항은 이웃에 있고, 곧바로 정암해변에 도착한다. 원래 계획은 2박 3일로 장사항까지 마무리하려고 했지만, 내일 전국적으로 비나 눈이 내린다는 일기예보를 들으면서 무리할 필요가 없겠다는 생각으로 속초해맞이공원까지 답사하고 서울로 올라갈 계획이다.

하늘은 먹장구름으로 뒤덮이고, 금방이라도 눈이 내릴 듯이 음산한 기운이 감돌아 발걸음을 재촉한다. 드디어 물치항에 도착한다. 양양군과 속초시의 경계에 있는 물치항은 활어센터와 송이등대가 있어 설악산을 찾는 관광객들의 발길이 잦은 곳이다. 물치항 북쪽 해변으로 흘러드는 쌍천을 거슬러 오르면, 국립공원 설악산을 오르는 광장이 펼쳐진다.

등산 인구 천만 시대를 맞아 한번쯤은 설악산을 오르고 싶어 하는 것이 산을 사랑하는 사람들의 소망이다. 그러하기에 사시사철 등산객이 찾아오는 설악산 입구를 새롭게 단장하여 '속초해맞이공원'을 조성하였다.

대포항(大浦港)은 속초시의 관문으로 연간 100만 명의 관광객이 찾는 어항이다. 근래에는 어항으로서의 기능보다는 관광지로서 더욱 각광을 받고 있다. 이는 설악산과 척산온천, 동해바다의 아름다운 자연환경이 조화를 이루고, 광어, 넙치, 방어 등 신선한 생선을 즐기려는 관광객들이 대포항의 횟집으로 몰려들기 때문이다.

장승마을 외옹치항과 외옹치해변을 지나 속초 시내로 들어간다. "대한민국 제일의 관광 도시, 시민과 함께 하는 행복 도시"라는 슬로건을 내걸고 있는 속초시는 1963년 시로 승격되어 8만 2천여 명이 살아가는 동해안 최북단의 중소 도시다. 속초시의 절반을 차지할 정도로 설악산의 비중이 큰 속초시는 동해의 푸른 파도와 설악의 수려한 기상을 안고 있다.

속초해수욕장이 반겨 준다. 청호동에서 대포동까지 1.2km에 이르는 속초해수욕장에서 개장된 곳은 700여m에 이른다. 깨끗한 백사장에 푸른 바다와 울창한 송림이 있어 관광객들이 즐겨 찾는 속초해변에도 관광객을 위한 조형물이 반겨 준다.

속초가 자랑하는 8가지 명승지 가운데 제5경이 속초해변에서 바라보는 조도(鳥島) 일출이다. 새들이 많이 찾는 조도(鳥島)와 부드러운 백사장이 어우러진 주변 환경이 아름답고, 조도 위로 떠오르는 일출이 너무도 환상적이어서 소야8경(所野八景)에 논산조양(論山朝陽)이라 칭송하고 있는 곳이다.

산호초 조형물 앞에서 사진 한 컷을 찍고 해변을 빠져나와 청초호가 있는 설악대교 위로 올라선다. 청초호를 배경으로 병풍처럼 둘러친 울산바위가 백미인데, 금년 들어 처음으로 찾아온 황사 덕분에 모래바람 속으로 모습을 감추고 말았으니 애석한 일이다.

넓이가 1.3km²에 둘레가 약 5km가량 이어지는 청초호는 인근의 영랑호, 강릉의 경포호와 함께 동해안의 대표적인 호수로 손꼽히는 곳이다. 이중환(李重煥) 선생의 『택리지(擇里志)』에는 관동팔경(關東八景)의 하나로 기록될 정도로 아름다운 호수다. 호수 주변에는

'99강원국제관광 엑스포'를 상징하는 높이 74m의 전망대와 해상 유람선을 탈 수 있는 선착장이 있다.

청초호 주변에 있는 청호동은 아바이 마을로 알려진 곳이다. 6·25 전쟁 당시 1·4후퇴 하는 국군을 따라 함경도에서 내려온 피난민들이 정착하면서 생겨난 마을이다. 현재도 마을 주민의 60%를 차지하고 있는 피난민과 2세들은, 망향의 한을 그리며 통일의 그날을 애타게 기다리고 있다.

금강대교를 건너 영금정을 찾아간다. 속초항이 있는 동쪽 바닷가에는 넓고 큰 바위들이 많이 깔려 있는데, 암반 위에 걸려 있는 다리 끝에 조성된 정자가 영금정(靈琴亭)이다. 날카로운 암벽 사이로 거센 파도가 칠 때마다 거문고 소리를 내기 때문에 영금정이란 이름이 생겨났다고 한다.

영금정이라고 부르던 석산은 일제 때 속초 항만공사를 하면서 사라지고, 지금은 그 흔적조차 찾기가 어렵다. 다음 행선지는 지척에 있는 속초등대 전망대이다. 푸른 바다를 배경으로 하얀 등대가 더욱 돋보인다. 이백여 개가 넘는 계단을 힘겹게 오르면, 동해의 만경창파(萬頃蒼波)가 시원하게 펼쳐진다.

해안가 갯바위에 물보라를 일으키는 파도와 조금 전에 찾았던 영금정, 관광객들이 즐겨 찾는 동명항. 21세기 유라시아를 연결하는 전진 기지로서의 장밋빛이 펼쳐질 속초항, 도심지를 관통하는 설악대교와 금강교, 설악산의 연봉들이 한 폭의 그림처럼 파노라마로 이어진다.

등대 전망대 2층 영상관에 들어서면 파도치는 거문고 소리와 영금정 등을 소개하는 영상과 속초의 풍광을 한눈에 볼 수 있는 곡면 영상이 우리를 인도한다. 3층 홍보관에서는 속초시의 모습을 축소한 모형과 대진등대, 묵호등대, 주문진등대와 함께 속초등대를 축소 모형으로 전시하고 있다.

속초8경 중에서 제1경으로 손꼽히는 속초등대는 38m의 절벽 위에 28m의 등탑을 설치하여 동해 연안을 운항하는 선박의 지표 역할을 하는데, 우리나라에서 유일하게 3등급 수은중추식 회전등명기를 설치하여 45초에 4번씩 반짝이며 36km까지 비추어 준다.

거문고 조형물을 뒤로하고 낭만가도를 따라가는 해파랑길은 등대해변을 지나 사진교와 영랑교에 걸려 있는 영랑호에 도착한다. 영랑호는 둘레가 8km에 면적이 36만 평이고, 호수 주위로 조성된 산책로를 따라 한 바퀴 도는데 2시간 정도 걸리는 백사(白沙)가 퇴적하여 발달한 호수라고 한다.

신라의 화랑들이 금강산에서 수련하고, 금성으로 돌아가는 중에 호수의 아름다움에 취한 영랑이 무술대회에 나가는 것을 잊은 뒤로 호수의 이름을 영랑이라 부르게 되었다는 전설이 있다. 장사항 오징어공원에 도착하며 45구간도 끝이 난다.

• 관동팔경 청간정

장사항 활어직판장을 돌아서면, 안보관광 안내판이 반겨 준다. 호기심에 계단을 올라서니 해양경찰충혼탑이 자리를 잡고 있다. 삼면이 바다인 우리나라에서는 해양경찰의 임무가 막중하다. 전시에는 적들과 대치하고, 평시에는 어로선을 침범하는 해적들을 감시하다 고귀하게 산화한 영령들의 구국 정신을 계승하기 위해 건립한 위령탑이다.

머리 숙여 깊은 애도를 표하고 중앙로(구(舊) 7번 국도)로 내려선다. 잠시 후 "살기 좋은 고장, 살고 싶은 행복 고성" 아치가 반겨 준다. 부산 오륙도에서 시작한 해파랑길의 대미를 장식하는 고성 땅으로 들어선 것이다. 총연장 770km 중에서 700여km를 완주하고 70여km를 남겨 두었으니 정말로 가슴이 먹먹하도록 감회가 깊다.

휴전선이 가까워 올수록 해안가의 철책선이 육중하다. 어촌이 있는 해안가를 제외하고는 어김없이 경계 태세가 삼엄하여 민간인의 접근을 허용하지 않는다. 국도 옆으로 소나무 가로수를 지나고 용천교를 건너서 켄싱턴설악비치가 있는 해변가로 방향을 잡는다.

매연과 소음이 심한 국도를 버리고 산뜻하게 단장된 자전거길을 따라가는 중에 봉포해변 인증센터 옆으로 평화누리길 간판이 나타난다. 이곳 고성군 토성면에서 북으로 통일전망대까지 65km를 평화누리길로 정하고 인천시 강화 접경 지역에서 휴전선을 따라 통일전망대까지 연결한다는 설명이다.

그림 같은 켄싱턴리조트를 지나며 봉포해수욕장이 펼쳐진다. 입자고운 백사장 한가운데로 나무판자를 깔아 자전거길이 이어진다. 사막 한가운데를 달려가는 고속도로와 같이 시원한 바다를 바라보며 달려가는 자전거길이야말로 낭만가도라는 이름에 걸맞게 잘 어울리는 길이다. 봉포항에 도착하면 오륜기를 연상하는 가두리양식장이 인상적이다.

금강산도 식후경이라. 새벽 4시에 조반을 먹고 12시까지 강행군을 했더니 시장기가 발동을 한다. 해장국 전문점인 이모네 감자탕을 밀고 들어가 해장국 한 그릇을 순식간에 해치운다. 배도 부르겠다. 든든한 뱃심으로 찾아가는 곳이 관동팔경으로 명성 높은 청간정이다.

해안가 절벽에 터를 잡은 청간정은 멀리서도 그 모습이 뚜렷하다.

아름드리 소나무와 어우러진 2층 누각이 물을 박차고 날아오르는 갈매기 형상이라고 할까. 아름다운 풍광에 발걸음이 떨어지지를 않는다. 달이 떠오르는 밤 정자에서 바라보는 경치는 마치 배 안에 앉아 있는 것처럼 몽환 속으로 빠져든다고 한다.

강원도 유형문화재 32호인 청간정은 조선조 명종 15년(1560년)에 수리를 하였다는 기록으로 보아 건립 연대는 그 이전으로 볼 수가 있다. 1881년(고종 18년) 화재로 소실된 것을 1928년 면장 김용집의 발의로 복원했으나, 한국 전쟁 당시 참화를 입어 다시 보수를 했다고 한다. 청간정의 현판은 이승만 대통령의 친필이고, 이층 누각에는 최규하 대통령의 시편이 걸려 있다.

고색창연한 청간정을 뒤로하고, 동해의 새벽을 여는 아야진항에 도착한다. 양미리, 가자미, 도루묵이 건조대에서 얼었다 녹기를 반복하는 동안, 어부들의 손길이 분주한 아야진항은 오징어 형상의 등대 한 쌍이 반갑게 맞아 준다.

철조망 옆으로 조성된 누리길을 따라가면, 울울창창한 소나무 숲속으로 들어선다. 한여름이라도 시원한 그늘을 만들어 주는 벼랑 끝에 날렵한 정자가 솟아 있으니 고성8경으로 소문난 천학정(天鶴亭)이다. 하늘에서 내려온 학이 노니는 곳이란 뜻인가. 청간정과 함께 고성을 대표하는 정자다.

역사적으로는 일천하지만, 아름다운 풍광과 어우러진 천학정은 1931년 한치응의 발기로 마을 사람들이 건립하였다고 한다. 동해의 신비를 간직한 천혜의 기암괴석과 깎아지른 절벽 위에 건립하여 시원한 바람과 함께 경치가 아름다워 시인 묵객들이 음풍농월(吟風弄月)을 즐기던 곳이 아닌가 싶다.

천학정의 감흥을 가슴에 안고 내려선 곳이 교암리 해수욕장이다.

고운 모래톱이 반달처럼 휘어진 문안 해변에 이르면 기묘한 바위들이 병풍처럼 둘러싸고 있는 능파대가 있다. 억겁의 세월을 지나오는 동안 거센 파도에 다듬어진 바위들이 모든 살점을 발라낸 해골처럼 음산한 분위기마저 든다.

바위에 부딪치는 파도의 모습이 아름다워 능파대(凌波臺)라 하였다는데, 원래는 작은 돌섬이었으나 문암천의 모래가 쌓이면서 육지가 되었다고 한다. 문암대교를 건너 백도해변을 지나며 바다 가운데 하얀 섬이 나타난다. 많은 갈매들의 배설물이 쌓여서 하얀 섬으로 변하고, 해수욕장의 이름도 백도라 부른다.

문암리 선사유적지 앞을 지난다. 안내문에 의하면 강원도 지역 군사보호지역 내 문화유적 지표 조사를 실시한 결과 신석기 시대의 주거지와 유물이 다수 발견되어 학술적으로 중요성을 인정받아 2001년 사적 제426호로 지정되었다고 한다. 하지만 현장에는 펜스 이외에는 별다른 구조물이 보이지 않는다. 자작교를 건너 삼포해변에 도착하며 46구간을 마감한다.

육중한 철조망으로 바다를 가린 삼포해수욕장을 바람결에 스치고 봉수대해수욕장에 도착한다. 행정동으로 강원도 고성군 죽왕면 오호리인 봉수대해수욕장은 일반에 개방된 지 얼마 되지 않은 탓에 오염되지 않은 청정한 바다가 특징이다. 수심도 낮고 백사장이 깨끗하여 가족 나들이에 안성맞춤이다. 또한 여름에만 개장하는 오토캠핑장을 갖추고 있다.

봉수대해수욕장은 최근 파도 타기에 좋은 곳으로 알려지면서 비수기에도 서퍼들이 즐겨 찾는다. 하지만 여름 피서객들이 떠나간 자리에는 적막감만 감돌고, 그물 손질하는 어부들의 손놀림만 분주할 뿐이다. 등성이를 넘어서면 송지호해수욕장이 반겨 준다. 앞바다에 고래가 수면 위로 떠오르는 형상의 죽도가 있다. 대나무가 많아서 죽도라 부르는 섬을 바라보며 송지호로 올라선다.

송림이 울창한 송지호는 둘레가 5km에 수심이 5m의 자연 호수다. 청둥오리와 기러기 떼를 비롯한 겨울철새와 천연기념물인 고니가 머물다 가는 철새 도래지로, 생태전망대에 올라서면 호수와 바다가 시원하게 펼쳐진다고 한다. 동절기라 휴관을 한 탓에 진면목을 볼 수 없어 아쉽기만 하다. 명경지수(明鏡止水)와 같이 아름다운 호수를 바라보며 발걸음을 이어 간다.

송지호에서 왕곡 마을을 바라보면 유선형의 배가 동해바다와 송지호를 거쳐 마을로 들어오는 모습의 길지 형상이라 한다. 지형적인 특성과 풍수지리적 요인으로 전란과 화마의 피해가 없었던 왕곡 마을은 한국전쟁과 고성 지역에서 발생했던 대형 산불이 났을 때에도 전혀 화를 입지 않았다고 한다.

고성군 죽왕면 오봉리에 위치한 왕곡 마을은 고려 말 두문동 72현 중의 한 분인 함부열이 이성계의 조선 건국에 반대하여 간성으로 낙향하여 은거하고, 그의 손자들이 왕곡 마을에 정착하면서 마을이 형성되었다. 이 마을은 19세기 전후에 건립된 북방식 전통한옥과 초가집의 원형이 보존되어 전통 민속 마을로서 역사적, 학술적 가치를 인정받아 2001년 1월 중요민속자료 제235호로 지정되었다.

7번 국도를 가로질러 공현진해변으로 들어선다. 해는 서산으로 내려앉고, 바다와 백사장도 황금빛으로 물들며 하루해가 저문다. 25km의 여정이 만만치를 않았다. 70을 넘은 나이에 이만한 거리를 걸어왔다는 것이 대견하지 않은가. 고단한 몸을 쉬어 가기에는 모텔만 한 곳이 없다. 육신이 고단할수록 잠자리만은 편해야 한다는 생각이 내 소신이다.

해변가에 우뚝 솟은 킹모텔 502호에 짐을 풀고 샤워부터 한다. 고단했던 몸이 날아갈 듯이 가뿐하다. 베란다에서 바라보는 낙조 현상도 장관이다. 모텔 그림자가 모래톱으로 내려앉고, 붉게 물든 하늘에 바다와 백사장이 황금빛으로 물든다. 철썩철썩 해안가로 밀려드는 파도 소리가 가슴속을 파고든다.

집에서 기다리고 있을 아내에게 결과를 보고하고 반주를 곁들인 저녁으로 하루해를 마감한다. 잠자리에서 일어나니 새벽 5시. 겨울 바다가 어둠 속에 잠들어 있다. 자장가처럼 들려오는 파도 소리에 하늘의 별들이 머리 위로 쏟아진다. 멋진 광경이다. 오늘이면 해파랑길 2천리도 끝이 나는 날이다. 긴 여정을 마무리하는 아침 해돋이를 베란다에서 맞이할 생각이다.

방으로 들어와 느긋하게 침대에 눕는다. 주마등처럼 스쳐 가는 해파랑길. 30여 명의 동지들과 첫걸음을 내딛던 오륙도 앞에서 감회도 깊었다. 2년이라는 시간이 흐른 지금, 나홀로 대장정의 막을 내리고 있다. 거진항에서 통일전망대까지는 지난가을 일행들과 마무리를 하였으니 그나마 위안이 된다.

7시가 지나면서 먼동이 터온다. 하늘과 바다가 한데 어울려 수평선을 이루고, 그 끝자락이 붉게 물든다. 붉은 등대에선 환영의 불빛이 반짝이고, 출항하는 어선이 방파제를 넘어가는 순간 수평선 위로 새빨간 태양이 서시(西施)의 눈썹처럼 고개를 내민다. 점점 커지는 불덩이가 쟁반 위로 올라오고 온 누리를 붉게 물들인다.

환영 행사는 십여 분 만에 끝이 났다. 이제 거진항까지 20여km의 종착점을 향해 달려갈 일간 남았다. 밤사이에 피로도 싹 가시고 보무도 당당히 공현진해안을 빠져나온다. '일출 명소 1번지 고성 해파랑길' 환영 조형물이 홀로 가는 외로움에 길동무로 나선다. 신바람나는 아침이다.

 낭만가도 배롱나무길을 지나 청정 해역을 눈요기하면서 가진항에 입성한다. 아담하고 조용한 어촌이다. 밤새워 잡아온 생선들이 어판장에 가지런히 진열되고, 걸쭉한 목소리로 경매가 시작된다. 활기 넘치는 가진항에도 하루해가 열린다.

• 평화누리교

 도루묵이 많이 잡히는 가진항을 일제 시대에는 덕포항으로 불렀다. 이는 가진항에서 물고기가 많이 잡혀 '막 퍼준다'는 뜻의 방언인 '더 푸'가 변한 이름이라고 한다. 여담을 뒷전으로 흘리며 동구 밖을 나서면 너른 들판이 펼쳐진다. 농경지가 적은 고성에서 남천과 북천을 중심으로 충적평야가 형성되어 '고성 오대미'를 생산하고 있다.
 들판을 가로질러 남천 제방으로 올라선다. 남천은 마산(1,052m) 북쪽 선유실리 계곡에서 발원하여 고성산과 오음산을 끼고 간성 읍내를 휘돌아 향목리와 동호리의 너른 들판을 적시며 동해로 흘러드는 길이가 16km에 이르는 하천이다. 드디어 남천교를 건넌다.
 직진하면 진부령이요, 왼쪽으로 고성군청이 있는 간성읍이다. 고성군 소재지인 간성읍은 1945년 해방이 되면서 공산치하로 넘어갔다가, 1954년 수복되어 간성면으로 부르다가 1979년 읍으로 승격되어 7,670명이 살아가는 동해안 최북단에 있는 군청 소재지이다.
 북쪽 제방을 따라 하구로 내려가다가 동호리 들판을 가로질러 호젓한 도로를 따라간다. 통일 1번지 고성은 분단의 현장이자 통일로 가는 남북 교류의 첫 번째 관문이다. 지금은 중단된 금강산 관광도 7

번 국도를 통해 이루어졌고, 21세기를 열어갈 시베리아 횡단 철도의 시발점도 고성이 아니겠는가.

고성군은 분단국 가운데서도 분단도에 속하는 분단군이다. 면적의 절반이 군사 지역으로 묶인데다, 산맥과 민통선이 개발을 가로막는 어려운 환경 속에서 지구상에 단 하나밖에 없는 비무장지대에 자연생태공원을 조성한다면 박근혜 대통령이 주장하는 대박이 터진다는 고성군 관계자의 발언이다.

"녹색성장, 통일 고성"이라는 군정의 슬로건처럼 고성은 깨끗한 자연환경과 '통일관광 1번지'를 자랑으로 삼고 있다. 고성의 분단과 통일은 멀리 삼국 시대로 거슬러 올라간다. 남고성과 북고성으로 부르던 두 지방을 고려 초에 통합하여 간성군으로 개명하고, 고려 말에 간성과 고성으로 분리하여 조선 말까지 이어졌다.

일제 시대에 들어와 두 군을 합쳐 간성군으로 부르다가 고성군으로 명칭을 변경하였고, 6·25전쟁 후 옛 고성군은 북한으로 간성군은 남한으로 또다시 분단됐다. 남북한은 일제 때 부르던 '고성'이라는 이름을 그대로 사용해 오늘에 이르고 있다. 행정단위도 단출한 2읍 3개 면에 56,369명의 인구가 살아가고 있다.

남북 최고 명산이라는 설악산과 금강산 사이에 위치한 고성의 산과 하천, 바다, 호수가 어우러진 모습을, 이중환의 『택리지』에서 "골짜기가 그윽하고 깊숙하며 감춰진 비경이 많아 선인(仙人)들이 즐겨 찾는 명소"라고 소개하고 있다. 지금도 고성은 아름다운 자연환경을 그대로 간직하고 있는 고장이다.

북천철교를 개조한 평화누리교에 도착한다. 이 철교는 일제가 자원 수탈을 목적으로 양양에서 원산을 연결하는 동해북부선을 운영하다가 6·25전쟁 시에 북한군이 군수물자를 수송하는 것을 저지하기 위해 아군이 함포사격으로 폭파한 비극의 현장이다. 이후 60여 년간 교각만 남아 있던 것을, 행정안전부에서 자전거와 걷기 여행자들의 전용 교량으로 개조하여 평화누리길의 구심점으로 삼고 있다.

정말로 꿈같은 일이다. 나의 목표가 해파랑길과 평화누리길을 같은 시기에 출발하여 고성에서 만난다는 계획이었다. 해파랑길은 오늘로서 대미를 장식하게 되지만, 경기도 김포시 대명항에서 출발한 평화누리길은 강원도 지역의 준비 부족으로 평화의 댐에서 중단한 상태이다. 최전방의 양구 지역을 통과하는 숙제로 고민이 많았는데, 양구, 인제, 원통을 지나온 누리길이 진부령을 넘어 북천제방을 따라 이곳으로 연결된다는 사실이다.

보물찾기에서 진품을 얻은 기분으로, 북천교를 건너 통일전망대로 이어지는 평화누리길을 따라간다. 마산해안교 옆으로 새로 지은 정자 하나가 나타난다. 그 이름도 정겨운 송강정. 관동팔경으로 유명한 송강 정철의 호를 따서 통일의 상징성을 담고 있는 이름이다. 주춧돌에는 '평화누리길'이라는 구호까지 음각되어 있다.

정자에 오르면 가슴이 툭 터지는 상쾌한 기분이다. 동해와 북천의 두 몸이 하나 되어 수평선까지 흘러넘치고, 앙상한 가지에도 봄의 전령사가 소식을 전하는가. 물오른 눈망울이 통통하게 부풀어 오른다. 해안가 철조망을 피해 마산천을 따른다. 삼거리에서 오른쪽으로 방향을 바꾸면 이화여대 소유지가 나타나고, 고성군이 자랑하는 송림길이 시작된다.

송림 사이로 해안가 철책선이 보이고, 그 너머로 동해바다가 펼쳐진다. 지루하게 걸어온 소나무 숲길이 가물거리고, 탱크 저지 방호선을 지나서야 반암해수욕장이 나타난다. 이제 거진읍도 지척에서 손짓하고, 고성군 전통공예품 각자장 전시관 앞을 지난다. 수백 년을 자랑하는 송림 사이로 자전거길이 조성되고, 시원한 솔바람까지 가슴속을 파고든다.

거진 다 왔다. 종착점이 지척이라는 뜻이다. 몇 해 전, 모임에서 친구들과 대진으로 놀러 간 적이 있다. 전화기 속에서 딸아이의 상냥한 목소리가 들려온다. "아빠! 어디세요. 거진 다 왔다. 한 시간 후, 아빠 왜 안 오세요? 지금 대진에 와 있는데. 아까 통화할 때 집에 거진 다 왔다고 하지 않으셨어요?"

"하하하 집에 다 온 것이 아니고, 거진읍을 지나고 있다는 대답이었어."

지금도 잊혀지지 않는 일화였다. 정말로 거진읍에 도착한 것이다. 거진 랜드마크 공원에는 사람보다도 커다란 고기를 잡아 올린 어부의 행복한 모습이 순백색의 대리석으로 조각되어 있고, 정자와 벤치까지 갖추어 거진을 찾는 길손들에게 휴식 공간을 제공하고 있다.

읍내에서 가장 먼저 반겨 주는 곳이 활기 넘치는 어판장이다. 갓 잡아 올린 싱싱한 생선들이 좌판에 그득하고, 관광객의 눈치를 보아가며 호객 행위가 한창이다. 거진등대 입구에 도착하며 해파랑길의 대미를 장식한다. 기쁘고 행복한 순간이다.

• 천하 절경 화진포

시작이 있으면 끝이 있다고 했던가. 그래서 유종의 미가 존재하게 된다. 2013년 1월 7일 30여 명의 동지들이 부산 오륙도를 출발하여 1년 7개월 만에 강원도 고성군 통일전망대에서 '해파랑길' 770km의 대장정을 마무리하는 감회는 경험한 사람만이 느낄 수 있는 전유물이 아닌가 싶다.

진부령을 넘어온 버스가 고성군청을 지나 거진읍에 도착한 시각이 10시 30분이다. 날씨까지도 우리의 장도를 축원하는지, 수평선 너머 수십km까지도 선명하게 보인다. 해맞이공원이 시작되는 나무계단을 올라 소나무 숲 속으로 파고든다.

작열하는 태양 아래 바람마저 잠들고, 솔밭 속에서도 땀이 줄줄 흘러내린다. 마른장마 덕분에 산천초목도 물이 그리워 애간장이 타들어가는 계절이다. 그림 같은 거진항이 내려다보이는 언덕에 올라서면 해맞이공원이 펼쳐진다. 거진이 자랑하는 등대를 비롯하여 진주조개와 명태 조형탑까지 수평선이 내려다보이는 산등성이에 갖가지 조형물들이 자리 잡고 있다.

거진항은 1930년대만 해도 120호의 작은 어촌이었다. 6·25전쟁으로 피난민들이 모여들면서 도시를 형성하게 되었고, 1973년 읍으로 승격될 당시에는 2만 5천여 명의 주민들이 겨울에는 명태, 여름에는 오징어, 가을에는 멸치잡이로 성시를 이루었다. 하지만 성시를 이루던 명태 어장이 베링해협으로 이동하면서 거진의 명성도 사라지고 금강산 사건 이후로 활기를 잃고 말았다.

거진이란 도시는 명태와 운명을 함께 했다고 해도 과언이 아니다. 그물망이 터지도록 명태를 잡아 올릴 때는 개들도 돈을 물고 다닐 만큼 신바람 나는 도시였지만, 자취를 감춘 명태와 함께 선창가에는 찬바람만 불어온다. 검푸른 바다 밑에서 줄지어 노닐다가 대구리가 커지면 어느 어부의 그물망에 걸려 황태덕장에서 모진 바람 맞아가며 노란 황태로 탄생하는 황금 어종이 아니던가.

거진해맞이봉 정상에 있는 팔각정에 올라서면 동해의 검푸른 물결이 출렁인다. 오징어잡이로 밤을 새운 어선들이 흰 꼬리 포말을 일으키며 항구로 돌아오는 모습은, 혼잡한 세상을 등지고 살아가는 평화로운 어촌의 정경이 그대로 살아난다. 어부들의 소박한 꿈은 명태가 다시 돌아오는 그날이란다.

울창한 소나무와 해안 절벽이 관동팔경 중에서도 가장 아름다운 산림욕장이다. 해서 거진에서는 화진포의성(김일성 별장)까지 4.8km를 화진포산소길로 명명하고, 오밀조밀하게 산책로를 조성하여 남녀노소 누구나 마음만 먹으면 쉽게 오를 수가 있다. 드디어 환성이 터지는 응봉. 122m의 낮은 정상이지만, 이곳에서 바라보는 화진포는 말로 표현할 수 없는 선경이다.

강릉의 경포호, 속초의 송지호와 함께 관동팔경이 자랑하는 호수 중에서도 가장 돋보이는 곳이 화진포다. 화진포는 원래 바다였으나, 오랜 세월이 지나는 동안 모래톱으로 바닷길이 막혀 호수가 되었다고 한다. 호숫가에 해당화가 만개하여 화진포라 부르며 둘레가 16km에 이르는 동해안 최대의 자연 호수다.

울창한 금강소나무 숲길을 빠져나오면 김일성 별장을 만난다. 일제 강점기인 1937년 유럽에서 온 선교사들의 별장이었다. 독일의 건축전문가 베버가 심혈을 기울여 해안가 절벽 위에 원통형으로 지은 중세 유럽의 성을 닮은 아담한 2층 건물이다. 해방 이후 화진포의 비경을 찾은 김일성이 이곳에 머무르면서 김일성 별장이라는 명칭을 얻었다.

화진포에는 이승만 별장과 이기붕 별장도 있다. 6·25전쟁 중에 우리 국군이 진격하여 점령하면서 우리의 관할로 들어오고, 휴전이 되면서 이승만 대통령과 이기붕 부통령이 이곳을 찾으면서 별호를 갖게 되었다. 무소불위의 권력도, 3·15부정선거로 대통령은 하와이로 망명길에 오르고, 이기붕은 둘째아들 이강석의 총탄으로 비극의 종말을 맞았다.

통일안보 공원까지 7km를 더 가야 49구간이 마무리되지만, 33도의 폭염 속에서 강행군하는 것이 무리라는 판단에 따라 자동차로 이동하기로 하였다. 다행히 2006년 거봉회에서 1박 2일로 다녀간 적이 있어, 추억을 되살리며 금강산 콘도까지 여정을 더듬어 본다.

화진포 호수와 해수욕장은 금강송을 사이에 두고 사이좋게 공존하고 있다. 겨울이면 넓은 갈대밭 위로 천연기념물 제201호인 고니와 청둥오리들이 찾아들고, 한여름이면 더위를 피해 찾아온 피서객들로 만원을 이루는 해수욕장. 금강송 그늘 아래 고운 모래가 끝없이 펼쳐지는 해수욕장이 낭만과 추억을 부른다.

화진포 앞바다에는 금구도라는 작은 섬이 있다. 광개토대왕의 능이 있다는 전설과 함께, 이 마을에 이화진이라는 사람이 살고 있었는데, 성질이 어찌나 고약한지 금강산 건봉사에서 시주를 위해 찾아온 승려에게 시주는커녕 바랑에 똥바가지를 퍼주자 스님이 "복 많이 받으십시오." 하고 돌아간 뒤 구두쇠의 집과 전답이 물속에 잠겨 화진포가 되었다고 한다.

초도해변을 지나면 그림 같은 대진항과 산등성이에 우뚝 솟은 대진등대가 인상적이다. 고성군 현내면 주민센터가 있는 대진항은 동해안 최북단에 위치한 어항이다. 파도소리횟집에 숙소를 정한 우리는 바다 낚싯배에 올라 동해의 푸른 바다 위에서 바로 잡아 올린 싱싱한 광어회로 소주잔을 기울이던 추억이 엊그제만 같다.

대진항의 상징인 대진등대는 어로한계선을 표시하는 도등의 역할을 위해 1973년 1월 불빛을 밝히기 시작했으나, 1991년 어로한계선을 북쪽으로 5.5km 상향 조정하면서 1993년 4월 1일 일반 등대로 전환하였다고 한다. 대진등대는 등탑이 팔각형 콘크리트로 축조되었고, 37km 떨어진 해상에서도 식별이 가능하다는 설명이다.

대진등대에서 금강산 콘도까지는 청정 지역의 깨끗한 해변이 펼쳐진다. 쪽빛 바다의 푸른 파도가 넘실거리는 마차진해변은 여름 한철 피서객들을 위해 개방한다. 민간인들이 갈 수 있는 최북단의 금강산 콘도. 망향의 그리움에 눈물짓는 실향민들이 북쪽 하늘을 바라보며 통일을 염원하는 곳이기도 하다. 이곳부터는 자동차로 이동하는 구간이다.

• 통일전망대

화진포에서 관광버스로 10여 분 만에 도착한 곳이 통일전망대 출입국관리소 앞이다. 휴전선을 찾아간다는 생각만으로도 긴장감이 감돈다. 모든 회원들이 차 안에서 대기하고 있는 동안 우리를 대표하여 이익수 대장이 신고서를 작성한다. 차종과 차량번호, 동승자 신분 관계 등을 기입한 다음 안보 교육을 받은 후, 자동차로 통일전망대까지 이동하게 된다.

잠시 후 민통선에서 가장 가까운 명파리를 지난다. 고향을 이북에 두고 온 실향민들이 통일을 염원하며 살아가는 곳. 고향의 맛 아바이 순대로 유명한 명파리에도 긴장의 순간이 있었다. 지난 6월 21일 동부전선 GOP에서 발생한 총기 난사 사건으로 명파리를 비롯하여 인근 마을 주민들이 대피하는 소동이 벌어졌다.

동료에게 소총을 난사하고 무장한 채 도주한 임모 병장이 수색조들과 교전을 벌이는 동안, 가슴 졸이던 순간을 떠올리면 불안감이 앞선다고 회상한다. 북한과 철책을 사이에 두고 살아가는 주민들에게는 항상 불안감을 안고 살아가지만, 금강산 사건으로 어려움을 겪고 있는데, 이번 사건으로 관광객들의 발길이 줄어들지 않을까 하는 우려의 소리가 높다고 한다.

제진검문소에서 헌병의 검문을 받은 뒤 7번 국도를 따라 통일전망대로 향한다. 이 길은 금강산 가는 길이다. 7년 전 오색단풍이 만개한 청명한 가을날. 휴전선 철책을 넘어 금강산을 찾아가던 날이 꿈만 같다. 현재는 가고 싶어도 가지 못하는 금강산이라 더욱 보고 싶다.

긴장의 끈을 놓을 수 없는 통일전망대에 도착한다. 가장 먼저 반겨주는 것이 해파랑길 50코스 안내판이다. 1년 반 동안 먼 길을 달려오면서, 예상치 못한 병마(만성기관지염)에 시달리며 완전 종주를 하지 못했지만, 종착점을 함께 밟았다는 사실 하나만으로도 가슴 벅찬 순간이다. 나머지 구간도 완주하겠다는 다짐과 함께, 뒷바라지에 헌신적인 아내에게 감사하는 의미에서 기념패를 만든다.

여보! 나머지 인생도 멋지게 살아봅시다. 나의 반쪽, 영원한 동반자.
통일전망대에서
2014년 7월 20일 남편 김완묵이 사랑하는 김선화에게

동해안 최북단에 위치한 고성 통일전망대는 강원도 고성군 현내면 명호리 해발 70여m의 낮은 언덕에 자리 잡고 있지만, 금강산을 정면으로 바라볼 수 있는 전망이 좋은 곳이다. 전망대 오르는 길목에서 가장 먼저 만나는 곳이 '고성 지역 전투 충혼탑'이다. 휴전을 앞두고 치열한 공방전을 벌였던 고성 지구. 한 치의 땅이라도 더 차지하겠다는 일념으로 화진포와 명파리까지 우리의 땅으로 수복한 순국선열들의 투혼에 머리를 숙인다.

전망대에 올라서면 비무장지대와 휴전선 너머로 그리운 금강산이 보인다. 발아래로 이어지는 7번 국도는 금강산까지 이어지고, 남북 철도가 완공되는 날, 유라시아까지 실크로드가 펼쳐지는 꿈을 꾸게 된다. 하지만 금강산까지 이어지는 해안의 모래해변에는 사람의 그림자가 보이지 않는다. 지구촌에 단 한 곳밖에 없는 분단의 현장에서 우리는 다짐한다. 다시는 이런 비극이 되풀이되지 않기를.

금강산을 배경으로 포토존이 설치돼 있다. 이번 해파랑길 원정대에서 어린 나이에도 끝까지 포기하지 않고 770km를 완주한 재석(초등학교 4학년)이와 다정한 포즈를 취한다. 가장 나이 많은 나와 재석이는 60년이라는 세월을 뛰어넘어 해파랑길을 함께 걸어왔으니 장하고 대견하다. 재석아! 너의 굳은 의지가 앞날에 큰 힘이 될 것이다. "파이팅!"

남과 북을 동시에 바라볼 수 있는 전망대에서 북녘 땅을 바라본다. 구선봉을 중심으로 해안가로 뻗어 내린 만물상과 해금강, 지척에서 바라보면서도 갈 수 없는 금단의 땅. 통일의 그날을 기원하며 아쉬운 발걸음을 돌린다.

화진포로 돌아와 3대에 걸쳐 가업을 이어 오는 전통 막국수집에서 술잔을 높이 들고, 해파랑길의 대미를 장식하는 자축연으로 모든 일정을 마감한다. 감사합니다. 이익수 대장님, 그리고 동지 여러분 건강하세요. 2014년 7월 20일.

제2부

평화누리길

1. 경기도
2. 강원도

1. 경기도

• 대명항과 문수산성

　우리는 반세기가 넘도록 분단의 장벽에 가로막혀 일촉즉발의 위기감 속에 냉전을 거듭하고 있다. 슬픈 현실을 외면할 수 없기에, 몸소 체험할 수 있는 휴전선 155마일을 이어 가는 평화누리길을 따라 2년 후에는 부산 오륙도에서 시작한 해파랑길과 강원도 고성에서 만난다는 계획을 세우고, 첫 번째 구간인 대명항으로 향한다.
　김포에서 강화로 건너가는 '초지대교' 직전에 있는 대명항은 김포반도에서 유일한 어항이다. 수도권과 가까운 곳이라 주말이면 해산물을 구입하려는 관광객들로 붐비는 곳이다. 의정부에서 5시 10분발 전철로 신길역에서 5호선으로 환승하여 송정역에서 3100번 좌석버스로 갈아타고 대명항에 도착한 시각이 7시 40분이다.
　꽃게 집산지로 유명한 어판장을 지나면 곧바로 함상공원이다.

2006년 퇴역한 상륙함 운봉호를 비롯하여, 해병대에서 사용하던 수륙양용 장갑차를 전시하여 안보 관광의 효과를 누리고 있다. 함상공원 옆에서 시작하는 평화누리길 출발점에는 이른 아침부터 김포시 관계 직원이 나와 평화누리길을 찾는 탐방객들을 격려하고 있다.

탐방로는 해안가 철조망을 따라간다. 평화누리길이 개통되기 전만 해도 일반인들의 출입이 통제되던 곳이라 긴장과 호기심이 발동한다. 초병들이 근무하면서 다니던 탐방로에 조성한 설치미술품들은 김포시청이 평화누리길에 쏟는 정성을 의미한다.

대명항에서 1.4km를 진행하면 덕포진에 도착한다. 덕포진은 서해안에서 서울로 가는 선박이 지나는 길목이다. 격동기인 고종 시절에는 프랑스 함대, 미국 함대와 전쟁을 벌인 곳이다. 사적 제292호로 지정된 덕포진은, 강화를 사이에 두고 흐르는 염하를 한눈에 내려다볼 수 있는 전망이 좋은 곳이다. 5개의 포대를 설치한 나포대는 초가지붕이고, 3개의 포대를 설치한 개포대는 지붕을 기와로 덮은 것이 특징이다.

잠시 후 덕포진 파수청 터에 도착한다. 파수청 터는 포대와 돈대의 중간 지점에 위치하여 포를 쏘는 불씨를 보관하고, 포대를 지휘하는 통제소였다고 한다. 해병대 초소가 있는 돈대에 올라서면 세차게 흐르는 염하의 물소리가 귓전을 울리고, 염하를 굽어보는 언덕에는 손돌 묘가 있다.

고려 고종 때인 1232년 몽고의 2차 침입에 대비하여 강화도로 천도를 하게 된다. 고종이 개경을 떠나 손돌이의 배를 타고 예성강 벽란도를 거쳐 강화도로 가고 있었는데, 대곶면 신안리와 강화도 광성진 사이의 해협은, 앞이 막힌 것처럼 좁고 물살이 세어 뱃길이 없는 곳으로 착각하기 쉬운 곳이다.

심기가 불편한 고종이 뱃사공에게 길을 바로잡도록 하명하지만, 조금만 더 가면 앞이 트이니 괘념치 말라고 하소연을 한다. 하지만 의심이 많은 고종은 뱃사공 손돌을 죽이고 만다. 뒤늦게 손돌의 말이 맞는 것을 알게 된 고종은 후회를 하며 장사를 후하게 지내 주고 사당까지 지어 주었다. 손돌이 죽은 자리를 손돌목이라 하고, 그가 죽은 10월 20일이 되면 심한 바람이 불어 손돌이바람이라 부른다.

그림 같은 부래도를 지나 좁은 협곡을 빠져나오면, 강화도가 저만치 멀어 보이고 급한 물살도 잔잔하게 흘러간다. 사람들이 접근하지 못하는 갯벌에는 갈대숲이 무성하여 아름다운 풍광이 펼쳐진다. 해안가 철조망을 자르던 느리길이 쇄암리로 넘어가는 고갯마루에서 모처럼 산길로 접어든다. 숨 가쁘게 산기슭을 돌아가면 해주 정씨 가족묘지를 우회하여 해안가로 내려선다.

⇦대명항 7.9km | 문수산성 8.7km⇨ 이정표를 바라보며 원머루 마을을 지나면, 휴일을 맞아 평화누리길을 답사하는 김포산악회 회원들과 만나 반가운 인사를 나눈다. 생각지도 않은 술대접을 받고 보니 기분도 좋아지고, 풍광 좋은 김포CC를 넘는다. 바닷가를 바라보는 산기슭에 자리 잡은 김포CC는 서울에서 가까운 거리여서 골퍼들의 사랑을 받는 곳이다.

골프장 정문에서 군하리 쪽으로 내려서는 진입로는 숲의 터널을 이루는 시원한 그늘 속이다. 골프장 입간판이 있는 곰바위에서 포내천 제방을 따라 내려가면 배수장이 나오고, 곧이어 강화대교 밑을 통과하여 문수산성 남문에 도착하며 제1코스를 마무리하게 된다.

사적 제139호로 지정된 문수산성(文殊山城)은 강화도로 건너가는 전략적 요충지여서, 정상에서 서쪽 산줄기를 따라 해안가로 연결되는 길이 2.4km가 넘는 성곽이다. 기록에 의하면 조선조 숙종 20년

(1694년)에 축조하고, 순조 때 대대적으로 중수하였다. 1866년 프랑스군과 격전(병인양요)을 치르며 파괴된 것을, 1995년 북문과 성곽 일부를 복원하였다.

병인양요(丙寅洋擾)라 함은 프랑스가 조선조 말인 1866년 흥선대원군이 천주교를 탄압하면서 프랑스인 신부 9명을 학살한 것을 빌미로 프랑스 함대가 강화도에 침범한 사건이다. 1866년 프랑스 함대의 로즈 제독은 600명의 병력을 이끌고 문수산성과 마주하고 있는 강화도 갑곶진(甲串鎭)을 공격하여 강화성을 점령한 후 그 여세를 몰아 문수산성을 공격하게 된다.

이에 대원군의 명을 받은 한성근(韓聖根)이 별파군 50명을 이끌고 산성에서 프랑스군과 치열하게 전투를 벌였으나 성을 점령한 프랑스군은 성 안에 있는 민가를 모두 불태우고 말았다. 병인양요 당시 강화도의 외규장각에는 전란에 대비하여 6,400여 도서를 보관하고 있었는데, 프랑스군이 사료적 가치가 높은 340여 권을 본국으로 보내고 나머지 도서는 외규장각과 함께 불태워 버렸다.

남문에서 바라보는 강화도는 염하를 사이에 두고 마주 보고 있다. 한강보다도 좁은 염하는 물살이 세고 굴곡이 심하여, 강화대교가 놓이기 전에는 함부로 건널 수 없는 전략적 요충지였다. 남문에서 시작하는 산줄기는 군부대가 자리 잡고 있어서 산성으로 오를 수가 없고, 성동사거리 음식점 옆으로 2구간 누리길이 시작된다.

솔밭 속으로 이어지는 등산로는 경사도 완만하고 시원한 그늘 속이라, 산책 나온 가족들이 즐겨 찾는 곳이다. 500m 정도를 올라서면 하늘이 트이며 문수산성이 보이기 시작한다. 산성 옆으로 이어지는 등산로는 강화도와 군하리 일대가 시원하게 조망된다. 문수사 쪽에서 올라오는 삼거리에는 팔각정도 있고, 힘겹게 올라온 등산객들이 다리 쉼을 하는 곳이라 정면으로 보이는 강화도가 그림처럼 펼쳐진다.

　이곳에서 잠시 휴식을 하고 다시 산길을 오른다. 정상이 가까워질수록 새로 복원한 성벽이 위엄을 갖추고 일정한 간격을 두고 군기가 걸려 있다. 홍예문에 도착하여 성벽을 따라가면 정상이고, 홍예문을 빠져나와 청룡회관 쪽으로 내려서면 누리길이다. 정상은 수년 전 한남정맥을 종주하며 올랐던 곳이다.

　너른 헬기장이 있는 정상에는 정상석과 삼각점이 있다. 376m의 정수리는 바다에서 곧바로 솟아오른 산이라 700~800m의 천마산보다도 높아 보인다. 정상에서 바라보는 조망은 김포평야를 시작으로 북한산과 영종도, 강화도와 휴전선 너머 송악산까지 시계 방향으로 돌아가며 한 폭의 그림처럼 펼쳐진다.

　홍예문을 빠져나와 나무 데크로 만든 계단을 내려서면 소나무 숲속으로 이어진다. 시원한 그늘 속에는 편하게 쉬어 갈 수 있는 쉼터가 있고, 팔각정까지 갖추고 있다. 갈림길에서 청룡회관 쪽을 버리고 왼쪽으로 산책로를 따라가면 용강로 103번길과 만나는 마을이다. 새싹에코빌리지 어린이집을 지나 조강리로 가는 길은 2차선 포장도로를 따른다.

　조강리는 한강과 임진강이 한데 어울려 서해바다로 내려가는 여울목을 조강(할애비강)이라 하였는데, 이 마을에서 북쪽으로 산등성이를 넘으면 철조망에 가로막힌 조강이 흐르고, 임진강과 한강을 아버지강, 남한강과 북한강을 손자의 강이라 하여 양수리 두물머리에서 만나 아버지와 할애비강을 따라 서해로 흐르고 있다.

　그림 같은 특화 마을을 빠져나오면 조강저수지와 만난다. 수년 전만 해도 군인들의 통제가 심하던 곳이었는데, 지금은 평화누리길이 열리고, 많은 사람들이 찾아오는 유원지로 변했다. 조강저수지를 지나면 널찍한 농경지가 펼쳐지고, 애기봉 자락에 터를 잡은 조강마을이 평화롭게 보인다.

애기봉 409번길을 따라 석원동에 도착하면, 동쪽으로 지세가 낮은 능선 사이로 수레길이 이어진다. 울창한 활엽수림이 하늘을 가리고, 시원한 그늘 속을 10여 분간 올라 고갯마루에서 동쪽 사면을 내려서면 애기봉을 찾아가는 평화공원로와 만난다. 이곳에서 평화누리길 2구간을 종료하고, 하성면에서 1시간마다 운행하는 마을버스를 이용하여 서울로 돌아올 수가 있다.

• 후평 철새 도래지

김포 1·2구간을 답사한 지 일주일 만에 3구간을 찾는다. 서울에서 근거리에 있는 곳이지만, 교통이 불편하여 찾아가는 데 애를 먹는다. 강화도나 김포 방면의 환승로인 송정역에서, 20분 간격으로 운행하는 2번 버스로 갈아타고 하성면 종점에서 내려 1시간마다 운행하는 마을버스로 애기봉 입구에서 3구간을 시작한다.

이곳에서 가까운 거리에 있는 애기봉은 북녘 땅이 가장 잘 보이는 산등성이에 전망대를 설치하고, 크리스마스 때는 북녘 동포들에게 복음을 전파하는 점등식으로 유명하다. 여러 번 다녀온 애기봉 가는 길은 애기봉전망대 출입신고소에서 신고를 한 다음 차량으로 이동을 해야 한다.

강 건너 북녘 땅 개풍군이 선명하게 보이는 애기봉. 155마일 휴전선에서 이북 땅이 가장 가까운 전망대(700야드)이다. 오두산성 앞에서 임진강과 한강이 합류하여 강 하구에 모래톱이 형성되어, 북쪽의 황소까지도 조강을 건너 남쪽으로 내려왔다고 한다. 수직 절벽 위에 조성된 전망대에 오르면 북녘 땅이 손에 잡힐 듯이 선명하게 보인다.

조선 선조 때 병자호란(丙子胡亂)이 일어나자 한양으로 피난을 떠난 평양감사가 강 건너 개풍군에서 오랑캐에 잡혀 북쪽으로 끌려가고, 애기(애첩)만 한강을 건너 이곳 조강리에 머물게 되었다. 능선에 올라 감사가 돌아오기를 기다리다 병이 들어 죽고 말았다는 애절한 이야기가 전해 온다.

1966년 이곳을 찾은 박정희 대통령이 우리 일천만 이산가족의 슬픔과 같다는 뜻에서 이 봉우리를 애기봉으로 명명하고, 친필 휘호를 내렸다고 한다.

3구간이 시작되는 가금리에서 금성초등학교까지는 4.8km가 된다. 오백년 된 느티나무가 있는 마을을 지나면 고려 달 문신 박신 선생이 심었다는 오백년 된 향나무가 있고, 우물 빨래터를 지나 대피소 옆에 있는 이정표를 따라 금성초등학교 방향으로 진행한다. 민통선 검문소와 소목장에서 오른쪽으로 돌면 어린이집이 보이고, 일우유기농산에서 왼쪽의 전봇대에 붙어 있는 표시를 따라 논길로 진행한다.

조용한 농촌 들녘에는 모들이 싱싱하게 자라고 있다. 삼사십 년 전만 해도 모내기를 하면 온 동네가 잔칫집처럼 떠들썩했는데, 지금은 위탁영농회사에서 첨단 장비로 순식간에 처리하므로, 언제 누구네 모를 심는지 알 수도 없고 농촌에 남아 있는 분들이 모두 70을 넘긴 고령들이라 기계의 힘을 빌리지 않고서는 감당할 수가 없는 시대가 되었다.

강 건너 북녘 땅을 바라보면, 마음이 서글퍼질 수밖에 없다. 한 서린 철조망을 걷어내고 마음대로 왕래할 수 있는 그날이 언제나 오려는지, 우리 모두의 소원이 바로 통일 아닌가. 철조망을 피해 금성초등학교 찾아가는 길이 미로처럼 복잡하기만 하다.

⇦마근포 1.3km | 금성초교 1.6km⇨ 이정표를 만난다. 북쪽으로 1km 거리에 있는 마근포는 강녕포구, 조강포구와 함께 한강 하구에 있던 포구였는데, 분단 이후 주민들을 이주시켜 포구의 모습이 사라지고 말았다. 마근포 일대를 마근개라 하여 부엉바위산에는 용왕님께 제사 지내던 당집이 있었고, 개풍군 임하면 정곳리를 왕래하던 나루였다고 한다.

개천 옆으로 흐드러지게 피어난 아카시아와 찔레꽃 향이 진동을 하고, 싱싱하게 자라는 고추밭을 지나 마을로 들어서면 작약과 장미, 금잔화가 담장 밑에서 한껏 꽃향기를 뿜어낸다. 누리길은 마을 뒤편 숲 속으로 이어진다. 모처럼 호젓한 오솔길을 걸어가며 고향의 향수에 젖어 본다. "보리밭 사잇길로 걸어가면 뉘이 부르는 소리 있어 나를 멈춘다."

삼거리 갈림길에서 오른쪽 숲길로 내려서면 곧바로 금성초등학교가 있는 마조리다. 그림 같은 전원주택과 마조리보건소를 지나 감자밭 옆으로 탐스럽게 피어난 개미취와 개망초의 향기 속으로 빠져든다. 잠시라도 짬을 내어 도심지를 빠져나오면 싱그러운 자연 속에서 새로운 활기를 찾을 수 있는데, 생각처럼 쉽지 않은 것이 현실이다.

연화사삼거리에 도착하면 북쪽으로 연화봉이 봉긋하게 얼굴을 내민다. 해발 75m에 불과한 연화봉은 1500년 전 영토 전쟁의 비화가 전해 오는 곳이다. 고구려가 백제를 침공하여 승리한 병사가 이 마을에 사는 백제 낭자와 사랑을 나누게 된다.

백제군이 반격하여 고구려 병사가 한수 이북으로 도망가면서 두 사람은 헤어지게 되고, 병사를 기다리던 낭자는 사랑하는 병사를 찾아 강을 건너다 빠져 죽은 뒤 그 자리에 한 송이 연꽃이 피어난 뒤로

두 사람이 사랑을 나누던 곳을 연화봉이라 불렀다고 한다.

후촌동 마을을 내려서면 후평리 철새 도래지가 펼쳐진다. 이곳은 한강과 임진강이 만나는 합류 지점이라, 철새들의 먹이가 풍부할 뿐만 아니라, 후평리 일대의 비옥한 농경지 40여hr이 철새들의 보금자리가 된다.

한강 하구의 둑을 모아 제방을 만들고 수백만 평의 농경지를 조성하여 전류리까지 7.2km에 이르는 벌판에, 겨울이면 찾아오는 철새들이 해 질 녘 구름 떼처럼 날아오르는 모습이야말로 자연이 우리에게 주는 소중한 선물이다. 하지만 지금은 철새들이 돌아간 뒤라 흔적을 찾을 길이 없고. 농사일로 분주한 트랙터 소리만 후평리 들판에 울려 퍼진다.

곧게 뻗은 농로를 사이에 두고 바둑판처럼 펼쳐지는 농경지는 김포평야를 살찌우고, 줄풀이 무성한 수로는 한가로운 낚시꾼들의 놀이터로 인기가 있는 곳이다. 햇볕을 피할 그늘 하나 없는 후평 들, 가도 가도 끝이 없는 지루한 길이다.

육중한 철조망으로 둘러싸인 석탄 배수펌프장을 지나면 한강을 사이에 두고 심학산이 정겹게 건너다보인다. 남쪽으로 봉성산이 가까워지며 패키지 마을도 지나고, 산촌 두부 마을이 있는 전류리 포구에 도착하며 김포 5구간도 끝이 난다.

제방 굴다리를 빠져나가 강가로 나가면 전류리 포구직판장이 있다. 이곳은 한강에서 유일하게 물고기를 잡을 수 있는 곳이다. 하구에서 많이 잡히는 숭어를 비롯하여 계절별로 황복, 농어, 장어, 참게, 새우가 잡힌다고 한다. 강 가운데는 숭어 잡는 배 5척이 일렬로 그물을 내리고 있는 모습이 한가롭다.

현재 시간이 오전 11시. 이곳에서 김포 구간을 끝내기에는 미련이 남는다. 해서 길이 연결되는 곳까지 진행하기로 한다. 봉성산을 돌아가는 2차선 도로는 사람이 다닐 수 있는 인도도 없고 신나게 질주하는 화물 트럭으로 위험한 구간이다. 조심스럽게 진행하다 보니 청룡공원이 나온다.

도로변에 조성한 공원은 꽃길도 있고, 쉬어 갈 수 있는 정자도 있어 한강 하구의 전경이 한눈에 들어오는 전망이 좋은 곳이다. 정자에 올라 준비해 온 도시락으로 점심을 해결하고, 봉성 배수펌프장에 도착하니 자전거 도로와 연결된다.

전류리 포구에서 봉성 배수펌프장까지 1km 구간의 위험성 때문에 평화누리길도 더 이상 진행하지 못한 것이다. 왼쪽으로 철조망이 있어 한강의 전경을 제대로 볼 수는 없지만, 봉성 제2배수펌프장을 지나 누산리에 도착하면 한강을 건너온 고압 철탑이 매우 높아 보인다. 줄잡아 150m는 되지 않을까 싶다. 일산 쪽의 철탑에서 무거운 전선을 연결하는 하중을 견디자면 고도의 기하학적인 수리 계산이 필요할 것으로 보인다.

용화사가 있는 운양삼거리에 도착한다. 이곳은 올림픽대로에서 연결된 김포 한강로가 끝나는 지점이다. 용화사가 있는 갓길을 찾아 한강 신도시 한라비발디아파트 앞으로 진행한다. 이곳이 김포시에서 추진하는 한라비발디신도시 지역이다. 하늘빛초등학교를 지나 감암포에 도착한다.

감암포는 삼국 시대부터 한강을 드나들던 대표적 포구로, 해방 전에는 고양시 이산포와 송포를 오가던 나루였다. 조선 시대 중봉 조헌 선생이 나라를 걱정하며 시름을 달래던 감바위는 김포8경이었다.

이곳에서 행주대교 방향으로 진행하는 것은, 무더운 날씨에 무리라는 판단에 따라 풀잎교-샘빌리지-한옥마을-사회체육시설이 있는 모담 마을-운양고 고가도로 밑을 통과하여 검은다리정류장에서 서울로 가는 2번 버스에 오르며 김포 3구간을 종료한다.

• 행주산성

고양시의 중심지는 화정역인 것 같다. 화정역 광장에 올라서면 고양시를 순회하는 버스들이 화정역을 거쳐 가고, 너른 광장에는 고양 600년을 기념하는 전시굴이 시선을 끌고 있다. 1413년 조선의 태종대왕께서 고봉과 덕양 두 지역을 합쳐서 고양이라 명하시니, 그때부터 고양이란 이름을 갖게 되고 올해로 어언 600년이 되었다는 것이다.

고봉이란 이름은 이 지역을 대표하는 고봉산이, 덕양은 덕양산(행주산성이 있는 산)이 있어 붙여진 이름이다. 공교롭게도 고양시에서 추진하는 평화누리길도 행주산성에서 시작한다. 교통의 사각지대인 행주산성은 화정역 롯데마트 정류장에서 마을버스 11번과 12번을 이용하여 10분 만에 주차장에 도착한다.

임진왜란 격전지였던 행주대첩은 고양 시민들의 자존심이요, 한양을 사수하는 관문으로 군사적으로 매우 중요한 요충지이다. 대첩문을 들어서면 권율 장군의 동상이 반겨 준다. 백척간두의 위기에서 조국을 구한 장군 앞에서 옷깃을 여미고, 정갈하게 조성된 산성 길을 오른다. 관광 가이드를 앞세운 일본 관광객들이 보인다. 독도를 자기네 땅이라고 우겨대는 저들이 임진왜란의 치욕을 어찌 생각하고 있을지 자못 궁금하다.

궁궐이나 사당, 서원, 향교에서 볼 수 있는 삼도(三道)는 가운데 신도(神道)를 중심으로 좌우에 참도(參道)를 두게 되는데, 신도는 사당에 모셔진 신(神)이 다니는 길이라 인간은 다니지 못하고, 우입(右入) 좌출(左出)의 법도를 따르게 된다. 장군을 모신 충장사(忠莊祠)도 삼도삼문(三道三門)의 구조로써 삼도(三道)를 따라 삼문(三門)을 지나면 세 개의 계단이 나오고 사당(祠堂)에 이른다.

충장사(忠莊祠)는 권율 장군의 영정(影幀)을 모신 사당(祠堂)이다. 원래는 행주나루 안마을에 행주(幸州) 기공사(紀功祠)가 있었으나 6·25전란으로 소실된 것을 1970년 행주산성 정화공사(淨化工事) 때 이곳으로 모셨다고 한다. 현판은 박정희 대통령의 휘호이고 사당 안의 영정은 장우성 화백의 그림이다. 대첩기념관에는 1593년 2월 12일(선조 26년) 행주산성 전투 당시 무기류와 권율 장군의 승전 모습을 담은 행주대첩도, 충남 금산의 이치대첩도, 수원 독산성의 세마대 전투도 등 전투 기록화가 전시되어 있다.

행주산성 승전의 4대 특징을 보면 첫째, 권율 장군과 휘하 장수의 완벽한 전략과 전술 둘째, 과학적으로 설계된 최신 무기의 사용 셋째, 강과 절벽으로 배수진이 형성된 자연적, 지리적 여건 넷째, 민, 관, 군, 승려, 부녀자 등이 혼연일체가 된, 목숨을 건 전투라는 것이다.

행주대첩은 임진왜란 당시인 1593년 2월 12일(양력 3월 14일) 전라도 순찰사 권율 장군이 지휘하는 2,300여 명의 조선군이 왜군 3만여 명을 물리친 자랑스러운 대첩을 말한다. 행주산성의 정상인 덕양산(124.9m)에는 행주대첩비가 있고, 전망 좋은 덕양정에 올라서면 아름다운 방화대교와 강 건너 강서구의 시가지가 시원하게 펼쳐진다.

난세(亂世)에 영웅(英雄)이 나온다는 말처럼 이순신의 한산도대첩, 김시민의 진주대첩과 함께 권율의 행주대첩은 임진왜란이 가져오는 변란 속에서도 청사에 길이 남을 3대첩으로 우리의 가슴속에 영원히 빛나고 있다.

평화누리길을 따라가는 양편으로 음식문화거리가 조성되어 있다. 이곳은 한강을 굽어보는 아름다운 경치와 교외로 나오는 시민들의 발길이 잦고, 한강에서 잡아 올린 물고기를 재료로 만들어 내는 매운탕집이 생겨나면서 먹거리 골목이 형성되었고, 지금은 장어구이와 횟집으로 명성을 얻고 있다.

권율 장군의 영정을 모신 행주서원을 지나면 행주나루터 표지판이 있는 행주대교에 도착한다. '아~ 그리운 행주나루'로 시작된 문구에는 그 옛날 한강에 다리가 없던 시절, 강 물살에 삐걱거리는 노를 저어 손님들을 실어 나르던 애환이 담겨 있던 곳이다. 배를 기다리며 한잔 술에 허기를 달래던 주막집도 생겨나고 사람들이 모여드는 저잣거리가 형성되는 것도 나루터의 정경이라 할 수 있다.

행주대교와 접속하는 램프는 자유로를 비롯하여 사방으로 뻗어나가는 분기점이라, 거미줄처럼 얽혀 있는 곳이다. 행주대교 끝을 통과하는 자전거 도로를 따라간다. 이곳 주민들이 아니면 찾아가기 어려운 교통의 사각지대에서 퍼즐 게임처럼 미로를 찾아 비닐하우스를 빙빙 돌아가야 하는 곳이다.

횡성 한우 불고기 간판이 있는 삼성 마을 사거리에 도착하며, 퍼즐 게임도 끝이 나고 답답하던 가슴에 숨통이 트인다. 서울 외곽순환도로 밑을 통과하여 '호스로'를 따라 진행하는 대로변의 가로수에는 매실과 복숭아, 살구 열매들이 탐스럽게 익어 간다.

섬말다리를 건너 벚나무 가로수가 터널을 이루는 농로로 내려선다. 지금까지는 비닐하우스 간지로 이어지던 주변 환경이 일산 신도시로 탈바꿈하는 곳이다. 오른쪽은 브라운스톤 오피스텔을 시작으로 빌딩 숲이 이어지고 왼쪽으로는 여전히 비닐하우스 촌이다. 호수공원까지 4.5km를 지나는 동안 농수로의 물길이 시원하게 흐르고, 한국예탁원

삼거리, 우편집중국사거리, 백신고교사거리를 차례로 지난다.

S-오일 신세계주유소에서 시작되는 호수공원은 삭막한 도심에서 숨통을 틔워 주는 청량제 역할을 하는 곳이다. 울창한 숲 속을 주도하는 나무는 메타세쿼이아다. 이름부터 생소한 이 나무는 중국 중부 지역이 원산지로 1940년까지만 해도 멸종된 것으로 알려진 수종(樹種)이다.

행주대교를 출발하여 2시간 30분 만에 호수공원에 도착한다. 고양시 장항동에 있는 일산 호수공원은 고양시 꽃박람회 장소로 더욱 유명한 곳이다. 전체 면적이 3십여만 평이 넘고, 호수 면적만 해도 십만 평에 이르는 일산이 자랑하는 재산 목록 1호라 할 수 있다.

울창한 숲 속에는 건강 다지기에 열중하는 시민들이 호수 주위를 돌고, 자전거도로와 인도를 분리하여 안전사고에도 만전을 기하고 있다. 선인장전시관 앞에서 고양 제1구간을 종료하고 명경지수와 같이 맑은 호숫가에 앉아 휴식을 한다.

• 일산 호수공원

호수공원에는 화장실 역사문화전시관이라는 새로운 명소가 등장했다. 서양에서는 요강을 집안에 두고 용변을 본 뒤, 창문을 통하여 길바닥에 버리는 습관이 있었다고 한다. 길 가던 행인이 오물을 뒤집어쓰는 일이 생기고, 여인들의 치마가 젖는 것을 방지하기 위해 신발 밑에 나무 조각을 대어 신발 굽을 높인 것이 지금의 하이힐로 바뀌었다는 주장이다.

동양에서도 요강이라는 도구를 사용하였지만, 농경지 문화가 발달되면서 유용한 퇴비로 사용한 점이 서양과는 다르다. 물이 풍부한 동남아 지역에서는 다리 위에서 용변을 보아 수세식으로 처리하고, 우리나라에서는 집안에서 강아지를 길러 어린아이들의 용변 처리용으로 사용했으며, 제주도에서는 변소 아래 돼지 우리를 만들어 그 유명한 똥돼지를 길러내기도 했다.

호수공원 끝자락에 있는 '노래하는 분수대' 광장에 도착한다. 광장 중앙에 설치한 분수대에서는 봄부터 가을까지 밤마다, 감미로운 음률에 맞추어 화려한 쇼가 펼쳐진다고 한다. 특히 열대야로 고통 받는 한여름 밤, 화려한 조명 속에 현란하게 춤을 추는 분수야말로 더위를 잊을 수 있는 최상의 선물이 아닌가 싶다.

노래하는 분수를 직접 보지는 못하고, 광장 주변의 조각전시물들을 돌아보며 구름다리 위로 올라선다. 항해하는 선박 모형을 형상화한 킨텍스는 10만 평의 부지 위에 제1, 2전시관을 설치하여 한국의 미래를 열어 갈 국제 전시 컨벤션센터이다. 일산 신도시가 경기북부 지역의 균형적인 발전을 위해 조성된 도시라면, 킨텍스는 일산 신도시를 발전시키는 원동력이라 할 수 있다.

메가박스와 홈플러스를 지나고 현대백화점을 돌아서 만나는 문촌 19단지 사거리에서 고양 실내체육관이 있는 삼거리까지 진행한다. 횡단보도를 건너 왼쪽으로 대화로를 따라가면, ⇦파주출판단지 7.1km | 호수공원 3.3km⇨ 이정표가 있는 대화농업체험공원 입구에 도착한다.

체험공원 광장에는 24절기와 그에 얽힌 이야기들이 적혀 있고, "마파람에 곡식이 혀를 빼물고 자란다. 가을 무 꽁지가 길면 겨울이 춥다. 말복 나락 크는 소리에 개가 짖는다." 농촌에서 전해 오는 구전들이 새로움을 일깨운다.

체험공원을 지나 중앙로와 만나는 사거리에서 왼쪽으로 갓길을 따라 500여m 진행하면 장월평천이 나오고 가화교를 건너 제방 길로 진행한다. 수로에는 줄풀들이 무성하고 수질이 비교적 깨끗한 편이다. 가좌천을 따라가는 중에 음송교, 가덕교를 지나고, 그늘 하나 없는 뙤약볕 아래서 송산동 가좌천 다리 앞까지 지루하게 걸어간 다음 ⇦파주출판단지 6km | 호수공원 4.4km⇨ 이정표를 만난다.

덕이2교를 건너 송산동으로 들어선다. 혀를 길게 빼물고 답사리 밑에서 낮잠을 자던 강아지 한 마리가 낯선 사람을 향해 짖어대면, 신바람 난 개들이 동네가 떠나가도록 요란법석을 떤다. 호수공원에서 5km 거리에 있는 선진 공영 차고지에 도착한다. 마을 뒤편으로 올라서는 공터에는 오토바이 면허장이 있고, 장일IC로 진입하는 동패지하차도 위를 통과하여 심학산 둘레길로 올라선다.

30도가 넘는 불볕더위 속에서 갖은 고생을 하다가 시원한 숲 속으로 들어서니 천국이 따로 없다. 평탄한 고도를 유지하는 둘레길은 울창한 숲 속을 관통하며 피톤치드의 세례를 받는다. 3년 전에 다녀간 심학산은 산책 코스가 정상까지 이어지고, 정자에 올라서면 한강을 사이에 두고 일산과 김포평야가 멋진 조망을 이룬다.

심학산 둘레길 4km를 완주하고 낙조전망대에 도착하면, 숲 속 터널에서 빠져나온 감회가 새롭다. 출판단지를 배경으로 유유히 흘러가는 한강의 여유로움과 그림 같은 김포평야가 운무 속에서도 뚜렷하게 부각된다. 정면으로 마주 보이는 곳이 하성면소재지와 태산이고, 약간 북쪽으로 보이는 곳이 연화봉과 애기봉 전망대. 지난번 다녀온 후평 철새 도래지가 한강 너머로 펼쳐진다.

경기도 파주시 교하읍 문발리에 건설한 출판단지는 48만 평의 대지에 국제 문화 정보를 교류하고 공연과 전시를 통해 일반 국민들이 쉽게 접근할 수 있는 문화 관광지로 개발하는 데 주안점을 두고 있다. 파주출판단지는 책과 관련된 다채로운 프로그램을 한곳에 모아 놓은 전문 공간이다. 자유로를 달려오던 차량들이 장월IC에서 358번 도로를 따라오던 출판단지와 만난다.

우리나라에서 처음으로 조성된 출판단지에는 300여 곳의 출판사가 입주하여 한국 출판의 메카로 부르고 있다. 출판사들이 갤러리와 북카페를 운영하고, 보물섬과 이가고서점(古書店)에서는 오래된 귀중한 책도 찾아낼 수 있다. 거리가 예술적 감각으로 꾸며져 외국의 어느 명소에 온 듯이 정감이 가는 곳이다.

• 파주 통일동산

출판도시 가는 길은 서울시청에서 2호선으로 갈아타고 합정역에서 200번 버스로 이동하는 것이 가장 빠른 방법이다. 이채사거리에 도착하니 7시 30분이다. 이른 시간이라 오가는 사람도 없이 고요한 정적만이 흐른다. "아이들이 행복한 도시 파주" 전국 고품질 쌀 품평회에서 대통령상을 받았다는 전광판을 바라보며, 이곳이 전형적인 농촌 도시라는 점을 실감하게 된다.

롯데프리미엄아울렛 파주점이 있는 심학교사거리에서 평화누리길은 횡단보도를 건너 직진 길을 따른다. 유수지 주의로 야생화가 꽃물결을 이룬다. 아침 이슬을 머금은 나팔꽃에서 동골나무꽃, 냉초, 개망초, 호박꽃까지 생물 도감이 따로 없다.

싱그러운 공기를 마시며 자유로 옆으로 이어지는 자전거길을 1.5km 진행하면 문발IC가 나온다. 문산 방향으로 다리 밑을 빠져나가면 연분홍 클로버 꽃이 무더기로 피어나고, 진홍색 엉겅퀴가 피어 있는 언덕 너머로 신촌야구장(헛스윙야구장)에서 아침부터 우렁찬 함성이 들려온다.

　출판도시의 명성에 어울리는 건물 하나가 시야에 들어온다. 4층 건물의 외벽을 도서관의 서고 모형으로 만든 아이디어가 참으로 인상적이다. 잠시 후, "위국헌신(爲國獻身) 군인본분(軍人本分)"이라는 백마부대의 표어가 가슴에 닿는다.

　백마부대는 내가 월남에서 16개월 동안 몸담았던 부대이다. 사선을 넘나들며 정글 속을 누비던 45년 전의 그 일을 어찌 잊을 수 있단 말인가. 이름만 들어도 가슴속의 뜨거운 피가 솟아오른다.

　자유로를 관통하여 강가로 연결되는 토끼굴에는 육중한 철조망이 가로막고 있다. 분단의 세월이 흘러가도 녹슨 철조망은 풀어질 줄 모르고, 더욱 견고하게 자리를 지키고 있다. 평화누리길이 모처럼 자유로 제방 위로 올라선다. 그동안 한강을 볼 수 없어 답답하던 가슴에 숨통이 트이지만, 육중한 철조망은 여전히 강기슭을 따라 이어지고 있다.

　문산 21km, 임진각 25km 이정표를 지나 신촌동 마을로 들어서면, 통일동산 6.7km 이정표가 반겨 준다. 동구 밖 길옆으로 빨갛게 익어 가는 오미자 열매와 제철 만난 앵두가 탐스럽게 열리고, 샛노란 호박꽃 사이로 벌, 나비가 날아든다. 농촌과 도시가 공존하는 송촌리. 양지바른 언덕을 배경으로 자리 잡은 전원마을이 한 폭의 그림처럼 아름답다.

　통일동산 3.5km 이정표가 있는 송촌동 언덕배기에는 노선버스가 다니는 2차선 포장도로와 연결된다. 수확을 앞둔 감자밭 이랑 사이로 긴 수염을 늘어뜨린 옥수수가 탐스럽게 영글어 가고, 시원한 그늘

속을 걸어가노라면 ⇦출판도시 5.6km | 성동사거리 4.4km⇨ 이정표가 평화누리길을 안내하고 있다.

강 하구에서 공릉천을 따라 송촌교까지 우회하게 된다. 공릉천을 거슬러 올라가면, 해발 102m의 벼랑으로 이루어진 장명산을 만난다. 지도에도 명시되지 않은 작은 언덕에 불과하지만 등산 애호가들에게는 아주 중요한 산이다. 철원의 수피령에서 시작한 한북정맥이 도봉산과 상장봉, 노고산을 지나 현달산(138m), 고봉산(206m)으로 이어지는 한북정맥(170여km)의 종착점이기 때문이다.

송촌교를 건너 자유로 쪽으로 100여m 진행하다 북쪽 갈현리 쪽으로 농로를 따른다. 드넓은 평야에는 웃자란 벼들이 초록색 물결을 이루고, 파주 프리미엄아울렛 앞에서 또다시 자유로 쪽으로 방향을 선회한다. 문산 16km 임진각 20km 이정표가 있는 자유로와 합류하면, 왼쪽으로 오두산전망대가 보이기 시작한다. 장준하공원을 지나 축구 국가대표 트레이닝센터와 만난다.

파주NFC는 국가대표팀과 각급 연령별 대표팀을 위한 트레이닝 센터이다. 대표팀의 체계적인 관리와 과학적인 훈련 프로그램 도입을 위해 건립된 파주NFC는 지난 2001년에 완공하여 천연 잔디 구장 6면, 인조 구장 1면을 비롯한 숙박시설 등 숙식과 교육, 훈련을 위한 모든 시설을 갖추고 있다.

전 세계 230여 개국에서 8회 연속으로 월드컵 본선에 진출한 나라는 브라질, 독일, 이탈리아, 아르헨티나, 스페인 그리고 우리 한국뿐이라고 한다. 우리는 2002년 한일월드컵에서 4강의 신화를 이루고, 2010년 남아공월드컵에서 16강에 오른 성적을 갖고 있다.

또한 88년 서울올림픽 이래 7회 연속 출전하여 2004년 아테네올림픽에서는 8강에 진출하고, 2012년 런던올림픽에서는 동메달이라는 큰 선물을 우리 국민에게 안겨 주었다. '체력은 국력' 이라는 말이 실감나게 첨단 시설을 갖추고 과학적으로 체계 있게 훈련을 하면서 얻어진 결실이다.

오두산통일전망대 입구를 지난다. 깎아지른 벼랑으로 이루어진 119m의 오두산전망대에 올라서면 한강을 사이에 두고 김포반도가 손에 닿을 듯이 바라보인다. 강원도 대덕산 기슭의 검룡소에서 발원한 한강이 천삼백 리를 돌아 이곳에 이르고, 함경남도 용포리에서 발원하여 강원도와 경기도를 지나온 임진강이 탄현면 성동리에서 합류한다.

두 물이 합류하여 서쪽으로 흘러가는 머머리섬까지를 조강이라 부르고, 강화해협을 지나 서해로 빠져나간다. 한반도의 중심부를 흐르는 두 강은, 우리 민족의 무한한 잠재력을 키워 내는 원천이다. 휴전선이 가로놓여 많은 제약을 받고 있지만, 언젠가는 남북이 하나 되어 아름다운 꽃을 피워 내리라.

성동사거리에서 동쪽으로 보이는 낮은 언덕에는 통일 시대를 대비하여 망향의 촌, 민속마을, 통일전망대, 안보교육장, 예술인마을, 영어마을, 호텔 부지 등으로 기본 설계를 구상하여 1990년부터 통일동산을 조성 중에 있다.

다양한 장르의 문화예술인들이 담론과 창작 활동을 위해 조성한 곳이 헤이리예술마을이다. 회원들의 순수한 정신과 이념이 접목되어 문화예술콘텐츠의 생산과 새로운 메카를 지향하는 뜻에서, 15만 평의 부지에 380여 명의 예술인들이 작업실, 미술관, 박물관, 갤러리, 공연장 등 문화예술 공간을 확보하고 있다.

영어마을은 동북아 경제의 중심축인 허브를 지향하고 있는 경기도에서 외국에 나가지 않고서도 현지와 같은 시설에서 보다 쉽고 효과적으로 영어를 체험할 수 있도록 놀이, 체험, 교육을 접목한 대한민국 영어마을의 선도적 기능을 담당하고 있는 곳이다. 오두산통일전망대, 장준하공원, 파주NFC 등 모든 시설이 순조롭게 조성된다면 통일 조국의 메카로서 기능을 담당하게 되지 않을까 기대를 해본다.

제2구간이 시작되는 성동사거리에서 문수사 쪽으로 산마루를 넘어가면, 성동리 마을길 주변으로 음식점과 프로방스 카페촌을 지나게 된다. 그중에는 명품 임진강 장어집을 비롯하여 파주맛고을에 붉은색 2층 버스카페도 있다. 동구 밖을 나서면 참소루쟁이오 연분홍메꽃, 층층이꽃이 탐스럽게 꽃잎을 열고, 자유로 제방을 따라 농로가 이어진다.

평화누리길을 열어 가는 주최 측에서 세운 대동쉼터 정자에 올라 휴식을 하는 중에, 관리인 강윤원 씨와 인사를 나누게 된다. 전답(田畓)의 한 모퉁이를 제공하여 쉼터를 설치하고 지나는 길손들이 쉬어 가는 휴식 공간으로 활용하고 있다는 설명이다. 또한 쉼터 옆으로 자유로를 통과하는 토끼굴을 빠져나가면 그 유명한 장군 낚시터가 있다고 한다.

한강과 임진강이 합류하는 두물머리에 서해 바닷물이 올라오면서, 많은 물고기들이 서식하고 있어 장군들이 이곳을 찾아 낚시를 즐기는 곳이라고 한다. 강윤월 씨와 30여 분간 환담을 나눈 뒤 다시 출발한다. 대동리를 지나 만우리에서 북쪽으로 달려오던 자유로가 동북쪽으로 방향을 틀고, 만우천과 오금리를 지나 다시 자유로 제방 위로 올라선다.

도로와 인접한 임진강 너머로 보이는 산과 들이 이북 땅이라는 현실을 확인하면서, 서울이 휴전선과 얼마나 가까이 있는지 새삼 깨닫게 된다. 아쿠아랜드를 지나 자유로를 버리고 숲 속으로 들어선다.

버려진 묵밭에는 흐드러진 개망초가 꽃동산을 이루고, 삼성초등학교를 지나 대성기공 삼거리에서 왼쪽 숲길을 따른다.

낙하리에 도착하면 라파벨리승마장이 있고, 누리길은 승마장에서 오른쪽 계곡으로 올라서야 한다. 퀴퀴한 인분 냄새를 뒤로하고 야산으로 오르면 모처럼 호젓한 오솔길이 열린다. 시원한 그늘에 앉아 도시락으로 점심을 먹고, 막걸리 한 잔으로 입가심까지 하고 보니 전국 산천을 찾아 나선 풍운아의 행색으로는 호사스럽기 그지없다.

내 마음을 알지 못하는 사람들은 길동무도 없이 혼자서 무슨 초칠 맛이냐며 조롱 아닌 비아냥을 하지만, 내 행색이 어때서, 나는 결코 혼자가 아니다. 길을 나서면 마을이 있고, 산이 있고, 강이 있고, 산천초목(山川草木)이 모두 나의 길동무인데 무엇이 외롭단 말인가. 그래서 나는 자유인이다. 때문에 너무너무 행복한 순간들이다.

파주시 환경관리센터 소각장 굴뚝이 반겨 준다. 고갯마루엔 ⇦반구정 8.3km | 성동사거리 12.7km⇨ 이정표가 말없이 손짓하고 다시 숲 속으로 들어서면, 벼랑 밑으로 스포츠센터 잔디 구장이 그림처럼 펼쳐진다. 시원한 산소 세례를 받으며 걸어가는 발걸음에 사각사각 낙엽 밟히는 소리가 마냥 정겹기만 하다.

"길섶에 피어나는 한 송이 나리꽃/ 여섯 장 꽃잎을 활짝 열고/ 도도한 자태에도/ 남에게 숨기고 싶은 죽은 깨 때문인가/ 부끄러움에 고개 숙인 아름다운 너/ 자궁을 둘러싼 꽃술이 더 없이 정갈하구나." 잡초 속에서도 돋보이는 나리꽃을 바라보며 아름다운 시상이 내 마음을 더욱 풍요롭게 장식한다. 오리와 토종닭을 전문으로 하는 내포리 농원 간판을 지나 자유로와 다시 만난다.

문산천 제방을 휘돌아 가면 임월교에 도착한다. 자유로가 개통되기 전에는 서울로 나가는 관문이었던 임월교 주위로 육중한 철조망이 구축되어 있다. 평범해 보이는 임월교가 간첩이 침투한 루트였다니 믿어지지를 않는다. 바로 이런 약점을 노린 것인지도 모른다.

1983년 6월 19일 새벽 3시경, 임월교 위에서 초초를 서던 초병(김희식 이병)은 다리 아래에서 간헐적으로 들리는 이상한 소리에 신경을 곤두세운다. 김 이병이 감시를 하고 장 병장은 초소에 보고하여 소대장과 선임하사가 도착하면서 간첩 소탕작전이 시작된다. 소대장의 지시에 따라 두 장병이 수류탄을 던지고, 2000여 발이 넘는 집중사격을 가하여 무장간첩 전원을 사살하는 전과를 올리게 된다.

간첩을 최초로 발견한 김 이병과 장 하사는 헬기로 귀향하는 특전을 누렸다는 미담이 전해 오고 있는 곳이다. 다리를 건너 왼쪽으로 주유소를 지나 당동IC를 통과하면 반구정이다. 30도의 열기 속에서도 30여km의 행군을 할 수 있다는 내 자신이 대견스럽다. 택시로 문산역에 도착하여 서울역까지 무사히 안착한다.

• 임진나루

3구간을 시작하는 반구정은 조선 세종 때 유명한 황희(1363년~1452년) 정승이 관직에서 물러나 갈매기를 벗 삼아 여생을 보내던 곳이다. 임진강 기슭에 세운 낙하진과 가깝게 있어 원래는 낙하정이라 불렀다. 한국전쟁 때 소실된 것을 1967년 다시 지은 건물이다. 이른 시간이라 경내를 둘러보지 못하고 2년 전 청우회원들과 답사한 사진으로 대신하고 임진강역으로 향한다.

자유로 옆으로 이어지는 누리길은 사목2교 삼거리에서 오른쪽 농로를 따른다. 잠시 후 경의선이 지나는 임진강역을 찾아간다. 임진강역은 문산역에서 표를 사서 북으로 가는 두 번째 역이다. 이곳에서 평화누리공원을 둘러볼 수가 있고, 도라산역으로 가는 열차를 탑승하기 위해서는 출입신고를 해야 한다.

도라산역은 2002년 김대중 대통령과 미국 부시 대통령이 함께 방문하여 북에 평화 메시지를 보낸 곳으로 유명하다. 임진강을 건너면, 남북이 손을 맞잡고 있는 모습을 형상화한 역사 건물이 화려하게 보인다. 도라산역은 남쪽의 마지막 역이 아니라 북쪽으로 가는 첫 번째 역이라는 말이 실감나게, 서울에서 모스크바까지 이어지는 유라시아 철도가 실현되기를 기대해 본다.

평화누리공원은 일천만 이산가족의 꿈이 서린 망배단을 중심으로 각종 기록물들이 전시되어 있고, 6·25전쟁 이후 운행을 중단한 녹슨 기차를 바라보며 조국 분단의 아픈 가슴을 실감하게 된다. "철마는 달리고 싶다"는 표현대로 통일의 열망이 담긴 메시지가 철조망에 오색아치를 만들고, 전망대에서 바라보는 평화누리공원의 전경이 아름답게 조망된다.

임진각역에서 철도 건널목이 있는 지점으로 돌아와, 통일로와 연결되는 농로를 따라 마정리로 들어선다. 가장 먼저 반겨 주는 구조물이 탱크 저지 방호벽이다. 전방의 간선도로마다 설치된 시설물은 적의 탱크를 저지하는 효과가 있다고 하지만, 미사일이 날아다니는 공중전에서 큰 효과를 얻기에는 미지수로 보인다.

마정초등학교를 지나서 들녘으로 나오면, 탐스럽게 영글어 가는 참깨와 도라지꽃이 화려하게 펼쳐지고, 무성하게 자라는 벼논에서 풍년을 기약하는 농부들의 일손이 평화롭게 보인다. ⇐율곡리 5.6km | 반구정 5.2km⇒ 이정표가 있는 장산리에서 '초평도' 진행 표시가 보인다.

초평도 습지는 60여 년간 민간인 출입을 통제하여 생태계의 보고로 알려진 곳이다 초평도를 가장 잘 볼 수 있는 곳이 장산전망대이다. 초평도 입구에서 충의토를 따라 1km 남짓 걸어가면 전망대에 도착한다. 평화누리 길이 열리면서 새로 태어난 장산전망대는 앞으로 임진강이 흐르고 그 뒤로 쿵넓 땅이 선명하게 바라보인다. 태극 모양을 그리며 흐르는 임진강물 위에 떠 있는 초평도가 그림처럼 아름답다.

인간이 접근할 수 없는 사각지대에서 고라니, 두루미 등 희귀 동식물들이 천국을 이루고, 생태적 보존 가치가 높다는 평가를 받아 평화생태공원 후보지로 지정했다는 소식이다. 비포장 비알길을 내려서면 그 옛날 임진나루가 있던 자리에 오토캠핑장이 있고, 한양에서 평양으로 가는 가장 빠른 길목이었다.

또한 임진나루는 운천리 사람들의 한이 서려 있는 곳이다. 얼어붙은 임진강을 건너 동파리 쪽 강가의 울창한 갈대밭에서 땔감을 구하기 위해 갈대를 베어 왔다. 겨울 땔감을 마련하려는 이들의 궁여지책은 감시가 소홀한 야음을 틈타 위험한 군사 지대를 넘나드는 일이었다.

1962년 1월 5일. 임진강에 수십 발 총성이 울려 퍼진다. 이 사건으로 2명의 주민이 희생되고, 한미행정협정을 체결하는데 결정적인 계기가 됐다. 40여 년이 흐른 지금 동파리 강변의 갈대숲을 비어 오는 일은 없어졌지만, 강 건너 펄밭에 농경지를 개발하여 파주 장단콩의 명성을 이어 가고 있다.

그 옛날 번창했던 임진나루를 회상이라도 하려는 듯이, 임진강이 내려다보이는 언덕에는 먹거리촌이 형성되고, 그 유명한 화석정에 도착한다. 파주시 파평면 율곡리 임진강 남쪽의 깎아지른 절벽 위로 날렵하게 올라앉은 아담한 정자가 유형문화재 61호로 지정되어 있는 화석정(花石亭)이다.

1443년(세종 25년) 율곡 이이(李珥)의 5대 조부인 강평공 이명신이 세운 것을 1478년(성종 9년) 율곡의 증조부 이의석이 보수하고 몽암(夢庵) 이숙함이 화석정이라는 이름을 지었다고 한다. 그 후 율곡(栗谷) 이이 선생이 다시 중수하여 여가가 날 때마다 이곳을 찾았고, 관직을 물러난 후에도 제자들과 함께 여생을 보낸 곳이다.

화석정은 임진강을 한눈에 내려다볼 수 있는 전망이 좋은 곳이다. 율곡은 일본의 침략에 대비하여 십만 양병을 주장하지만, 반대파에 의해 받아들여지지 않자 낙향하여 화석정(花石亭)에서 소일하며 기름 걸레로 기둥과 바닥을 닦도록 하였다고 한다.

임진년(壬辰年) 4월 그믐날, 퍼붓는 비를 맞으며 선조의 몽진(蒙塵) 행렬이 임진강에 도달한다. 비바람 때문에 등불을 밝힐 수 없게 되자, 도승지 이항복(李恒福)이 율곡의 유언을 떠올리며 화석정에 불을 놓는다. 관솔에 기름을 먹여 두었기 때문에 억수 같은 빗속에서도 훨훨 타올라 선조 일행이 무사히 강을 건널 수 있었다고 한다.

파주시 법원읍에는 율곡 이이의 학문과 덕행을 기리기 위하여 세운 자운서원이 있다. 경기도기념물 제45호로 지정된 자운서원은 1713년(숙종 39년) 김장생(金長生)과 박세채(朴世采)를 추가로 배향하여 선현 배향과 지방 교육을 담당하다가 흥선대원군의 서원 철폐령으로 훼철된 것을, 1969년 지방 유림의 기금과 국비 보조로 복원하였다.

율곡2리 소공원에는 율곡 이이 선생의 사상이 담겨 있는 서책 조형물과 인자한 율곡 할아버지와 손잡고 있는 어린이 포토존이 설치돼 있다. 자유로 밑을 지나 임진강 쪽으로 나오면 '매운탕 강변집' 옆으로 평화누리길 3, 4구간 안내판이 있고, 파평면에서 조성한 율곡습지공원이 펼쳐진다.

　봄에는 유채와 양귀비를 심어 손모내기와 맨손으로 물고기를 잡고, 여름에는 감자 캐기 체험 행사를, 가을에는 코스모스 꽃밭에서 음악회를 연주하여 주민들의 마음을 순화시킬 수 있는 공원으로 조성하였다. 소공원을 벗어나 율곡로를 따라 진행한다.

　소공원까지 따라오던 철조망도 슬그머니 우리 곁에서 멀어지고, 두포리 교차로에서 전진교를 만난다. 파주시 두포리와 장단군 하포리를 연결하는 전진교는 임진강 하구에서 통일대교에 이어 두 번째 놓여 있는 다리이다. 이곳은 민간인들이 건널 수 없는 민통선 지역이라 지역 주민들이 강 건너 장단 땅에 영농을 위해 출입을 하고 있다.

　두포천을 건너 마을길로 접어들면 두포3리 노인정이 나오고, 마을을 벗어나 청송로를 따라가면 단양 우씨 망향제단이 있는 산길로 이어진다. 태양이 이글거리는 뙤약볕 아래서 그늘 속으로 들어서니 이제 숨을 쉴 만하다. 나무 그늘에 앉아 미지근하게 식은 물로 목을 축이고 산그늘 속으로 1km 남짓 진행하면 파평면 보건소와 면사무소 앞으로 내려선다.

　삼복더위에 길을 나서는 것이 몸에 부치는가. 황포 돛배 선착장까지 10여km가 남아 있는데 피로가 몰려오기 시작한다. 청송로를 달리는 92번 버스를 바라보며, 포기하고 싶은 생각이 간절하다. 저 버스만 타면 곧바로 적성에 도착할 것이고, 의정부 가는 25번 버스에 앉아 편하게 집으로 돌아갈 수 있다는 생각이 머리를 짓누른다.

　하지만 어려운 고비를 넘기는 것도 극기 훈련이라 생각하며, 평화누리길이 92번 버스노선 옆으로 가는지라, 힘이 다하는 데까지 가보자는 생각으로 마음을 가다듬는다. 면사무소를 지나 장파리 방향으로 진행하여 눌노천을 만난다.

놀노천은 비학산 동쪽 기슭에서 발원하여 직천저수지에서 모인 물길이 파산서원을 휘돌아 금파리에서 임진강으로 흘러드는 하천이다. 놀노천 다리를 건너 장마루추진위원회에서 만든 놀노천 산책길을 따라가는 둔치에는 갈대와 쑥부쟁이에 멀쑥하게 키가 큰 개망초가 숲을 이룬다.

자유로 굴다리를 빠져나오면 그린색으로 포장한 자전거길이 펼쳐진다. 흙탕물로 변해 버린 임진강이 심하게 요동치며 흘러내리고, 버드나무와 미루나무가 폭염을 못 이겨 가지를 늘어뜨리는데, 청둥오리만이 강물 속에서 담방구질하며 즐거운 시간을 보내고 있다.

자전거 도로 쉼터 옆으로 임진강 적벽 안내문이 반겨 준다. 예로부터 신라, 백제, 고구려가 접경을 이루며 영토 분쟁이 심했던 곳이다. 임진강을 칠중하(七重河)라 하여, 경기도 연천군에는 고구려 칠중성(七重城)이 있었다고 전하며, 임진강을 중심으로 삼국이 첨예한 대립을 했던 곳이다.

282km를 흘러오는 임진강은 북한의 아호비령산맥에서 발원하여 강원도에서 고미탄천(114km)과 경기도에서는 평안천(81km)과 한탄강(130km)을 유입하여 오두산전망대 앞에서 한강과 합류하여 강화만으로 빠져나가는 한강의 제1지류이다.

지금이야 육중한 철책이 가로막아 사람의 왕래가 불가능하지만, 6·25전쟁 이전만 해도 고랑포까지 배가 다녔고, 작은 배는 안협까지 거슬러 올라갈 수 있는 중부 지역의 수상 교통의 요지였다고 한다. 용암이 흘러내리며 형성된 임진강 적벽은, 해 지는 저녁 무렵 노을이 강물에 반사돼 용암지대층이 붉은빛을 보이기 때문에 적벽(赤壁)이라 부른다.

평화누리길에서는 적벽이 보이지 않는다. 하지만 2년 전 가족 나들이 중에 황포 돛배를 타고 유람을 한 적이 있다. 뱃사공의 구수한 해설로 이어지는 40여 분간의 적벽유람(赤壁遊覽)은 두고두고 기억에 남는 추억이다. 멀리 임진강을 건너는 다리가 보인다.

장파리와 강 건너 진동리 간을 잇는 고량으로 리비사거리를 통해 연결된다. 이 다리도 민간인 통제 구역이라 큰 관심이 없지만, 장마루 먹거리촌 입간판이 시선을 가득 메우고 리비 중사 추모비 안내판이 서 있다. 율곡로(37번 국도) 지하통로를 빠져나와 장마루 촌으로 접어들어 마을길을 지나면 장파사거리에 도착한다.

이곳에서 횡단보도를 건너 자장로를 따르는 것은, 황포 돛배가 운행하는 적벽을 거슬러 오르는 구간이기 때문이다. 한가로운 마을길에서는 임진강도 보이지 않고 또한 적성으로 향하는 율곡로도 점점 멀어지고 있으니, 좋든 싫든 간에 황포 돛배 선착장이 있는 장남교까지 7.5km를 돌파해야 하는 결단이 필요한 구간이다.

인적도 없는 마을길은 웃자란 벼들이 초록 물결을 이루고, 인기척에도 놀라는 기색이 없는 백로와 뜸부기들이 먹이 찾기에 여념이 없다. 농로를 따라가면 갈림길이 나오고 오른쪽으로 리본이 걸려 있다.

지루한 장마 속에서도 결실을 앞둔 밤송이들이 탐스럽게 영글어 가고, 공동묘지를 지나 산길로 접어들면, 완만한 산등성이에 인삼밭이 펼쳐진다. 지금이야 영농기술이 발달하여 전국적으로 고르게 분포하고 있지만, 예전에는 개성, 금산, 풍기지방에서 나는 인삼이 가장 유명했다.

산골 마을에 날아갈 듯이 아름다운 기와집에 풀장까지 갖춘 전통문화체험관이 나타난다. 반가운 마음에 물을 얻어 마시려고 달려가니 문이 굳게 잠긴 채 인기척이 없다. 우물물을 바라보면서도 물 한 모금 마시지 못하고 지나치려니 갈증이 더욱 심해진다. 터덜터덜 목적지를 향해 걸어가는 중에, 숲 속을 흔드는 빗줄기 소리가 요란하다.

용광로와 같이 후덥지근한 열기 속에서 시원한 물세례를 받고 보니 생동감이 넘쳐난다. 물길을 찾아가는 동물들의 눈물겨운 사투 속에서도 우기를 맞아 새로운 생명들이 태어나는 대자연의 신비가 감동적인데, 지금이야말로 갈증을 풀어 주는 고마운 빗줄기다.

하지만 기쁨도 잠시, 폭우로 변한 빗줄기가 바짓가랑이를 적시고, 등산화 속으로 물이 들어오며 고행의 길이 시작된다. 땀에 젖은 옷이 빗물과 범벅이 되어 온몸을 휘어 감고, 계곡물이 불어나며 산길은 무성한 풀숲에 가려 흔적조차 사라지고 만다. 차 소리가 들려오는 방향으로 올라, 4차선 율곡로 옆으로 이어지는 농로를 따라가면 드디어 28km의 고된 행군도 끝이 난다.

우기철이라 찾아오는 손님도 없는 황포 돛배 선착장은, 유람선마저 임진강물이 무서워 산기슭으로 대피 중이다. 일명 두지나루로 부르는 이곳은 임진강물을 따라 70km를 거슬러 온 파주시 상류 지역이다. 6·25전쟁 이전까지는 각종 농산물을 실은 배들이 왕래하던 대형 나루였다.

연천의 고랑포구로 가던 배들이 승객과 생필품을 실어 나르고, 황포 돛배는 파주와 마포나루까지 소금, 새우젓, 인삼, 콩을 가득 싣고 한양을 오갔다고 한다. 적성면사무소가 있는 마지리까지는 2km가 남았다.

지나가는 차량에 구원의 손길을 내밀고 싶어도 물에 빠진 생쥐꼴로 차를 세울 염치가 없어, 가늘어진 빗줄기 속을 하염없이 걸어간다. 이 무슨 날벼락인가. 질주하는 차량들이 물세례를 퍼붓고 있으니, 이래저래 오늘의 평화누리길은 수난의 연속이다. 30km의 여정을 마무리하고 집으로 돌아오는 길은 두고두고 잊지 못할 추억이다.

• 숭의전

　무덥고 지루하던 여름도 지나고, 절기상으로 하얀 이슬이 내린다는 백로(白露)가 돌아왔다. 그래서인지 오늘 아침은 자욱한 안개로 주위를 분간하기조차 어려운 을씨년스런 모습이다. 백로에는 북쪽의 기러기가 돌아오고, 제비들이 강남으로 날아가며, 뭇 새들이 먹이를 저장한다고 한다.

　이처럼 계절의 순환이 시작되는 안개 속에서도 고개 숙인 벼들이 황금 들녘을 풍요롭게 누비고 있는 아침이다. 인적도 없는 황포 돛배 선착장에서 평화누리길 연천군 제1구간이 시작된다. 무지개다리처럼 아치형을 그리는 신(新) 장남교는 일 년 전 신축 공사 중에 콘크리트 상판이 무너져 내리는 대형 사고가 일어난 현장이다. 하지만 지금은 말끔하게 준공되어 아름다운 모습이다.

　총길이 539m의 장남교를 건너면 연천군 장남면이다. 면소재지를 지나 원당리 삼거리에 도착하면 장남면 사적 간판이 반겨 준다. 왼쪽으로 표시된 호로고루성, 경순왕릉, 김신조가 넘어온 고랑포 철책선은 3년 전 안보 관광차 다녀온 곳이라 더욱 정감이 가는 곳이다.

　호로고루성은 서울 아차산성, 단양 온달산성, 충주 고구려비 등과 함께 고구려 역사를 연구하는데 중요한 사료가 되는 국가 지정 문화재이다. 호로고루성은 임진강변을 중심으로 백제와 국경을 이루던 성곽으로, 황포 돛배 선착장에서 출발한 유람선이 원당리를 지나며 주상절리와 적벽으로 둘러싸인 천혜의 요새지이다.

　경기도 연천군 장남면 고랑포리 성거산자락에 사적 244호로 지정된 경순왕릉이 있다. 신라의 경애왕이 견훤의 습격으로 살해되고 뒤를 이어 왕위에 오른 경순왕은 이미 나라의 기운이 다하여 더 이상

나라를 유지하기가 어렵게 되자 무고한 백성들의 고통을 덜어 주자는 신념에 따라 태자와 신하들의 반대를 무릅쓰고 천년 사직을 고려에 넘겨주고 만다.

태조 왕건은 경순왕을 정승의 예로서 대하고, 개성에서 여생을 보낸 경순왕이 서거하자 신라의 유민들이 경주로 이장하려 했으나, 고려 조정에서 백 리 밖으로는 나갈 수 없다 하여 이곳 고랑포에 모셨다고 한다.

김신조가 개성을 출발하여 고랑포(경순왕릉)를 거쳐 파평산과 법원리의 삼봉산(비학산) 줄기를 따라 서울의 자하문까지 진출한 사건이 있었다. 1968년 1월 17일 23시 북한군 제124군 소속 김신조 일당이 경기도 연천군 장남면 고랑포에서 남방한계선을 뚫고 넘어온 현장을 보존하기 위해, 경계 철책과 철조망을 그대로 보존하고, 철조망을 뚫고 침투한 무장공비들의 인물 모형을 만들어 전시하고 있다

장남면 농촌 들녘을 따라 오른쪽으로 진행하면 서정실버하우스를 지나 사미천교를 건넌다. 임진강 최북단으로 유입되는 사미천은 북한에서 유입되는 하천이다. 2년 전에는 여름 장마에 북한에서 떠내려 온 목함지뢰로 민간인이 피해를 입는 사고가 발생하기도 했다. 이곳에서 사미천 제방을 따라 진행하는 누리길은 최전방의 긴장과는 거리가 먼 평화로운 농촌 들녘이다.

하지만 벼이삭이 고개 숙인 황금 들녘이 아니라 푸른 잔디밭이 끝없이 펼쳐지는 초원에는 스프링클러가 쉴 새 없이 물을 뿌리고 있다. 이색적인 광경을 의아하게 생각하며, 주민에게 물어보니 벼농사로는 경쟁력이 없어 조경사업의 일환으로 잔디를 재배하게 되었다는 설명이다.

사미천과 석장천이 임진강으로 유입되는 하구언에는 버드나무가

울창한 숲을 이루고, 사람들의 발자취도 없는 습지에서 철새들이 천국을 이루고 있다. 제방은 백학면 소재지가 있는 두일리 쪽으로 진행하여 석장천에 걸려 있는 전동교를 건넌다.

세월을 비껴간 노곡리 마을은 낮은 지붕에 허접스런 담장 밑으로 제철 만난 봉선화, 맨드라미, 백일홍이 만발하고, 탐스런 호두에 밤, 대추까지 풍요로운 가을의 정경이 펼쳐진다. 마을 복판에 자리 잡은 3·8선 표지석. 6·25전쟁 이전에는 이북의 통치를 받았던 마을이지만, 피아간에 치열한 전투 끝에 찾아온 소중한 마을이다.

길옆으로 300여 평의 채마밭에는 손바닥 선인장이 가득하다. 언제 우리나라에 들어왔는지 알 수는 없으나, 제주도를 중심으로 자생하는 것으로 알려진 손바닥 선인장이 이곳 중북부 지방까지 진출하게 되었으니 신기할 따름이다. 열대 지방이나 아열대 지방에서 자생하는 다른 선인장과는 달리 4계절이 뚜렷한 한반도에 적응하면서, 약리작용의 효과가 뛰어나 백년초, 천년초 등으로 부르고 있다.

적성면 가월리와 연결되는 비룡대교를 지나 연천 지방에서 발견된 지석묘가 있는 학곡리를 찾아간다. 지석묘는 청동기 시대의 대표적인 무덤으로 고인돌이라고도 부르며 주로 경제력이 있거나 정치 권력을 가진 지배계층의 무덤이다. 우리나라에서는 전북 고창, 전남 화순, 강화 고인돌이 유명하며 유네스코에서 지정한 세계문화유산이다.

고인돌은 네 개의 받침돌을 세워 방을 만들고 그 위에 거대하고 평평한 덮개돌을 얹어 놓는 탁자식과 땅속에 돌방을 만들고 작은 받침대를 세운 뒤 그 위에 덮개돌을 올려놓는 바둑판식으로 구분된다. 마을 한복판에 있는 연천군 백학면 학곡리 지석묘는 탁자식으로 보존 상태가 양호한 편이다.

학곡리 마을을 벗어나면 임진강 제방 위로 조성된 적석총을 만난다. 돌무지 무덤으로 모두 4기의 묘곽이 확인되었다고 한다. 경기도 기념물 212호인 적석총은 삼국 시대 초기의 것으로 추정하고 있으며, 일정한 크기의 강돌을 보강하여 적석부의 붕괴와 유실을 막았다고 한다. 지석묘와 적석총의 발굴로 삼국 시대 이전부터 임진강을 중심으로 마을이 형성되었음을 보여 주는 사례이다.

"한반도 중심 로하스 연천"의 로고가 붙은 배수장과 여름 장마에 임진강이 범람하면 주민들을 대피시키는 시설물(스피커)이 있는 전신주를 지나 누리길은 산속으로 연결된다. 삼복더위가 지났다고는 해도 한낮의 기온이 30도를 오르내리는 불볕더위를 피해 나무 그늘 속으로 들어서니 더 할 수 없이 시원하다.

강물이 북동 방향에서 남서쪽으로 굽이쳐 흐르는 전망대에 도착한다. 숭의전을 지척에 두고 임진강 제방으로 내려서니 굽이쳐 흐르는 임진강의 진경산수화(眞景山水畵)가 시원하게 펼쳐진다. 수십 길 절벽 위에 자리 잡은 숭의전은 고려의 종묘라 할 수 있는 사적 223호로 지정된 건물이다.

경기도 연천군 미산면에 있는 숭의전은 고려 태조와 현종·문종·원종 등 4명의 왕과 복지겸·홍유·신숭겸·유금필·배현경·서희·강감찬·윤관·김부식·김취려·조충·김방경·안우·이방실·김득배·정몽주 등 충신 16명을 봉향하는 곳으로, 조선 태조 이성계의 명에 의해 왕건의 원찰(기도처)이었던 앙암사 터에 지은 건물이다.

숭의전에 모신 16명의 충신 중에 충렬공(忠烈公) 김방경(金方慶) 장군(將軍)은 나의 22대조이시다. 고려 500년 역사를 이어 오는 16명의 충신 반열에 오르신 할아버님을 뵈오며 명문가의 후손임을 영광스럽게 생각한다. 할아버님은 16세에 산원(散員)으로 출사하시어 감찰어사(監察御使)를 거쳐 서북면병마판관(西北面兵馬判官)에 이르시고, 형부상서(刑部尙書), 추밀원부사(樞密院副使), 삼별초의 난을 평정하는 대원수로서, 일본을 정벌할 때는 중군장이 되셨고, 문무를 겸비한 재상으로 만인지상(萬人之上) 일인지하(一人地下)의 상락군개국공(上洛郡開國公)으로 벽상삼한삼중대광(壁上三韓三重大匡)에 이르셨다.

이로써 황포 돛배 선착장에서 숭의전까지 연천 제1구간 21.5km를 완주하게 된다. 3개 구간으로 나누어 진행하는 연천 구간 중에서도 둘째 구간이 가장 아름답다. 18.5km의 둘째 구간은 '썩은 소의 전설을 따라가는 숭의전 둘레길'(숭의전-임진교)과 '고구려 보루 숲길'(임진교-군남 홍수조졀지)로 나누어진다.

현재 시간이 11시 40분. 백학면에서 전곡으로 가는 15시 30분 버스를 타는 데는 4시간의 여유가 있으니 임진교까지 10km를 진행하는 데 큰 무리가 없다는 판단으로 나무 벤치에서 간식을 겸하여 휴식을 하고 숭의전 둘레길을 따라 진행한다.

아미산 자락을 돌아 마전삼거리에서 동이리 입구로 들어선다. 강이나 산등성이를 중심으로 행정구역이 갈라지게 마련인데, 미산면 중에서도 유독 삼호리만이 임진강을 건너 홀로 떨어져 있으니 의아한 생각이 든다. 삼화교가 건설되기 전에는 나룻배로 건너야 하는 불편함 때문에 파주시 적성면이나 전곡읍으로 편입되는 것이 순리가 아닌가 싶다.

강어귀에 있는 당포성은 임진강을 건너는 삼화대교와 본류 사이에 형성된 삼각형 절벽 동쪽 입구를 가로막아 쌓은 석성이다. 호로고루성, 은대리성과 함께 임진강 남쪽의 백제와 신라로부터 공격을 방어하기 위해 고구려가 쌓은 성이다.

당포성을 빠져나와 유엔 참전용사 화장장과 동이리 대대를 거쳐 동쪽 끝자락에 이르면 임진강과 한탄강이 만나는 곳에 너른 습지가 형성된다. 사람의 발길이 뜸한 이곳도 사미천이 유입되는 하구언처럼 철새들이 천국을 이루는 생태계의 자연사 박물관이다.

한탄강은 강원 평강군에서 발원하여 김화, 철원, 연천까지 136km를 흘러온다. 연천군 미산면과 전곡읍에서 임진강으로 유입되는 한탄강은, 화산 폭발로 형성된 추가령의 좁고 긴 골짜기를 지나 한반도의 역사를 신석기 시대로 끌어올린 전곡리 선사유적지(사적 제268호)와 한탄강 국민관광지를 만난다.

임진강의 물길이 북쪽으로 선회하며, 임진강이 자랑하는 주상절리가 펼쳐진다. 길이가 1.5km에 이르는 주상절리가 거대한 성벽과 같이 강줄기를 따라 끝없이 이어진다. 화산 활동으로 만들어진 주상절리는 육각형의 긴 기둥이 차곡차곡 쌓여 있는 형태를 이루고 있어, 자연의 신비함에 경탄을 금할 수가 없다.

공항천을 건너 임진물새롬공원에 도착한다. 연천군 미산면 우정리에 들어선 임진물새롬센터는 연천군 관내 군남면, 왕징면, 미산면에서 발생한 생활 하수를 처리하는 종말처리장을 건설하며, 유휴 부지를 활용해 '이상한 나라 앨리스'를 주제로 어린이들에게 꿈을 심어 줄 수 있는 공원을 조성하여 연천 지역의 새로운 명소로 탄생하였다는 설명이다.

임진대교에 도착하며 연천 1구간 21.5km와 숭의전 둘레길 10km를 합하여 31.5km를 완주하고, 15시 45분에 도착하는 58-5번 버스로 전곡을 경유하여, 39번 버스로 소요산역에서 지하철로 환승하여 귀가하였다.

• 철마는 달리고 싶다

강가에서 피어오르는 새벽안개가 산등성이를 넘어오며 아름다운 풍광이 펼쳐진다. 전곡에서 55번 버스로 10여 분 만에 왕진면사무소에 도착하여 누리길은 임진대교 밑으로 이어진다. 달그락 달그락 강가의 자갈을 밟으며 이슬 맺힌 강아지풀과 나팔꽃의 싱그러움에 취해 발걸음이 느려진다.

잠시 후 강둑을 벗어나며 고구려 보루길이 시작된다. 왕징면 무등리와 북삼리 간을 연결하는 울창한 숲길을 개설하여 휴식 공간을 마련하고, 고구려 무등2보루와 고성산보루를 지나며 역사의 흔적을 더듬어 볼 수 있는 3.4km의 보루길은 DMZ라는 지역 특성상 자연환경이 비교적 잘 보존된 곳이다.

노약자들도 산책하기에 좋은 숲길은 피톤치드가 무한정 쏟아져 내리는 삼림욕장이다. 비 그친 아침이라 더욱 싱그러운 향내가 온몸을 감싸는 보루길은 도시에서는 상상할 수 없는 축복이요, 활력이 넘치는 길이다. 여유로운 발걸음으로 한 시간 동안 삼림욕장을 지나고 나면 허브 빌리지에 도착한다.

임진강이 한눈에 들어오는 언덕에 조성된 꽃동산은, 국민의 관심이 집중되고 있는 ○○대통령 장남이 소유하고 있는 휴양지이다. 2006년 임진강변에 1만 7000평 규모로 조성한 허브 빌리지는 지중해 허브, 한국 허브 등 8개 정원에 20여 종의 난대수목과 수령이 300년을 넘는 올리브나무도 볼 수가 있다고 한다.

군남 홍수조절지와 허브 빌리지를 동시에 바라볼 수 있는 북삼대교에 올라서면 아름다운 임진강이 그림처럼 펼쳐진다. 겸재 정선이 아름다운 풍광에 반해 진경산수화 '웅연계람(熊淵繫纜)'을 남겼다는 곳. 66세의 정선이 임진강에서 뱃놀이를 하고 그린 그림이다. 북삼대교를 건너 군남 홍수조절지로 연결되는 자전거 도로는 코스모스가 만발하여 강과 어우러진 환상의 드라이브 코스가 펼쳐진다.

북에서 남으로 흐르는 임진강의 특성상 북의 황남댐에서 불시에 방류한 물이 임진강을 범람하면서 주민들의 피해가 극심하여 이에 대비할 목적으로 건설된 군남 홍수조절지가 위용을 드러낸다. 두루미가 날갯짓하는 두루미테마파크를 지나 전망대에 올라서면 평화의 댐과 함께 민족의 아픈 현실을 대변하는 텅 빈 저수지를 바라보며 마음이 숙연해진다.

자유롭게 휴전선을 넘나드는 두루미의 날개짓처럼 평화의 북소리가 북녘 땅으로 울려 퍼지는 조형물과 이곳을 찾아온 사람들의 소원을 하얀 돌에 새겨 쌓아 올린 소망 나무에 돌 하나를 가지런히 올려놓고 세 번째 구간을 향해 발걸음을 이어 간다.

군남 홍수조절지에서 동쪽으로 보이는 숲 속으로 이어지는 누리길은 군 작전도로를 따르게 된다. 이곳도 4.8km에 이르는 숲 속을 통과하는 곳이라 고즈넉한 오솔길에서 자연을 벗 삼아 사색을 즐길 수 있는 명상의 길이다. 중간 중간 주위를 둘러볼 수 있는 능선에 올라서면 산비알에 율무와 콩밭이 질펀하게 펼쳐진다.

요즘에는 이름조차도 생소하게 잊혀져 가는 율무는 벼과에 속하는 1년생 초본식물이다. 현대 의학에서 밝혀진 효능뿐만 아니라 옛 고전문헌에서도 율무에 대한 기록이 많이 전해질 정도로 좋은 약재로 활용되고 있다. 『본초강목』에 의하면 율무는 비장을 건강하게 하고, 위를 돕고 폐를 보하고 열을 내리게 하며, 풍과 습을 없애 준다고 기록되어 있다.

율무의 대표적인 효능으로는 항암작용을 들 수 있다. 율무는 다른

곡물에 비해 단백질이 많은 편이고, 탄수화물은 대부분이 녹말이며 찰기가 있는 작물이다. 율무 추출물에서 종양을 억제하는 물질이 발견되면서 율무의 항암작용에 대한 효능이 입증되고 있다. 다양한 효능에도 불구하고 임신 중인 여성이 율무를 많이 먹게 되면 유산의 위험이 있고, 소변을 자주 보는 사람도 피하는 것이 좋다고 한다.

겨울이면 수백 마리의 두루미가 찾아오는 연천은, 주변에 두루미가 좋아하는 율무 농사를 짓는 곳이 많아 철원과 함께 겨울 철새들이 서식하기 좋은 환경을 갖추고 있다. 두루미는 강이나 습지에서 물고기와 다슬기, 개구리와 식물의 풀뿌리를 먹이로 하는 잡식성 조류이다.

콩이라면 쌀만큼 중요한 농산물이다. 장을 담그고, 기름을 짜고, 두부를 만드는 콩은 원산지가 만주와 한반도이다. 그만큼 우리 땅에서 자라는 신토불이다. 콩 중에서는 파주장단 콩이 가장 유명하다. 지금은 파주시 장단면이란 지명으로 그 이름을 유지하고 있지만, 한국전쟁 전에는 경기도 장단군이었다.

일제는 장단 지역에서 생산하는 재래종 콩 중에서 '장단백목' 이라는 장려 품종을 선발하여 한반도 전역에 보급할 정도로 장단 콩이 유명하였다. 콩의 주산지인 장단군이 대부분 민통선 안에 있는 관계로 군내면, 장단면, 진동면, 진서면 등 4개 면에서 민통선 안에 경작지를 개발하여 장단 콩의 명맥을 유지하고 있는 것이다.

한 시간 동안 숲 속을 통과하고 나면, 연천군에서 야심차게 추진하고 있는 로하스파크로 내려선다. 태풍전망대 가는 중간 지점에 수많은 장독대와 새로 지은 한옥이 시선을 끌고 있다. 이곳은 연천군에서 특산물인 콩으로 장을 담그고, 율무와 인삼 등 농산물을 소개하는 공원으로 조성한 곳이다.

볼거리 먹거리를 충족시켜 주고 주민들의 소득 증대에도 기여한다는 취지로 사업을 시작했지만, 지지부진한 사업으로 애물단지가 되었다가 백년밥상이라는 회사와 손을 잡고 사업을 재추진 중이라고 한다.

누리길은 옥계삼거리에서 동쪽으로 보이는 잘록한 계곡으로 들어서면서 군자산과 망곡산을 이어 주는 산책로와 연결된다. 망곡산은 구한 말 고종 황제와 순종 황제가 국상을 당했을 때, 관내 유림과 향민들이 이 산에 올라 궁궐이 있는 서울 쪽을 바라보며 시들어 가는 국운을 애통해하며 통곡을 한 뒤로 망곡산이라 부르게 되었다고 한다.

자작나무가 군락을 이루는 청화산 등산로를 3km가량 진행하면 연천읍 상리에 도착한다. 평화로운 농촌 들녘에는 여름내 피땀 흘린 보람으로 황금 벌판을 이루고, 오곡백과가 무르익어 가는 가을의 정취가 물씬 풍긴다. 가장 먼저 찾아간 곳이 신망리 간이역이다. 역무원도 없이 동리 어르신들이 휴식 공간으로 활용하고 있는 역 대합실에는 색다른 풍경이 시선을 끈다.

대합실 한쪽 벽을 채우고 있는 독서실이다. 다양한 종류는 아니라도 신망리 주민들의 사랑방 구실을 하는 간이역과 독서실이 인상적이어서 나의 저서인 수필집 한 권을 기증하고 즐거운 마음으로 돌아선다. 우리의 소득이 2만 불 시대라고 하지만, 도농 간의 격차가 점점 벌어져 이곳 신망리도 4~50년 전의 모습과 달라진 것이 별로 없는 정체된 마을이다.

하지만 이곳 주민들이 정성들여 가꾸어 온 코스모스 길이 그 옛날의 정취를 물씬 풍긴다. 3번 국도가 지나는 가로수 아래 탐스럽게 피어난 코스모스가 옛 향수를 불러일으키고 차탄천 자전거길에는 온통 코스모스 천국이다. 휴전선이 근접한 지리적인 여건으로 푸대접을 받아온 곳이지만, 꽃을 가꾸는 사람들의 순박한 심성이 우리의 마음을 순화시킨다.

대광교에서 누리길은 왼쪽의 차탄천을 따라 진행된다. 신서하수종말처리장도 지나고, 드신교와 방이교를 건너 오늘의 목적지인 대광리에 도착한다. 대광리는 경원선이 지나는 작은 마을이지만, 보신탕 애호가들에게는 빼놓을 수 없는 명소이다. 수도권 전철이 노인들에게 공짜표가 되면서 보신탕을 찾아온 인파로 문전성시를 이루고 있다.

『동의보감』에는 오장(五臟)을 편안하게 하고 혈맥을 조절하고 장과 위를 튼튼하게 하여 기력을 증진시키고, 양기를 도와서 양물(陽物)을 강하게 한다고 적혀 있다. 예로부터 우리 조상들이 개고기를 즐겨 왔으며, 지금도 더위가 시작되는 초복부터 영양가 풍부한 보신탕을 먹고 더위를 이기려는 사람들이 많다.

25km를 걸어온 여독을 풀기 위해 서울보신탕집을 찾아 보신탕 한 그릇을 비우고 나니 온몸의 혈기가 넘치는 기분이다. 평화느리길 경기 지역 182km도 신탄리 구간이 남아 있는 셈이다. 다음 구간을 생각하며 대광리역에 들어서니 이곳도 신망리역과 마찬가지로 역무원이 없는 간이역이다. 경원선 열차 안에서 차표를 구입하는 색다른 경험을 하며, 차창 밖으로 스쳐 가는 농촌 들녘을 바라본다.

연천군 마지막 구간을 답사하는 날이다. 회룡역에서 6시 14분 전철로 동두천역에 도착하여 경원선으로 환승하여 40분 만에 대광리역에 도착한다. 차탄천을 거슬러 오르는 누리길이 대광교와 만난다. 이곳에서 서쪽으로 연결되는 도로가 열쇠전망대 가는 길이다. 휴전선 155마일 중에서 북한의 정세나 생활상을 가장 잘 볼 수 있는 곳에 안보 관광을 위한 전망대를 설치하여 일반 국민에게 홍보하고 있는 곳이다.

참고로 파주 연천 지역에서는 임진각과 도라산역이 대표적이고, 군남면 옥계리가 들머리인 태풍전망대는 한국전쟁사에서도 손꼽히는 베티고지와 북한군의 오장동 농장이 바로 코앞에 내려다보인다. 휴전선까지 800m, 북한 초소까지는 1,600m로 휴전선에서 북한과 가장 가까운 전망대로 유명하다.

대광리에서 진입하는 열쇠전망대는 통일의 열쇠가 되겠다는 상징성이 큰 5사단의 심벌 마크를 활용한 전망대이다. 1998년 연천군 신서면 마전리 배바위에 세워진 열쇠전망대는 남방한계선이 발밑으로 내려다보이고, 6·25전쟁 때 치열한 전투가 벌어졌던 백마고지도 가까이서 볼 수가 있다.

휴전 이후에도 북한은 적화통일을 위한 모략을 일삼아, 휴전선에 남침용 땅굴을 파서 발견된 곳만 4개가 된다. 제1땅굴은 1974년 11월 5일 고랑포 동북방 비무장지대(연천군 장남면) 안에서 발견하였고, 휴전선 남방한계선을 800m 남겨 놓은 지점이어서, 서울에서 불과 65km 떨어진 가까운 거리에 있다.

제2땅굴은 1973년 11월 20일 새벽 4시쯤 강원도 철원군 근동면에서 미세한 진동을 감지하면서 시추 작업을 벌인 끝에 1975년 3월 19일 지하 54m 지점에서 발견하였다. 높이가 2m, 폭이 2.1m의 규모로 북한군이 한 시간에 야포 등 중장비를 포함한 1만 6천 명의 무장 병력을 침투시킬 수 있는 규모이다.

1978년 10월 17일에 발견된 제3땅굴은 판문점 남방 4km 비무장지대(파주시 장단면) 안에서 발견되었다. 이 땅굴은 아치형으로 1시간에 3만여 명의 무장 병력을 이동시킬 수 있는 규모로 임진각에서 서북쪽으로 4km, 통일촌 민가에서 3.5km, 서울까지는 불과 44km 거리에 있다.

1990년 3월 3일 강원 양구(楊口) 북동쪽 26km 지점(해안면)에서 발견된 제4땅굴은 너비 1.7m, 높이 1.7m의 규모로 지하 145m 지점을 관통하여 군사분계선에서 1,502m 남쪽으로 내려온 지점에서 발견되었다.

휴전선의 철책과 맞닿은 연천군 신서면은 일상생활이 군의 통제를 받아가며 살아가는 곳이지만, 겉으로 보기에는 평화로운 농촌 풍경이다. 키 낮은 감장에는 아름다운 꽃들이 피어나고, 빨갛게 익어 가는 고추와 참깨 터는 노부부의 손길이 분주하다.

한 시간 만에 신탄리역에 도착한다. 지난해까지만 해도 신탄리역이 최북단이었지만, 분단 60년 만에 철원에 백마고지역이 생기면서 경원선 열차가 연장되었다. 평화누리길에서 안내하는 '철도 종단점'에는 무슨 기념비라도 있을 것으로 기대를 했지만, 현장에는 아무런 표시도 없이 왕복선 철길이 단선으로 바뀌고 만다.

김포시 대명항에서 시작한 평화누리길 경기도 구간 182.3km도 연천군 신탄리 철도 종착점에서 끝이 나고, 강원도 철원으로 이어진다. 하지만 이곳은 강원도와의 협조가 미흡해서인지 주변에 아무런 표시가 없어 3번 국도를 따르게 된다.

국도의 대동맥인 3번 국도지만, 민간 차량의 왕래는 별로 없고 전방으로 향하는 군 차량들이 꼬리를 물고 있어 최전방 지역임을 실감하게 된다. 신탄리에서 4km를 진행하면 새로 건설한 경원선 철도와 교차하는 고가도로 밑을 지난다. 이곳이 경기도와 강원도가 경계를 이루고, 잠시 후 용담삼거리에서 철원군이 조성한 쇠둘레길을 만난다.

2. 강원도

• 백마고지역

　쇠둘레길로 명명한 데는 철원의 뜻을 풀어서 붙인 이름이다. 쇠둘레길은 한여울길(8.3km)과 금강산 가는 길(10.8km)로 구분하여 2010년 문화관광부에서 '이야기가 있는 탐방로' 10선에 선정된 의미 깊은 코스이다.
　용담삼거리에서 고석정 가는 지방도로를 따라 동쪽으로 진행하면, 율리벨리가 나오고 이곳에서 오른쪽으로 농로를 따른다. 10m가 넘는 대전차 방호벽에 올라, 10여 분간 고생한 끝에 지방도로와 다시 만난다. 율리 마을 갈림길에서 왼쪽 산길로 접어들면 숱한 애환을 담고 있는 새우젓고개로 올라선다.
　그 옛날 새우젓 장수들이 임진강을 따라 운반된 새우젓을, 용담에서 철원장에 팔기 위해 새우젓을 지고 이 고개를 넘어 다니며 불러온 이름이다. 일제 강점기에는 철원 주민들이 남쪽으로 통행하던 생활의 통로였고, 6·25전쟁 때는 이 골짜기를 지나던 피난민들이 협공을 당하여 많은 희생이 일어난 역사의 현장이다.

고갯마루에 있는 수도국지는 근대 문화유산 160호로 지정된 역사 유물이다. 1937년도에 발간된 읍지에 의하면, 당시 급수 세대가 500여 호에 2,500명의 주민들이 사용하던, 강원도에서 유일한 상수도 시설물이라고 한다.

해방과 더불어 반공치하와 6·25전쟁을 겪으면서 노동당사와 내무서 등에 감금돼 있던 300여 명의 반공 인사들을, 1950년 10월 국군이 북진하자 총살 또는 물탱크에 생매장하고 도주한 만행의 현장이기도 하다.

고갯마루에서 200여 m를 내려서면, 왼쪽으로 소이산 이정표가 반겨 준다. 건너다보이는 산등성이에 전망대가 있는 것으로 보아 예사로운 곳이 아니므로 서둘러 방향을 잡는다. 작은 산세에도 불구하고 진입로가 뚜렷하여 안내문을 살펴보니, 소이산 생태숲이 '2012년 우리 마을 녹색길'에 선정돼 도보여행의 메카로 부상했다는 설명이다.

소이산은 2000년 민간인 통제구역이 북상한 후에도 10여 년간 출입이 통제된 곳이다. 2012년 쇠둘레길이 조성되면서 일반에 개방됐지만, 철조망 너머로 지뢰가 묻혀 있는 곳이라 함부로 접근할 수가 없는 위험한 곳이다.

고려 시대에는 정상에서 봉화를 올리던 봉화 터가 있었고, 헬기장으로 사용하는 정상에 올라서면, 백마고지를 중심으로 철원평야와 비무장지대, 이북의 산천초목이 일목요연하게 펼쳐지는 안보 관광의 명소가 되었다.

새로 건설된 백마고지역은, 지역 주민들의 교통 편의와 안보 관광

차원에서 건설한 경원선의 종착역이다. 기차가 서서히 플랫폼으로 들어오고, 백마고지역에서는 여성 역무원이 정중하게 탑승객들을 맞는다.

2일 전에 다녀간 곳이라 색다른 것은 없지만, "철마는 달리고 싶다"는 철도 중단점을 바라보며 감회가 새롭다. 경원선은 서울 기점으로 철원과 안변을 거쳐 원산까지 가는 223km의 한반도 중심 철도로서 1914년에 개통되었다.

역 이름에서 보듯이 이곳은 6·25전쟁 최고의 격전지이다. 1952년 10월 6일 저녁부터 15일 오전까지, 중공군 38군단 4만 4천 명의 병력과 국군 9사단 2만 명의 병력이 9일 동안 12차례의 공방전을 벌인 피의 능선이다. 24차례나 주인이 바뀌는 격전 속에서, 중공군 1만 명, 국군 3,500명의 사상자를 내며 국군이 방어에 성공함으로써, 철원 일대 상당 지역을 지켜낸 승전의 현장이다.

6·25전쟁이 일어나지 않고 통일된 조국이었다면, 경원선이 지나는 철원이 대구나 대전에 버금가는 도시로 발전했을 것이다. 민족의 비극인 전쟁의 참화로 철길이 끊기고 용산에서 신탄리까지 88.8km만 운행하던 것을, 2012년 11월 20일 연장 개통으로 백마고지역까지 94.4km로 늘어나게 되었다.

하지만 엄밀히 따지면 소요산역까지는 수도권 전철 1호선이고, 동두천역에서 백마고지역까지 1시간마다 운행하는 기차로 56분이 소요된다. 때맞추어 도착한 군내 버스로 노동당사에 도착하니 8시 10분이다.

붕괴 위험 때문에 보호 철책을 두르고 철주로 지탱한 벽채들이 아슬아슬하기만 하다. 1946년 북한이 대남 적화 전초기지로 삼으려고 지은 노동당사는 6·25전쟁 이후에는 분단의 아픈 상처를 안고 있는 상징적인 건물이다.

　노동당사 뒤편으로 이어지는 쇠둘레길은 용담삼거리에서 시작하는 '금강산 가는 길'의 연장선이고 일제 강점기에 금강산으로 가던 길을 따라 이어진다. 언덕을 넘어 외딴집이 있는 갈림길에서 진행 방향을 알 수가 없다. 이정표의 일련번호를 보면 분명히 갈림길에 표시가 있어야 하겠지만, 20여 분간 논두렁과 밭두렁을 넘나들며 이정표 찾기에 분주하다.

　464번 지방도로가 지나는 월하삼거리에서, 동쪽으로 300여m 지점에 '한다리'를 만난다. 동송저수지에서 내려오는 하천인데, 제방을 따라 1km가량 진행하면 새로 건축한 철원향교가 보이고 향교 건너편에 피안사가 있다.

　피안은 번뇌에서 해탈한 열반의 세계를 이르는 말이다. 신라 경문왕 5년에 도선국사가 향도 천여 명을 거느리고 영원한 안식처를 찾던 중, 철원에 이르러 화개산 자락에 피안사를 창건하고, 통일신라 시대의 대표적인 철조비로사나불좌상(국보 63호)과 삼층석탑(보물 223호)를 봉안하였다고 한다.

　국보 63호인 철조비로사나불좌상은 통일신라에서 고려 초기까지 유행하던 방식으로 불상을 받치고 있는 좌대까지도 철로 만든 작품이고, 삼층석탑에서는 금와보살(金蛙菩薩)이 출현하였다고 하는 신비감을 보여 주는 사찰이다.

　피안사를 나와 학저수지를 찾아가는 길은 하천의 제방을 따라 이어진다. 철원군 동송읍 오덕리에 있는 학저수지는 낚시꾼들의 천국이라 할 정도로 월척을 자랑하는 붕어와 외래종인 배스, 블루길이 많이 잡힌다고 한다. 1923년도에 축조된 학저수지는 총저수량이 1백7십3만 톤에 이르는 제법 큰 저수지로, 철원평야에 농업용수를 공급하고 있다.

　학이 많이 찾아와서 부르던 학저수지도 주위 환경이 오염된 뒤로 학이 날아들지 않는다고 한다. 저수지를 따라 수레길을 가노라면, 수생식물인 부들이 유난히도 많이 서식하고 있다. 부들은 마름과 함께 수질을 정화하는데 탁월한 효능이 있는 수생식물이다.

　심심산골 덕고개를 넘어서면, 철원평야가 시원하게 펼쳐진다. 이곳에서 생산되는 '철원 오대쌀'은 탄력이 좋아 밥이 식어도 윤기가 흐르는 것이 특징이다. 6·25전쟁으로 철원평야를 빼앗긴 김일성이 3일을 통곡했다는 일화가 전해 오고 있을 정도로 내륙 지방에서 가장 큰 평야이다. 한탄강에 도착하며 '금강산 가는 길'도 끝이 나고 다음 구간인 '한여울길'이 시작된다.

• 천하 절경 고석정

　귀청을 울리는 물소리에 밑을 내려다보니 입이 딱 벌어지고 만다. 갑자기 땅속으로 꺼져 들어간 것처럼 수십 길 벼랑 아래서 흐르는 강물과 양쪽으로 깎아지른 절벽이 한탄강의 특징이다. 추가령지구대에서 분출한 현무암이 펼쳐내는 용암대지가 평강, 철원을 지나는 동안 아름다운 협곡을 만들어 임진강 합류점까지 뻗어 있다.

　수직 절벽을 따라 안전 펜스를 설치하고 깔끔하게 자전거 도로까지 개설하여 칠만암에서 승일공원까지 9.4km를 '한여울길'로 명명하고 있다. 가장 먼저 만나는 곳이 칠만암이다. 칠만 개나 되는 기암괴석이 한탄강에 쌓인 모습이 천태만상이라, 현무암으로 이루어진 주변 경치와 조화를 이루고 있어 칠만암이라 부른다.

조선 광해군 때 명장 김응하, 김응해 두 형제가 무예를 닦던 칠만암을 뒤로하고 고석정으로 향하면, 곳곳에 수직 절벽과 협곡의 아름다움에 반하여 잠시도 한눈을 팔 수가 없다. 4km를 진행하면 그 유명한 직탕폭포를 만난다. 한국의 나이아가라폭포로 부르는 직탕폭포는 철원의 8경의 하나다. 한국에서는 보기 드문 일(一)자형 폭포로 높이가 3.5m에 길이가 70여m에 이르는 강 전체가 하나의 폭포를 이룬다.

한탄강은 길이가 134km에 이르는 제법 긴 강이다. 강원도 평강군 장암산(長巖山: 1,052m) 남쪽 계곡에서 발원하여 김화군을 지나 휴전선을 넘어온 다음, 남대천(南大川)과 합류하고 영평천(永平川), 차탄천(車灘川)을 차례로 합류하여 연천군 미산면과 전곡읍 도감포 사이에서 임진강으로 흘러든다.

한탄강의 새로운 명물이 태봉대교다. 검고 푸른 한탄강의 협곡을 가로지른 태봉대교는 주황색으로 단장한 색상부터 시선을 사로잡는다. 철원군 갈말읍 상사리와 동송읍 장흥리를 연결하는 태봉대교는 길이 240m에 폭이 17.8m의의 주황색 철재 구조물이다. 궁예 왕을 상징하는 태봉대교는 다리 상판에 번지점프대를 설치한 우리나라 최초의 교량이다. 수십 미터의 절벽으로 떨어지는 스릴은 상상을 초월한다.

개성 송도에 살던 삼 형제가 이곳에 놀러왔다가 두 형제를 물어 죽인 이무기를 동생이 죽였다는 전설 속의 송대소는 깊이가 30여m에 이르는 한탄강에서 가장 깊은 소(沼)이다. 강물이 돌아가는 정면으로 아름다운 주상절리가 펼쳐지는 한탄강 제일의 명소인데, 1박 2일팀이 한탄강을 찾아온 기념으로 엄태웅 광장을 조성하여 관광객들에게 볼거리를 제공하고 있다.

마당바위를 지나 한탄강 제일의 명소인 고석정에 안착한다. 수많은 관광객으로 붐비는 고석정은 안보 관광을 겸하여 광장에는 6·25 전쟁 때 사용하던 각종 무기를 전시하고, 철원의 명소를 돌아볼 수 있는 철원 시티버스의 출발점이기도 하다. 고석정은 동송읍 장흥리에 있는 신라 진평왕 때 세워진 정자이다.

고석정을 더욱 유명하게 만든 인물은 조선 명종 때 이곳의 험한 지형을 이용하여 정자 맞은편에 성을 쌓고 은거하며 의적 활동을 한 임꺽정이다. 정자에서 바라보는 20여m의 암석과 독야청청 천수를 누리는 소나무와 계곡의 아름다운 절경은 한탄강에서 가장 빼어난 경관을 자랑한다. 주위에 펼쳐지는 신비한 절경을 배경으로 영화 촬영의 무대로서 각광을 받고 있다.

다음으로 찾아간 곳이 승일교다. 동송읍 장흥4리와 갈말읍 문혜리를 잇는 승일교는 6·25를 전후해 남북이 합작으로 만든 다리라고 한다. 근대 문화유산으로 지정된 승일교는 이승만의 '승' 자와 김일성의 '일' 자를 합하여 지은 이름이라는 설과 6·25전쟁 때 한탄강을 건너 북진하던 박승일 대령을 추모하기 위해 이름을 지었다고 하는데, 다리 아치 부분의 이음새가 다른 것을 알 수 있다.

문혜리에서 시작하는 철원 3구간은 6·25 전사에 길이 남을 철의 삼각지를 더듬어 볼 수 있는 구간이다. 철의 삼각지라 함은 북위 38도 북쪽에 위치한 철원, 김화, 평강을 정점으로 하는 삼각지대를 말하며, 공산군이 전선에 군수 물자를 보급하는 중간 집결지로서 매우 중요한 지역이다.

미8군사령관 벤프리트 대장이 "적이 전선의 생명선을 사수하려는 철의 삼각지를 무너뜨려야 한다."는 말에서 유래한 철의 삼각지는 나진, 성원, 원산으로 상륙한 군수 물자와 병력을 철의 삼각지에 집결시킨 뒤 전선으로 투입하는 생명선과도 같아 철원의 보급로를 장악하는 쪽으로 전세가 기울기 때문에 피아간에 치열한 공방전이 벌어진 곳이다.

첩첩산중 강원도에서 유일하게 곡창지대를 형성하고 있는 철원은 경원선을 따라 금강산도 가고, 원산, 함흥, 청진을 지나 두만강을 건너는 대동맥이다.

보름 만에 찾아온 철원평야는 가을 추수가 모두 끝나고 동면으로 들어간 듯, 정죽만이 감돈다.

호국로로 부르고 있는 43번 국도를 따라 지경리와 청양리를 지나는 동안 북쪽으로 아스라이 보이는 곳이 휴전선 비무장지대이다. 60여 년이 지난 지금까지도 녹슨 철조망을 사이에 두고 총부리를 겨누고 있는 비무장지대는 지구촌에서 유일한 분단의 현장이요, 언제 폭발할지 모르는 일촉즉발의 긴장감이 감도는 곳이다.

철의 삼각지에서 가장 치열한 전투가 벌어진 곳이 백마고지전투이다. 백마고지의 영웅 김종오 장군은 백마고지전투가 발발하기 4개월 전 사단장으로 부임하였는데, 이에 앞서 6사단장 시절에는 제일 먼저 압록강으로 진격하여 압록강 물을 이승만 대통령에게 보냈다는 일화가 전해 온다.

하지만 중공군의 개입으로 고립무원의 궁지에 몰리면서 시련을 겪기도 했다. 당시 김종오 사단장에게 심각한 타격을 가했던 중공군 38군단을 백마고지에서 다시 만나 압록강에서의 뼈아픈 패배를 되갚아줄 복수의 칼을 갈며, 10일간 24번의 주인이 바뀌는 공방전 끝에 중공군 일만 명을 괴멸시키는 대전과를 올린 것이다.

동송읍 중강리에 있는 철원평야전망대는 모노레일까지 갖춘 지상 3층, 지하 1층 규모로 2007년 11월에 개관하였다. 1층을 전시관으로,

2층에 관람석으로 꾸며 비무장지대의 자연 상태와 평강고원, 북한 선전마을을 조망할 수 있으며, 초정밀 망원경을 설치하여 민족 분단의 현실을 생생하게 체험할 수 있다.

육단리에 있는 승리전망대는 휴전선 155마일에서 중앙에 위치한 전망대이다. 북한군의 이동 모습은 물론 오성산이 정면으로 보이고, 금강산 철도, 광삼평야, 아침리 마을 등 남북 분단의 현장을 한눈에 볼 수 있는 곳이다. 휴전 후에도 호랑이의 발톱을 숨긴 채 중장비를 포함하여 한 시간에 1만 6천 명의 무장 병력을 침투시킬 수 있는 대규모 땅굴을 파다가 우리 아군에 의해 발견되기도 했다.

한반도의 중심을 이루는 철원이 민족 분단의 상징처럼 철의 장막으로 가로놓여 있지만, 동물들에게는 지상낙원이다. 인간들의 간섭을 받지 않고 비무장지대에서 평화롭게 살아가는 산양과 고라니에서부터 두루미와 독수리까지 철원평야의 풍부한 먹이사슬로 인해 자연생태가 유지되고 있는 것이다.

김화읍으로 들어서며 쉬리공원으로 조성한 화강(花江)을 만난다. 동해안의 남대천과 혼동한다는 주장에 따라 꽃과 같이 아름다운 강이라는 의미가 있는 화강은, 광덕산과 대성산에서 발원하여 와수리와 김화를 지나 철원평야에 농업용수를 공급하고 철원군 정연리에서 한탄강과 합류하는 길이가 25km에 달하는 강이다.

화강에서 많이 서식하는 쉬리는 잉어과의 민물고기이다. 청정 1급수에서만 자라는 한반도 고유 어종으로 빛깔과 무늬가 아름답고, 물이 맑고 물살이 빠른 하천의 중, 상류에서 무리 지어 살고 있다. 2008년에 만들어진 쉬리공원은 물이 깊지 않아 가족 단위로 많이 찾아오며 8월에는 다슬기 축제가 열리는 곳이다.

• 수피령을 넘어서

　평화누리길도 절반을 넘어 화천 지역으로 들어가는 날이다. 듬성 듬성 자리 잡은 승객들을 태운 버스가 새벽 공기를 가르며 신나게 질주하고, 2시간 만에 김화읍 소재지인 와수리에 도착하니 자욱하게 안개가 끼어 있다. 사창리 26km 이정표를 바라보며 육단리로 향하는 발걸음이 무겁게 느껴진다. 육단리 버스 정류장에서 남쪽으로 진행하던 56번 도로가 갈림길에서 왼쪽으로 방향을 잡는다.
　6km에 이르는 수피령 오름길이 시작되는 지점이다. 서서히 경사각을 이루며 구절양장이 이어진다. 대성산과 복계산을 사이에 둔 협곡에서 가쁜 숨을 몰아쉬며 발걸음을 내딛는다. 전방의 깊은 산중이라 찬바람이 코끝을 스치는 중에도 온몸에서 땀방울이 흘러내리고, 2시간의 고통 끝에 수피령(780m) 정상에 올라선다.
　산꾼들에게 잊을 수 없는 곳이 수피령이다. 한북정맥의 출발지이기 때문이다. 백두대간이 지나는 추가령에서 분기한 한북정맥이 백암산(1,111m)과 법수령을 지나 휴전선 가까운 오성산(1,062m)에서 남한 땅으로 넘어와 적근산(1,073m)을 지나 대성산(1,175m)에 이른다.
　하지만 대성산은 오르고 싶다고 오를 수 있는 산이 아니다. 군부대의 진지가 철옹성처럼 버티고 있어 민간인의 출입을 통제하고 있는 터라, 이곳 수피령(780m)에서 한북정맥을 시작하게 된다. 복주산(1,151m)과 광덕산(1,046m)을 지나 경기도 백운산(904m), 운악산(936m), 서울의 도봉산(740m)과 상장봉(534m)을 섭렵하며, 파주의 장명산(102m)에서 170여km를 이어 온 한북정맥이 생을 마감하게 된다.
　수피령 정상에는 대성산지구전적비가 있다. 6·25전쟁이 일진일퇴를 거듭하던 1951년 6월 9일 중공군과 한국군의 전투가 치열하게 벌어진다. 2사단 17연대는 대성산 1042고지에서 중공군 58사단 177연대와 격전을 벌여 1042고지와 865고지를 탈환하며 453명의 적을 사살하고 19명을 생포하는 전과를 올린 승전의 현장이다.

육단리 갈림길에서 오른쪽으로 진행하면 복계산(1,057m) 오르는 길이다. 복계산은 민간인이 등산을 할 수 있는 비무장지대에서 가장 가까운 산이다. 복계산의 상징이기도 한 매월대는 생육신의 한 사람인 매월당 김시습 등 아홉 선비가 세조의 왕위 찬탈에 비감한 나머지 관직을 버리고 산촌으로 은거하여 소일하던 장소이다.

매월대란 깎아 세운 듯한 40m 높이의 층암절벽을 말하는데, 김시습이 이곳에 은거한 후부터 사람들이 이 바위를 매월대라 부른다. 김시습은 조선 세종 16년(1434년)에 태어나서 성종 24년(1493년)에 59세의 나이로 세상을 떠난 조선 시대 초기의 천재 기인이다. 원시림이 울창한 원골계곡에는 이끼 낀 바위 사이로 흘러내리는 매월폭포와 MBC 다모의 촬영 장소로 더욱 유명하다.

수피령 고갯마루에서 바라보는 강원도의 산하가 너무도 아름답다. 아기자기한 산자락이 파문을 일으키며 끝없이 펼쳐지는 능선과 골짜기를 따라 가을 정취가 물씬 풍긴다. 저 아름다운 능선과 계곡마다 이름 없이 사라져 간 영혼들의 넋이 들국화로 피어나는가. 붉은 피를 토하는 단풍이 골짜기마다 아름다운 색깔로 수놓고 있다.

1시간 후 다목리에 도착한다. 다목리는 해발 500m에 위치한 산골 마을이다. 최전방의 마을마다 군인들을 상대로 살아가는 터라, 다방과 음식점에 숙박업소까지 생활 공간을 갖추고, 휴가 나가는 장병들과 면회 온 가족들을 위해 동서울, 춘천, 화천으로 통하는 시외버스가 수시로 운행되고 있다.

다목리 삼거리에서 왼쪽은 봉오리를 거쳐 화천으로 가는 길이고, 오른쪽은 실내고개를 넘어 사창리로 가는 길이다. 봉오리 가는 길을 따르는 것이 정석이지만, 사창리 계곡에 펼쳐지는 곡운구곡을 외면할 수 없기에 사창리 길을 택하게 된다. 또한 이곳 감성 마을에는 이외수 작가의 문학관이 있는 곳이다.

춘천 교동에서 문학 활동을 하던 이외수 작가를 만나본 인연으로 찾아간 감성 마을은 다목리에서 1.5km를 들어간 하늘 아래 첫 동네다. 개인 문학관으로는 과분할 정도로 널찍한 대지에 조성된 문학관은 아담한 현수교를 건너며 시작된다. 가장 먼저 눈길을 끄는 곳은 길옆으로 조성된 시비와 전시관이다. 작가의 곧은 성품과 기인의 기질을 표현하는 소장품들이 정갈하게 진열되어 있다.

경남 함양에서 태어나 강원도 인제에서 성장한 이외수는, 문인으로 입문하며 "세상이 썩어 문드러지더라도 너만은 절대 썩지 말고 영악하게 글을 쓰라"는 장편소설 신인상에 당선되었을 때 당선소감으로 쓴 글이 시선을 압도한다. 개인의 소장품과 수묵화로 전시실을 꾸미고, 산책로와 정원에는 시비들로 가득하다.

외출 중이라 직접 만나지 못한 아쉬움을 뒤로하고 감성 마을을 나오면, 사창리로 향하는 56번 국도와 만난다. 사창리 12km 이정표를 지나며 실내고개가 시작된다. 밋밋하지만 4km에 이르는 고갯길을 만만하게 보아서는 안 된다. 작열하는 태양 아래서 타박타박 걸어가는 모습이야말로 측은지심(惻隱之心)이다.

고갯마루(650m)에 올라서면 복주산(1,152m)과 두류산(993m) 자락이 맞닿은 협곡이다. 백만대군도 호령할 수 있는 천혜의 요새지에 군부대가 자리를 잡고, 내려서는 사면길이 무려 6km에 이른다. 산이 높으면 골이 깊다고 했던가. 맑고 깨끗한 계곡물이 명월리를 돌아가며 사창천으로 흐르고, 상수원 보호구역으로 보호를 받고 있으니 심산유곡(深山幽谷)이 따로 없다.
　군인들의 행군 대열과 마주친다. 완전군장으로 무거운 배낭을 걸머지고 걸어가는 모습이 믿음직스럽다. 우리의 국토를 수호하는 불침번으로 유사시를 대비하여 육체적 단련과 정신적 무장을 하는 것은 군인이 갖추어야 할 제일 조건이다.
　국토 대행진에 나선 나의 모습을 보고 저들은 무슨 생각을 할까. 손 흔드는 것으로 인사를 대신하고 말았지만, 저들의 늠름한 모습에서 나라 사랑을 일깨운다. 수피령과 실내고개 넘는 것으로 하루해를 다 보내고 사창리에 안착한다.
　1960년대 춘천 3보충대를 출발한 군용 트럭에서 하루 종일 먼지를 뒤집어쓰며 도착한 곳이 사창리다. 사방을 둘러봐도 보이는 것이 산이요. 빠끔하게 터진 하늘이 손바닥만 하여, 덜컥 겁이 난 병사들이 눈물짓던 추억의 고장이다.
　군인들을 상대로 오순도순 살아가는 사내면 소재지에서, 동서울행 버스에 올라 광덕고개에 올라선다. 사시사철 노점상이 진을 치는 것은, 백운산과 광덕산에서 채취한 산채와 버섯을 찾는 등산객이 많은 탓이다. 고갯마루에서 바라보는 조망은 일망무제라. 여름 휴양지 백운계곡과 이동면의 산수화가 시원하게 펼쳐진다.

• 곡운구곡

　만산이 홍엽으로 불타는 단풍의 계절을 맞아, 유명한 화천의 곡운구곡(谷雲九曲)을 찾는 것도 의미가 깊다는 생각에 주저없이 마음을 정하고 만다. 하지만 공교롭게도 춘천에서 마라톤대회가 열리는 날이라, 돌아오는 길이 막힐 것을 염려하여 사창리에서 화천으로 진행하려던 코스를 지촌리에서 사창리로 변경하고 보니 경춘선 새벽 전철이 북새통이다.

만 이천여 명이 참가하는 마라톤대회는 저마다의 실력을 뽐내는 축제의 장이다. 10년간 한 번도 빠지지 않고 완주하여 이번에 명예의 전당에 이름을 올린다는 78세의 노익장을 바라보며 지칠 줄 모르는 도전 정신에 박수갈채를 보낸다. 자신에게 적합한 취미 활동이야말로 삶의 활력을 일깨우는 원동력인 것이다. 그들에게 마라톤이 지상의 목표라면 나에게는 전국을 순회하는 트레킹이야말로 삶의 목표라 할 수 있겠다.

춘천역에서 화천행 버스로 환승하여 지촌삼거리에 도착하니 8시 20분이다. 지촌상회를 가운데 두고 화천과 사창리로 갈라진다. 춘천호에서 피어오르는 물안개가 지촌천을 따라 슬금슬금 기어오르고, 안개 속에서 모습을 드러내는 서오지리가 한 폭의 그림처럼 신비스럽다.

사창리로 향하는 56번 국도가 구절양장으로 산모퉁이를 돌아가고 있다. 움막 하나 세울 자리가 없을 정도로 비좁은 협곡을 지나고 나면 비로소 오탄리 마을이 나타난다. "온새미농촌관광체험마을"이라는 현수막이 시선을 끄는 곳이다.

온새미란 가르거나 쪼개지 아니하고 생긴 그대로의 형태를 이르는 순수한 우리말이다. 이곳 특유의 가양주 제조 기술과 함께 나무 문패 만들기, 옥수수 수확하기, 막국수 눌러 보기 등을 개발하여 도시인에게 이색적인 체험을 할 수 있는 마을이다.

시오리 길의 오탄리도 끝이 나고, 그 유명한 곡운구곡이 시작된다.

시간이 지나면서 안개도 서서히 물러가고 맑은 물과 아름다운 산, 형형색색의 단풍이 화려하게 불타오른다. 전망대 바위에서 바라보는 화악산 자락이 열두 폭 치마를 펼쳐 놓은 듯, 하얀 속살을 드러내며 아름다운 교향곡이 울려 퍼진다.

백운계곡을 달려가는 자동차도 화려한 단풍 속에 푹 빠져 탄성이 터져 나오지만, 순식간에 스쳐 가는 차창 밖의 풍경보다는 다리품을 파는 것이 제일 아닌가. 600여 년 전 세상을 비관하며 이곳에 은거하던 김시습이나, 백운계곡의 비경을 세상에 알려준 곡운 김수증 선생의 마음을 어찌 헤아릴 수 있으리오.

'곡운구곡도(谷雲九曲圖)'를 세상에 내놓은 김수증(金壽增, 1624년~1701년) 선생은 청음(淸陰) 김상헌(金尙憲)의 장손으로 태어나 효종 임금이 죽자(1659년) 일어난 예송논쟁으로 권력의 부침을 겪으면서 벼슬에 대한 욕심을 버리고, 아버지 김광찬(金光燦)의 3년 상을 치른 뒤 47살(1670년)이 되던 봄날 화천 땅을 찾아온다.

북한강의 지류인 사내천(史內川)이 흐르는 골짜기를 은둔지로 삼아 그 이름을 주자(朱子)가 은둔했던 운곡(雲谷)을 거꾸로 해서 곡운(谷雲)으로 정하고, 주자가 무이산에 무이구곡(武夷九曲)을 노래한 것처럼 곡운구곡을 설정하여 자연을 벗 삼아 풍류를 즐겼다.

우암 송시열(宋時烈)과 영의정을 지낸 아우 김수항(金壽恒) 등이 유배 길에 오른 1675년 겨울에는, 온 가족을 데려와 살면서 곡운정사(谷雲精舍)라는 현판을 내걸고, 농수정(籠水亭)을 짓고 가묘도 세웠다.

우암과 아우 수항이 사사된 기사환국(1689년)을 맞아 이곳에 다시 들어와 화악산 북쪽에 화음동정사(華陰洞精舍)를 짓고 권력 무상을 처절하게 느끼며 은둔하다가 1701년 78세를 일기로 세상을 떠나게 된다. 그는 곡운구곡을 매우 사랑하여 아들 창국, 창직과 조카들에게 곡운구곡의 시를 한 편씩 짓게 하고, 당대 최고의 화가 패천(浿川) 조세걸(曹世傑, 1635~1705)을 불러 그 모습을 그림으로 남기게 하였으니, 그 유명한 곡운구곡도(谷雲九曲圖)가 탄생하게 된다.

제1곡인 방화계는 춘천과 화천의 경계 지점에 있다. 봄에는 바위마다 꽃이 만발하여 '방화계(傍花溪)'라 부르는 이곳은 널찍한 암반 위를 흐르는 청정옥수가 용소를 이루고, 절정에 이른 단풍이 어우러진 선경이다. 지금이야 축대를 쌓아 계곡이 많이 손상되었지만, 김수증 본인의 시구절을 인용하면

세상 멀리 이 경지 마음 닦기 좋으니/ 저문 나이 기쁨은 산과 물에 있구나
백운산 동쪽이라 화악산 북녘에/ 굽이마다 물소리 귀에 가득하여라
― 김수증

일곡이라 서찬 여울 들이기 어려우니/ 복숭아꽃 피고지고 세상과 격하였네
깊은 숲에 길 끊어져 오는 사람 없으니/ 어느 곳 산골 집에 개가 짖고 연기 나랴.
― 김수증, 제1곡 방화계

제2곡인 청옥협은 방화계에서 500m 거슬러 오르면 억겁을 지나오는 동안 암반을 갈고 다듬어 맑고 깊은 물이 옥색처럼 푸른 골짜기라 하여 '청옥협(靑玉峽)'이라 부르는 곳에 무병장수를 기원하는 돌탑들이 가지런히 쌓여 있고, 주위 환경과 어우러진 강변 언덕에 사내면 로터리클럽에서 아담한 공원을 조성하였다.

이곡이라 험한 산에 옥 봉우리 우뚝하니/ 흰 구름 누런 잎은 가을빛을 발한다.
　　걸어 걸어 돌사다리 신선세계 가까우니/ 속세 떠나 몇만 겹 돌아온 줄 알겠네
―아들 김창국, 제2곡 청옥협

　제3곡 신녀협(神女峽)은 청옥협으로부터 2.5km 상류의 물안교 부근에 있다. 계곡이 내려다보이는 공원 가장자리에 '청은대(清隱臺)'라는 정자가 있어 주변의 경관이 아름답게 펼쳐진다. 청은대 옆에는 하늘 향해 세운 기다란 철판에 고은, 김지하, 박경리, 김용택, 정호승 시인의 시를 새긴 조형물을 '말씀의 기둥'이라는 이름으로 둥글게 세워 놓았다.

　　삼곡이라 빈터에는 신녀 자취 묘연한데/ 소나무에 걸린 달은 천년을 흘렀세라
　　청 한자 놀던 뜻을 이제야 알겠으니/ 흰 돌 위에 나는 여울 그 모양이 아름답다.
―조카 김창집, 제3곡 신녀협

　송정교에서 삼일리 쪽으로 가다가 보면 군부대가 나타나고, 부대 바로 앞에 제4곡 백운담(白雲潭)이 자리 잡고 있다. 백운담은 오랜 세월을 두고 물에 씻긴 기암괴석들이 정겨운 곡선을 이루는데, 김수증은 "거북이와 용이 물을 먹고 있는 것 같다."라고 칭송하였다.

　　사곡이라 시냇물 푸른 바위 기대 보니/ 가까운 솔 그림자 물속에서

어른댄다
날뛰며 뿜는 물 그칠 줄을 모르니/ 기세 좋은 못 위엔 안개 가득 끼었네
―조카 김창협, 제4곡 백운담

백운담에서 300m 거리에 있는 제5곡 명옥뢰는 낮게 깔린 바위를 타고 맑게 흐르는 물가에 크고 작은 바위들이 곳곳에 흩어져 바위를 흐르며 부딪치는 소리가 옥이 부서지는 소리 같다 하여 '명옥뢰(鳴玉瀨)' 라 하였다고 한다

오곡이라 밤은 깊어 냇물 소리 들리니/ 옥패를 흔드는 듯 빈 숲 속에 가득하다
솔문을 나서면서 가을밤 고요한데/ 둥근 달 외로은 거문고 세상 밖에 마음이라
―조카 김창흡, 제5곡 명옥뢰

삼일리 휴양스 앞에 있는 와룡담은 주자(朱子)가 여산에 와룡암(臥龍菴)을 지어 제갈량의 위패를 봉안하였다는 고사를 상기하며, 자신의 곡운정사를 주자의 와룡암에 비유하여 이곳을 와룡담(臥龍潭)으로 부르며 농수정사(籠水精舍)를 짓고 여울물 소리로 세속의 번거로움을 피하며 살았다고 한다.

육곡이라 그윽한 곳 푸른 물을 베개 삼고/ 천길 둘 송림 사이 은은하게 비친다
시끄러운 세상일 숨은 용은 모르니/ 물속에 드러누워 한가로이 사누나
―아들 김창직, 제6곡 와룡담

명월계 표지석은 사창리로 가는 영당교 난간 앞에 있다. 평탄한 지형에 잔잔히 흐르는 물 위로 밝은 달 비치는 곳이라 하여 '명월계(明月溪)'라 하였다고 한다. 그러나 지금은 물 위로 다리가 놓이고 메마른 강바닥에 을씨년스런 모습을 바라보며 옛날의 달빛 정취를 느끼기 어렵다.

　　칠곡이라 넓은 못은 얕은 여울 연했으니/ 저 맑은 물결은 달밤에 더욱 좋다
　　산은 비고 밤은 깊어 건너는 이 없으니/ 큰 소나무 외로이 찬 그림자 던진다
　　　　　　　　　　　　　　—조카 김창업, 제7곡 명월계

제8곡 융의연(隆義淵)은 제갈량과 김시습의 절의를 기려 지은 이름이라고 한다. 개인이 경영하는 펜션 경내의 물가에 있어 주인의 허락을 얻어야 들어갈 수가 있다. 건너편으로 유원지 횟집이 보이고, 잔잔한 물가로 바위들이 듬성듬성 자리 잡고 있다.

　　팔곡이라 함은 물 가득히 고여 있고/ 때마침 저 구름 그늘을 던지누나
　　맑기도 하여라 근원이 가까운가/ 물속에 노는 고기 앉아서 바라보네
　　　　　　　　　　　　　　—조카 김창즙, 제8곡 융의연

기이한 바위 사이로 일사천리로 흘러간다고 노래한 층층바위도 간 곳 없는 제9곡 첩석대는 흐르는 세월 따라 변화가 무쌍하여 많은 실망감과 함께 격세지감을 느끼는 곳이다. 하지만 그 옛날, 사람의 그림자도 없는 첩첩산중에서 외로운 나그네의 발길이 머문 자리가 예

아니겠는가.

　　구곡이라 층층바위 뜨다시 우뚝한데/ 첩첩이 쌓인 벽은 맑은 물에 비치네
　　노을 속에 저 물결 솔풍과 견주우니/ 시끄러운 그 소리 골짜기에 가득하다
　　　　　　　　　　　　　　─외손자 홍유인, 제9곡 첩석대

16km 답삿길도 끝이 나고 사창리로 들어서니 조용하던 시골 마을이 소란스럽다. 하늘에는 애드벌룬이 떠 있고 우렁찬 함성 소리가 사내면 골짜기를 뒤흔든다. 사내면에 주둔하고 있는 이기자 부대에서 군관민 화합의 장을 마련하여 고향의 부모님까지 모셔다 효도잔치를 벌이고 있으니, 자랑스러운 군인들의 늠름한 모습에 마음 든든하다.

• 화천 백 리 길

돌아오는 교통편을 생각하여 풍산리삼거리에서 시작한다. 평화의 댐 22km 이정표를 바라보며 돌아서는 풍산리는 화천에서도 가장 후미진 하늘 아래 첫 동네다. 중동부 전선의 최전방인 이곳은 평화댐을 오가는 대중교통도 없다. 작전 나가는 트럭 행렬이 꼬리를 물고 있는 연도를 걸어가며 착잡한 마음으로 딴산 유원지를 향해 발걸음을 재촉한다.
한 시간 동안 4.7km를 걸어온 다음에야 딴산 유원지에 도착한다. 화천이 자랑하는 자전거 도로가 시작되는 지점이다. 파로호가 굽이

처 흐르며 풍산천과 합류하는 합수머리에 그림 속의 병풍처럼 산수화를 그려내는 딴산이 압권이다. 깎아지른 수직 절벽에 낙락장송(落落長松)이 숲을 이루고, 구름다리 건너서 층층계단 올라서면, 사방을 굽어보는 정자에 인공 폭포까지 화천이 자랑하는 절경이다.

유원지 입구에 있는 소녀상. 곱게 빗어 넘긴 댕기머리에 깡똥하게 차려입은 한복 차림의 소녀는 사랑하는 임을 그리는 모습인가. 소녀상 앞에 있는 입간판 중에는 "물고기 하늘 길"이라는 이색적인 문구가 있다. 화천군은 지난 2008년부터 최근 멸종되어 가는 토속 어종을 보호하자는 취지에서 화천강의 물고기를 파로호로 이동시키기 위한 방안으로 물고기 하늘 길을 운영해 오고 있다고 한다.

민물고기는 산란을 위해 상류로 올라가는 습성이 있는데, 북한강에는 화천댐을 비롯하여 많은 장애물이 있어, 토속 어종의 진로를 방해하면서 외래 어종이 그 자리를 차지하여 생태 파괴로 이어지는 것이 현실이다. 화천군에서는 건강한 생태 복원을 위하여 물고기 하늘 길을 만들었다고 한다.

방법은 화천댐 아래 북한강에서 물고기들이 올라올 수 있는 140m의 통로를 만들고, 90cm 규모의 방류관을 설치하여 상류로 올라온 물고기들이 집결토록 한 후에 147m의 리프트 관을 통해 물고기를 환승장까지 올린 다음 522m거리를 전동차에 싣고 공중 모노레일을 통해 파로호에 방류한다는 설명이다.

화천이 자랑하는 북한강 자전거 도로를 따라간다. 화천 주민들의 체력 단련장으로 조성된 자전거 도로는 연인들의 하이킹 코스로 각광을 받는 곳이다. 시원한 강물을 바라보며 달려가는 하이킹 코스는 단팥빵처럼 달콤하고, 피로한 심신을 회복시켜 주는 청량제라고 할까. 코끝으로 스며드는 향기가 가슴속까지 시원하게 노폐물을 걸러낸다.

양수리에서 북한강을 거슬러 오르는 114km 이정표를 지나며 꺼먹다리에 도착한다. 등록문화재 110호인 화천 꺼먹다리는 1945년 화천댐이 준공되면서 세운 폭 4.8m 길이 204m의 철골과 콘크리트로 만든 국내 최고(最古)의 교량이다. 교량 상판이 목재인 다리의 부식을 막기 위해 검은 콜타르를 먹여 검게 보인다.

곧이어 화천 수력발전소가 시야에 들어온다. 등록문화재 109호인 발전소는 1939년에 착공하여 1944년에 1호기를 준공하고 3호기 공사 중에 해방을 맞았다. 60년대 우리의 경제 여건으로 볼 때 화천발전소는 국가 기간산업으로 견인차 역할을 했으며, 6·25전쟁 시에는 화천발전소를 탈환하기 위해 무수한 생명들이 산화한 곳이다.

오랑캐를 격파한 호수라는 의미로 부르는 파로호(破虜湖)는, 1951년 보병 6사단과 해병 12연대 장병들이 유엔군의 지원을 받아 중공군 3개 군단을 완전히 괴멸시키므로 5만kw(우리나라 총발전량 20만kw)의 발전소를 되찾아온 것을 크게 기뻐한 이승만 대통령이 현장을 직접 찾아와 파로호라는 휘호를 남겼다는 일화가 전해 온다.

스산한 바람이 불어오는 북한강. 최전방의 일기는 중부 지방보다 보름 정도 계절이 빠르다. 가로수 은행잎이 떨어진 지 오래이고, 잎이 떨어진 자리에 빨간 구기자가 탐스럽게 열려 있다. 섬섬옥수 고운 손길로 발라내는 열매는 고혈압에 탁월한 효능이 있는 만병통치약이라고 한다.

북한강을 가로지르는 낮은뱅이 자전거다리가 철으로 아름답다. 물 위를 날아가는 굴새처럼 자전거가 신나게 질주하고, 언덕 위로 올라서면 가지런히 놓여진 5개의 미륵바위가 반겨 준다. 조선 시대 후기, 화천읍 동촌리에 사는 장 모라는 선비가 이 바위에 극진하게 정성을 드린 후 과거에 급제하여 양구현감까지 지냈다는 전설이 전해 오고 있다.

하류로 내려갈수록 강폭이 넓어지며, 유속이 느린 개펄에는 무성한 갈대가 숲을 이루고 철새들의 낙원이 펼쳐진다. 무리 지어 사는 동물의 세계에서는 리더가 있게 마련이다. 소음에 놀란 새들 중에서 무리를 이끄는 놈이 공중으로 날아오르면 모두 한 무리가 되어 따라 오른다. 질서정연하면서도 현란하게 움직이는 모습은 겨울 철새들의 백미가 아닌가. 정말로 아름다운 광경이다.

화천대교와 화천교가 걸려 있는 화천 읍내로 들어온다. 삼태기 속에 둥지를 튼 보금자리와 같이 아늑하게 자리 잡은 화천읍은, 전국 제일의 경승지지(景勝之地)로 손색이 없는 고을이다. 교통이 발달한 지금도 춘천에서 들어올 때는 달거리고개를 넘어야 하고, 양구에서 들어올 때는 평화의 댐이나 간동면을 경유해야만 한다.

지난번 화천을 찾은 때가 2013년 1월 18일이다. 수필집 『물길 따라 삼천리』의 무대가 되었던 4대강 답사 중에 찾은 것이 바로 화천 산천어축제가 절정에 이른 시기였다. 회전탑 광장에 있는 얼곰이 동상과 절산 끝자락의 인공 폭포가 빙폭을 이루며, 관광객의 마음을 사로잡았다.

백만 인파가 모인다는 산천어축제는 현장을 방문하고서야 실감이 날 정도로, 화천 읍내가 떠들썩하다. 그 넓은 얼음판 위에 빼곡히 들어찬 사람들, 40cm가 넘는 두꺼운 얼음에 구멍을 뚫고 산천어를 잡아 올리는 모습도 천태만상이다.

침낭을 깔고 엎드린 사람, 벌 받는 사람처럼 엉덩이를 하늘로 치켜올리고 얼음 구멍에 눈을 맞추는 사람, 낚시가 서툴러 옆 사람을 힐끔거리는 가족 동반 참가자들로 북새통을 이룬다. 인구 2만 명이 살고 있는 화천은, 서울에서 멀리 떨어진 산간 오지 마을에 변변히 내세울 특산물이 있는 것도 아니고, 휴전선과 가까운 최전방의 열악한 고장이다.

전국에서 눈이 가장 많이 내리고, 혹독한 추위로 겨울이면 아무도 찾지 않는 이곳을, 산천어라는 희귀종을 콘텐츠로 하여 지역민들의 자긍심을 높여 주는 축제의 장으로 승화시켰으니, 기발한 아이디어와 진행 요원들의 일사불란한 모습에서 대회의 성공 신화를 볼 수 있었다.

축제를 생각하면 지금도 가슴이 설렌다. 육지 속의 호수처럼 잔잔한 물결 따라 붕어섬으로 향한다. 춘천댐이 조성되며 생겨난 붕어섬은 화천 주민들이 즐겨 찾는 유원지다. 각종 체육시설과 수변 산책로에 상설 무대 공연장을 갖춘 9만m²의 보석과도 같은 소중한 섬이다.

붕어섬을 바라보며 이어지는 자전거 도로는 5번 국도를 따라 가변 길로 이어진다. 지난겨울에는 눈 속에 고립되어 내려설 엄두를 내지 못했지만, 시원한 강바람을 맞으며 걸어가는 발걸음이 마냥 가볍다. 한강으로부터 101km 지점인 원천리 유적지에 도착한다. 청동기 시대부터 삼국 시대까지 우리 조상들이 살아온 집터와 생활 도구들이 발견되었고, 백제가 위례성(지금의 서울)에 나라를 세우면서 동쪽 영토의 범위를 짐작할 수 있는 유물이 발견되었다고 한다.

계성천이 북한강으로 흘러드는 강어귀를 중심으로 수변공원을 조성하였다. 지금이야 연잎이 모두 시들어 을씨년스럽지만, 7~8월 절정기에는, 가시연, 순채, 어라연 등 300여 종의 다양한 연꽃이 만발하고, 연못 사이로 산책길이 조성되어 가족 나들이와 학생들의 학습장으로 인기가 있는 곳이다.

원천초등학교가 있는 하남면 소재지에서 5번 도로를 따라가면, 달거리고개를 넘는다. 이 고개를 통하지 않고는 외지로 나올 수가 없고, 외지 사람이 화천을 찾아갈 때도 반드시 이 고개를 넘어야 한다. 그만큼 이곳은 지리적이나 전략적으로 꼭 필요한 곳이다. 고갯마루 정자에서 바라보는 지촌천은 한 폭의 그림처럼 아름답다. 태극 문양을 그리는 지촌천과 서오지리가 어울렁 더울렁 한몸이 되어 승천하는 용의 모습이다.

평화누리길에서 가장 접근하기 어려운 곳이 평화의 댐을 통과하는 구간이다. 1년 반 전에 실패로 끝난 터라 세심한 계획을 세워 보지만, 도보로는 갈 수 없다는 사실을 확인하고는 아내의 애마를 이용하기로 했다. 풍산리에서 시작하는 4구간은 안동철교 입구에 있는 검문소까지 승용차로 진행하고, 검문소부터 평화의 댐까지 7km 구간을 자전거로 이용하게 된다.

그동안 민간인들의 출입이 통제되었던 민통선을 북쪽으로 이전하고, 통관 절차가 간소화함에 따라 안동철교를 건너 평화의 댐까지 자전거로 이동할 수 있게 되었다. 평화 통일을 기원하고 지역 경제를 활성화할 목적으로 지난 2010년부터 3년간 국비 77억 원과 군비 33억 원을 투입하여 평화의 댐부터 화천읍 풍산리까지 16km 구간을 자전거 도로로 조성하였다.

검문소에서 자전거로 이동한다는 계획은, 화천자전거협회에서 자리를 비운 터라 자동차로 이동하게 되었다. 화천자전거협회 직원의 안내를 받아야만 자전거 통행이 허락된다. 안동철교를 건너면, 자연이 그대로 살아 있는 생태습지가 펼쳐진다. 이곳에는 천연기념물인 황쏘가리를 비롯하여 멧돼지와 산양이 서식하고 있다고 한다.

사방을 둘러봐도 사람의 그림자는 보이지 않는다. 자동차의 속력을 최대한 낮추어 주위를 둘러보며 천천히 이동한다. 철조망 사이로 보이는 지뢰 표시를 지나칠 때는 가슴이 섬뜩하다. 이곳에는 우리나라에서 유일한 야생 동물들의 건널목이 있다. 만약 동물을 만난다면 동물이 지나간 다음에 통과해야 한다.

평화의 댐에서 거슬러 오는 북한강은 금강산이 발원지인 금강산댐(임남댐)이 있다. 제5공화국 시절, 북한의 금강산댐 건설에 따른 수공(水攻)과 홍수 예방을 위해 1987년에 착공하여 2005년 10월에 2단계 증축 공사를 완공하였다.

댐의 규모는 제방의 길이가 601m, 높이가 125m에 최대 저수량이 26억 3천만t으로, 평시에는 물이 없는 텅 빈 댐이다. 안동철교에서 10여 분을 달리면, 평화의 댐이 모습을 드러낸다. 이곳 검문소에서도 신분증을 제시하여 통관 절차를 마치고 비목공원을 찾는다. 공원 입구를 장식하고 있는 '비목' 노래비가 보는 이의 심금을 울리고 있다.

6·25전쟁의 참화가 지나간 자리에 이름 모를 용사의 녹슨 철모와 돌무덤을 발견하고, 짝 잃은 궁노루의 애절한 울음소리에서 영감을 얻은 청년 장교 한명희가 작사하고, 장일남이 곡을 붙인 가곡이다. 평화의 댐 1차 공사가 끝난 뒤 관광객을 위해 마련했던 전망대 자리에 비목공원을 조성했다.

비목공원에서 층층계단을 올라가면, 세계 분쟁 지역의 탄피를 모아서 만들었다는 세계 평화의 종이 걸려 있다. 세계 평화의 종 무게가 9,999관이라고 하는데, 통일이 되면 상부에 있는 4마리의 비둘기 중에서 날개가 잘려 있는 비둘기의 날개를 달아 1만 관의 종으로 마무리를 하게 된다고 한다.

1인당 500원을 내면 일반인들도 평화의 종을 타종할 수 있는데, 모인 성금은 제3국 분쟁 지역의 난민들을 위해 쓰이고 있다고 한다. 한반도의 평화 통일과 가정의 행복을 염원하며, 아내와 함께 타종하는 종소리가 멀리멀리 북녘 땅으로 울려 퍼진다. 평화의 종 옆으로 세계 노벨평화상 수상자 12명의 부조상이 전시되어 있다.

그중에는 2000년 노벨평화상을 수상한 김대중 대통령과 제56차 유엔총회의장으로 활동하던 한승수 의장이 2001년 국제연합(유엔)과 코피아난 유엔사무총장이 공동 수상하게 되었는데, 의장 자격으로 수상을 했다고 한다. 물문화회관 뒤뜰에 조성된 정원에서 우리 부부는 준비한 도시락을 펼쳐 든다. 시장이 반찬이라고 했나, 막걸리와 곁들이는 오찬은 부부 사랑을 확인하는 의미 깊은 시간이었다.

제방을 보강하는 3차 공사 중이라, 주변이 어수선한 가운데 터널을 빠져나오면 평화의 종 공원이 펼쳐진다. 가장 먼저 시선을 끄는 곳이 3개의 기둥에 걸려 있는 한 쌍의 가락지다. 조성 중이라 내용은 확인할 수가 없고, 언덕 위에 걸려 있는 염원의 종을 찾아간다. 염원의 종은 나무로 만든 황금색 목종(木鐘)이지만, 통일이 되면 쇠종(鐵鐘)으로 다시 태어난다고 한다.

찾아오기 힘든 평화의 댐. 분단 조국의 평화 통일을 상징하는 광장을 둘러보며, 우리의 안보의식을 다시 한 번 실감하게 되었다. 안동철교에서 자전거를 탔다면 양구 쪽으로 진행했겠지만, 최전방에서 자전거 타는 것을 원하는 아내의 청을 들어주기 위해 화천 쪽으로 방향을 잡는다.

북한강어 조성된 자전거길은 화천이 자랑하는 백 리 길이다. 화천댐에서 시작하는 자전거길은 붕어섬을 지나 서오지리 연꽃단지까지 환상의 하이킹 코스가 펼쳐진다. 시간상 전 구간을 완주할 수는 없고, 미륵바위 주차장에 차를 세우고 붕어섬까지 다녀오는 것으로 마무리하고, 올겨울 산천어축제에 다시 한 번 찾아올 것을 다짐한다.

• 두타연계곡

　실로 1년 반 만에 찾아오는 평화누리길이다. 중동부 전선의 최북단에 위치한 화천과 양구는 민간인 출입이 까다로운 구간이다. 북한의 금강산댐 수공(水攻)을 방어한다는 명분으로 건설한 평화댐이 있는 화천 구간은 아직까지 도보 여행이 금지되어 뒤로 미루고, 양구군 방산면 소재지부터 시작하기로 한다.
　양구군 방산면까지는 여러 번 환승을 해야 하는 번거로움이 있어 세심한 계획이 필요하다. 회룡역에서 05시 9분발 전철을 시작으로 도봉산역에서 7호선(첫차 5시 28분)으로 환승하여 상봉역에서 춘천행(5시 55분)으로 갈아타고 춘천역에 도착하여, 양구행 직행버스(7시 45분)로 양구에 도착하여 방산행(8시 30분) 버스에 올라야 하는 일정이다. 오늘의 일정이 순조롭게 진행된다.
　하지만 양구에서 8시 30분 차를 놓치고 말았으니 40여 분이 늦어진 셈이다. 남는 시간이 무료하여 양구 시내를 산보하는 중에 이색적인 동상을 발견한다. 이름도 낯선 그리팅맨(Greetingman)이다. 한국식으로 머리를 숙여 인사하는 모습을 담아 전 세계에 소통과 평화, 화해와 희망의 메시지를 전달하는 유영호 작가(51)의 작품이다.
　2012년 우루과이 몬테비데오에 그리팅맨 1호를 설치한 이래, 2013년에는 강원도 양구 읍내와 해안면에 각각 2호를 조성하였다고 한다. 서울대 미대 조소과를 나온 그는 독일 뒤셀도르프 쿤스트 아카데미에서 유학한 뒤 고국으로 돌아와 2004년 김세중 청년조각상을 수상한 중견 작가라고 한다.
　9시 10분 버스(요금 3,010원)에 올라 30분 만에 방산면에 도착하여 가장 먼저 찾은 곳이 양구 백자박물관이다. 지난밤에 몰아친 비바람으로 흐트러진 주변을 청소하던 집사 아주머니의 안내로 박물관을 돌아본다. 푸른 산과 맑은 물이 굽이쳐 흐르는 청정 지역 방산면엔 흰 백자를 만드는 많은 양의 백토가 매장되어 있다고 한다.

질이 좋은 백토는 조선 500년간 왕실 백자 생산의 원료로 사용되었으며, 양구 지역에서는 고려 시대부터 20세기까지 600여 년간 백자 생산이 지속되어 왔다. 『세종실록지리지』에 따르면, 전국의 139개 자기소(磁器所) 가운데, 강원도에는 강릉도호부와 양구현에 자기소가 있다고 소개하고 있다.

이러한 연관성을 내세워 2003년 전국 최초로 방산자기박물관을 개관한 뒤로, 2012년부터 양구 백자박물관으로 명칭을 바꾸어 600년 역사의 맥을 이어 가고 있다. 송현리5호 가마터에서는 압인(狎印)으로 예빈시와 공안부라는 명문을 찍은 접시가 발견되었고, 장평리6호 가마터에서는 순승부(順承府로 추정), 금악리11호 가마터에서 장명의 편이 발견되어 국가 진상품인 관요(官窯)라는 사실을 확인하게 되었다고 한다.

또한 이성계 발원 사리구는 고려 말 이전부터 양구에서 백자가 만들어졌다는 사실을 입증하여, 조선백자의 근원임을 전하고 있다. 양구 백자박물관은 야외 전시장과 실내 전시장으로 구분하고, 국내에서 유일하게 수비, 쇄석, 성형, 채석 과정을 갖추어 도자기의 생산 과정을 체험할 수가 있다.

다음으로 찾아간 곳이 박물관 뒤편에 있는 직연폭포다. 수입천(水入川)의 물길이 15m의 낙차를 두고 곧바로 떨어지는 모습이 장관이어서 '직연폭포'라 부른다. 폭포 주위로 직연정을 비롯하여 인공 폭포와 폭포를 둘러볼 수 있는 다리를 놓아 방문객들을 위한 편의 시설을 조성했으나, 가평의 용추폭포와 같이 규모가 빈약하여 아쉬움이 남는다.

직연폭포에서 시작하는 평화누리길이 수입천 제방을 따라 이어진다. 새로 조성된 자전거 도로와 청정 지역의 오염되지 않은 물길이 어찌나 맑은지 승현교까지 2.5km를 걷는 동안 잠시도 시선을 뗄 수가 없다. 송현교를 마지막으로 자전거길도 끝이 나고, 460번 지방도를 따라 고방산리까지 진행한다.

460번 지방도는 화천과 양구를 이어 주는 중동부 전선의 핵심적인 도로망이지만, 민간인 차량의 왕래는 별로 없고, 최전방의 보루를 이어 주는 군 차량들이 주로 활동하고 있다. 고방산리 삼거리에 도착하며 두타연계곡이 시작된다. 방산면에서 6.7km거리를 1시간 30분 만에 완주하고 소지섭 갤러리에서 안내를 받는다.

배우 소지섭이 DMZ일대를 찍은 사진을 배경으로 에세이집 『소지섭의 길』을 발간한 인연으로, 소지섭을 양구군 홍보대사로 임명하고, 소지섭 길을 개발했다고 한다. 걸어서 갈 수 없는 전방 지역이라, 흥미진진한 체험을 하게 된다. 그래서 눈으로 보고, 발품을 팔아야만 오래도록 추억으로 간직할 수 있는 소중한 곳이다.

소지섭 갤러리에서 시작하는 두타연 탐방은 자동차로 이동하는 것이 원칙이고, 출입 신고를 하는 이목정 안내소에서는 자동차가 없으면 자전거를 대여해야만 출입이 가능하다. 안내인의 설명에 의하면, 이목정 신고소까지 걸어가는 거리가 2.8km에 30분이 소요된다고 한다.

평화누리길로 조성하기 전에는 민간인 출입이 통제되던 최전방이다. 민가는 물론 사람의 그림자도 찾을 길이 없고, 삼엄하게 경계를 서는 군인들만이 낯선 민간인을 주시하고 있다. 길옆으로 흐르는 수입천은 비무장지대 내 군사분계선 바로 남쪽에 있는 가칠봉(1242m)에서 발원하고 있다.

길이가 34.8km에 이르는 수입천은 두타연계곡을 관통하여 문등리, 송현리, 장평리, 오미리를 거쳐 파로호로 흘러간다. 계곡이 깊고 수량이 풍부하여 갈수기임에도 여울물 소리가 요란하게 귀청을 때린다. 풀벌레도 숨을 죽이는 민통선, 평일이라 차량의 왕래도 없고 내리쬐는 봄볕을 고스란히 받아가며 도착한 곳이 이목정 안내소다.
　신분증을 제시하고, 출입신고서와 서약서를 작성한 다음 GPS가 장착된 목걸이를 받으면 신고는 끝이 난다. 걸어서는 가지 못하므로 자동차가 없는 탐방객은 자전거를 대여하는데, 경로 우대라는 이유로 4천 원을 받는다. 헬멧과 자전거를 넘겨받으며 고생길이 시작된다. 군화에 발을 맞추라는 말은 훈련병 시절에 듣던 구호가 아닌가.
　기아도 없는 자전거에 키 낮은 안장, 경사진 비포장길에서 아무리 밟아도 속도는 제자리걸음이다. 쉴 사이 없이 페달을 밟다 보니 무릎과 엉덩이에 통증이 오기 시작한다. 3.5km에 불과한 거리를 20분을 넘기면서 두타연 주차장에 도착하고 보니, 온몸이 쑤시고 결리면서 두 다리가 후들거린다.
　관광안내소에 자전거를 보관하고 생태탐방로에 들어서면, 가장 먼저 반겨 주는 곳이 두타연이다. 우렁찬 굉음 소리를 토해내며 쏟아지는 폭포를 뒤로하고, 찾아간 곳이 두타교(출렁다리) 입구다. 다리를 건너며 시작되는 탐방로는 데크로 바닥을 장식하고, 난간을 대신하고 있는 철조망에는 삼각형의 지뢰 표시가 간담이 서늘하도록 겁을 주고 있다.
　두타연폭포 위에 설치한 휴식 공간을 지나 비알길을 내려서면, 앙증맞은 징검다리가 나타난다. 계곡을 건너 돌계단을 올라서면, 차량 두 대는 지날 만큼 너른 자전거길이 펼쳐진다. 비득고개를 지나 월운 초소까지 10km가량 이어지는 평화누리길이 천혜의 비경을 간직한 두타연계곡(頭陀淵溪谷)이다.

　잠시 후 숲 속으로 예술과 사색의 길이 펼쳐진다. 황토색 시멘트로 바닥을 포장하고, 목책으로 울타리를 만들어 이 고장이 자랑하는 박수근 화백의 미술품을 비롯하여 고경일, 김동화, 신문수 화백의 그림들을 걸어 놓아 굽이쳐 흐르는 계곡물 소리와 새소리가 들려오는 천상의 갤러리가 펼쳐진다.

　다시 자전거길로 올라선다. 양지쪽 산비알에는 진홍색 진달래가 흐드러지게 피어나고, 앙상한 나뭇가지에도 새순이 솟아난다. 평화누리길 준공기념비를 뒤로하고, 숲 속 길로 연결되는 다리(두타1교) 위에 올라서면, 두타연계곡이 그림처럼 펼쳐진다. 60여 년 간 인간의 발자취를 거부한 1급수에 열목어가 서식하는 지상의 낙원이다.

　인간의 탐욕으로 생긴 비무장지대에서 자연은 순환법칙에 따라 천이의 과정을 거치는 생태계의 보물창고다. 숨 한번 들이쉴 때마다 몸속의 혈관을 타고 구석구석까지 파고드는 피톤치드야말로 산삼보다도 소중한 보약이 아닌가.

　연인들의 소중한 추억을 간직하기에 부족함이 없는 핑크빛 벤치를 끝으로 사색의 길도 끝이 나고, 두타2교를 건너 자전거길로 올라선다. 산굽이를 돌고돌아 금강산으로 가는 갈림길이 도착한다. 평화누리길은 비득고개를 넘어 월운저수지로 연결되지만, 최전방의 열악한 교통편을 감안하여 더 이상 진행하는 것은 무리일 수밖에 없다.

　금강산(30km) 가는 길은 수입천을 따라 계곡으로 이어지고, 금단의 철조망이 굳게 잠겨 있다. 현재 시간이 13시 40분 두타연 주차장에서 3.6km를 답사했으니, 왕복으로 7.2km가 되는 셈이다. 반환점인 비아목교에서 5분간 휴식을 한 다음, 소기의 목적을 달성했다는 자신감으로 발걸음이 빨라진다.

두타연 주차장에 도착하니 드넓은 광장이 텅 비어 을씨년스럽고, 관광 안내원도 달콤한 오수에 빠져 인기척을 모른다. 자전거를 바라보며 돌아갈 일이 꿈만 같다. 차라리 걷는 편이 훨씬 수월한데, 미우나 고우나 자전거가 아니면 돌아갈 수가 없으니 말이다. 현재 시각이 14시 25분 더 이상 머뭇거릴 수가 없다.

그래도 다행인 것이 내려오는 길이라 고생을 덜하고, 무사히 이목정 안내소에 도착한다. 안내원에게 고생한 이야기를 해보지만, 귓전으로 흘려버리고 만다. 다시 2.8km를 걸어야 고방산 버스 정류장이다. 한 시간마다 다니는 버스를 타기 위해서는 촉박한 시간이다. 부지런히 발걸음을 재촉한다.

고봉산 버스 정류장에 도착한 시각이 15시 15분, 한숨 돌릴 겨를도 없이 버스가 나타난다. 구세주보다도 반가운 버스에 머리를 조아리며 오른다. 아침에 까먹은 시간을 보충하고도 남는 시간이다. 정말로 뜻 깊고, 두고두고 잊지 못할 두타연 탐방길이었다.

• 한반도의 중심 양구

고봉산 버스 정류장을 출발한 지 20분 만에 강원외고 버스 정류장에 내려선다. 양구가 자랑하는 한반도 섬을 찾아가는 중간에 선사박물관을 참관한다. 양구를 중심으로 북한강 유역에서 발굴된 선사유적을 소개하는 박물관이다.

고생대 화석 수집가이자 이 분야의 권위자인 원달기 선생이 기증한 삼엽충 화석전시실을 둘러본다. 5억 4천만 년 전 캄브리아기에 등장해 무려 3억 년을 살다 멸종된 고생대 표본 화석인 삼엽충의 진수를 만날 수 있는 곳이다. 삼엽충만을 전시하는 국내 최초의 전시실이라고 소개하고 있다.

절지동물 삼엽충에 외골수 인생을 살아온 원달기 선생의 생전 소망이 담겨 있는 자연사박물관과 화석연구소에는 1만 5천 점의 방대한 화석을 소장하고 있다. 이름부터가 생소한 삼엽충은 절지동물로는 최초로 바다 생태계를 지배하다 고생대 멸종으로 사라진 동물이라고 한다.

전문 분야의 권위자들이 일신의 영달을 마다하고, 묵묵히 일구어 낸 결과물이다. 우리 선조들의 삶을 재조명할 수 있는 선사유적이 야외 전시장에 조성돼 있다. 전곡 선사박물관과 암사동 선사박물관처럼 우리 조상들은 강을 중심으로 촌락을 이루고 살아왔음을 알 수가 있다.

한반도 섬이 탄생하게 된 배경에는 화천댐 상류 지역에 거대한 나대지가 형성되어 무단 경작으로 인한 농약과 비료에 의한 수질 오염과 불법 토사, 쓰레기 불법 투기로 생태계 파괴와 경관 훼손이 심각한 지경에 이르렀다. 양구서천과 한전천 합류 지점에 저류보를 설치하여 수면 공간을 확보하고, 생태계 복원과 수질 정화를 위하여 국내 최대 인공 습지(163만㎡)를 조성했다고 한다.

한반도의 공식적인 4극 지점을 기준으로 +자 또는 ×자가 교차하는 지점이 우리 국토의 정중앙이며, 그 좌표는 동경 128° 02′ 02.5″ 북위 38° 03′ 37.5″로, 강원도 양구군 남면 도촌리 산 48번지 일대라고 한다. 양구군이 한반도의 정중앙이라는 점에 착안하여 인공 습지를 조성하는 과정에서 한반도 섬(4만2천㎡)이 탄생하게 된 것이다.

한반도 섬으로 들어가기 위해 데크로 다리를 놓고, 중간에 출렁다리(현수교)도 가설돼 있다. 태극기가 게양된 독도와 울릉도를 바라보며 강원도로 입성하면, 천연기념물 제329호로 지정된 반달곰 동상이 반겨 준다. 서울시에서 기증한 해치상과 제주도의 돌하르방도 보인다.

아직은 공사 중이라 엉성한 부분도 많고, 주변에 심은 나무들이 고사하는 모습은 한탕주의 졸속 행정의 표본이라는 생각이 앞선다. 인구가 적은 양구에서 한반도 섬 유원지를 알차게 운영하자면, 인구의 절반을 차지하는 군인들이 면회 온 가족들과 편안하게 즐길 수 있는 공간으로 꾸미는 것이 좋을 듯싶다.

1914년 강원도 양구에서 태어난 박수근은 가난으로 초등학교 졸업이 학력의 전부였다. 6·25전쟁 중 월남한 그는 부두 노동자, 미군부대 PX에서 초상화 그려주는 일로 생계를 유지했다고 한다. 힘들고 고단한 삶 속에서도 절구질하는 여인, 광주리를 이고 가는 여인, 길가의 행상들, 아기 업은 소녀와 같이 서민들의 삶을 소재로 하고 있다.

1965년 52세의 나이로 타계한 박수근 화백은, 사후에 그의 작품이 천정부지로 뛰어 '노상'이 2006년 경매에서 10억 4천만 원에 낙찰되고, 2007년에는 '시장 사람들'이 25억에, '빨래터'가 45억 2천만 원에 낙찰되어 우리나라 미술품의 신기원을 기록하고 있다.

가장 서민적인 화가로 평가받고 있는 박수근미술관을 참관하지 못하고, 시외버스터미널 부근에 숙소를 정하기 위해 중심가로 들어선다. 군인들을 상대로 하는 명찰집과 유흥음식점, 모텔들이 주종을 이루고, 젊음이 넘치는 로데오거리에는 많은 인파로 활기가 넘친다.

12,000여 명이 살아가는 양구는 본래 양구현으로 부르다가 고종 32년(1895년) 군으로 개편됨에 따라, 군내면(郡內面)이 되었고, 1917년 군의 이름을 따서 양구면으로 개편이 되었다. 1945년 38선이 생기면서 공산치하에 들어갔다가, 1950년에 수복되어 양구읍, 방산면, 동면, 해안면, 남면 등 1읍 4개 면의 행정 단위를 갖고 있는 중동부 전선

의 내륙 지방이다.

• 소양강 둘레길

 6시 50분에 출발하는 관대리행 버스를 타기 위해 하룻밤 신세를 진 백두산모텔을 나선 시각이 6시 30분이다. 양구에는 모텔들이 유난히도 많다. 자식이나 애인을 면회 온 가족들이 하룻밤 회포를 풀어야 할 숙소가 필요했기 때문이다. 그중에서도 양구를 수호하는 부대와 같은 이름이라 하룻밤 은정을 풀게 되었다.
 하루에 3번 왕래하는 관대리행 버스를 타지 못하면, 모든 일정이 수포로 돌아간다는 생각에 새벽잠을 설치며 신경을 곤두세우게 된다. 승객이라야 모두 2듯뿐이다. 썰렁한 분위기 속에 달려가는 버스는 30분 만에 인제군 남면 관대리 버스 정류장에 도착한다.
 관대리는 배산임수의 지세를 형성하고 있는 마을이다. 대암산(1,263m) 자락이 남쪽으로 뻗어 내려 398봉을 이르고, 반달처럼 휘어진 소양강이 잔잔하게 흘러가며 포구를 형성하고 있다. 소양댐이 축조되기 전에는 큰 마을이었으나, 호수에 마을이 잠기고 육지 속에 고립되어 지금은 50여 명이 살아가는 호젓한 마을이다.
 지난겨울의 가뭄이 심했던지 소양강의 수위가 낮아 벌거숭이 황토밭으로 속살을 드러내고 있다. 관대리 주민들이 외지와 소통하기 위해서는 관대두무로를 따라 양구나 38대교를 건너 인제로 나가야 한다. 왕복 2차선으로 포장된 도로는 소양강을 끼고 울창한 숲을 관통하는 천혜의 드라이브 코스다. 매연이라는 말 자체가 무색할 정도로 오염되지 않은 청정 지역이다.

관대리를 출발한 지 1시간 만에 38대교에 도착한다. 소양강이 호수로 흘러드는 강어귀에 건설한 인제 38대교는 길이가 700m로, 최신 공법인 라멘교로 건설하여 외관이 매우 아름답다. 38선은 우리에게 씻지 못할 상처를 안겨 준 곳인데, 상징적인 의미로 다리 남쪽에 휴식 공간을 조성하고 소양강 둘레길도 이곳에서 시작하고 있다.

소양강 둘레길을 1, 2구간으로 나누어 총길이가 인제 읍내까지 18km에 이르는 멋진 코스가 펼쳐지고 있는 것이다. 생각지도 못한 환상의 둘레길을 어찌 마다하겠는가. 일정을 변경하여 둘레길로 들어선다. 군(軍)에서 비상도로로 사용하던 길을 개조하여 둘레길로 다듬었다.

울퉁불퉁 돌자갈 길이지만, 차량이 다닐 정도로 넓고 강변에서 100여m 높은 산기슭으로 연결하여 시야가 너무도 좋다. 가장 먼저 만난 사람이 벌통 관리인이다. 우리나라에서 유일하게 집시 생활을 하는 직업이다. 꽃을 찾아 떠돌아다니는 그들의 삶이 고단할지라도 나름대로 희망이 있을 것이고 보면, 금년 한해 농사가 잘 되기를 기원하게 된다.

인제대교까지 9km를 진행하는 동안 전망대 2곳이 있다. 전망대에서 바라보는 소양강은 구절양장처럼 사행천을 이루며 흘러내리고, 퇴적층이 쌓인 고수부지에는 청록색의 보리들이 푸른 물결을 이루고 있다. 벼랑길 바위틈 서리엔 토종 벌통이 자리를 잡고, 길바닥에 쏟아진 낙석 더미를 지날 때는 등골이 오싹하다.

오르락내리락 장승 모형으로 만든 이정표를 길잡이 삼아 관대리 협곡을 내려서면, 두무리와 관대리를 연결하는 국유임도 시발점을 만난다. 16km에 이르는 임도를 잘못 들어서는 날이면, 거미줄처럼 얽혀 있는 산속에서 고립무원의 신세가 되고 만다. 인제대교에 내려서며 둘레길 2구간이 끝나고, 인제 읍내와는 반대 방향으로 군축교를 건너 소양강 둘레길 1구간과 연결된다.

　소양강 2구간이 군 비상도로를 개조하여 조성했다면, 1구간은 소류정에서 살구미까지 8.5km를 깎아지른 벼랑을 다듬어 새로 만든 길이다. 사람이 비껴갈 정도로 협소한 오솔길에, 자연을 살리면서 나무 데크로 다리를 놓아 아슬아슬한 구간을 지날 때면, 간담이 서늘하도록 스릴 넘치는 구간이다.

　제2구간이 활엽수림 속을 걸었다면, 1구간은 아름드리 노송의 그늘 속으로 길을 내어 솔향 그윽한 오솔길을 걷게 된다. 강물에서 20여m 높이에 길을 내어 푸른 강심을 바라보며 걷는 것도 소양강 둘레길에서만 볼 수 있는 사색의 길이다. 솔향이 물씬 풍기는 전망대에 올라서면, 험준한 산과 계곡을 돌아온 하늘 길과 다시 만난다.

　하늘 아래 첫 동네 금바리 마을은 세월을 비껴간 듯, 낮은 지붕에 토담을 두르고, 무성한 잡초 사이로 소양강을 바라보며 살아가는 마을이다. 서낭당에 돌 하나 올려놓고, 산마루에 올라서면 생뚱맞은 춘향 터를 만난다. 발아래를 내려다보면 소양강이 굽이쳐 흐르고, 고개를 들어 멀리 보면 인제읍이 아련히 보이는 명당자리다.

　오월 단오절이 되면 마을 처녀들이 창포로 머리 감고 갑사댕기 나풀거리며, 그네 뛰는 모습이 마치 남원의 춘향이를 연상시킨다는 비유로 이름을 지었다는 것이다. 어찌됐던 시원한 소나무 그늘 속에서 바라보는 경관이 너무도 아름답다. 살구미 마을이 가까워 오며 소양강 둘레길도 끝이 난다.

　소양강 둘레길은 행정안전부에서 친환경 생활 공간사업으로 선정하여 탐방객의 여가 생활을 활용하여 심신을 단련하고, 체험을 통해 지역의 가치와 관광 기반을 제고하기 위해 조성하였다고 한다. 생각지도 않은 둘레길을 답사하며, 인제의 새로운 모습을 발견하게 되어 큰 보람을 느낀다.

사구미대교를 건너 시가지로 들어선다. "인제 가면 언제 오나 원통해서 못살겠네." 60년대 전방으로 배치되어 가는 장병들이 가도 가도 끝이 없는 비포장길에서 군용 차량 뒷자리에 앉아 배고픔과 추위에 떨며 부르던 애절한 노랫가락이다. 이제는 왕복 4차선으로 시원하게 뚫린 길을 따라 설악산도 단숨에 달려가는 시절이 되었다.

인제가 배출한 현대 시인 박인환 문학관을 찾았다. 1926년 인제에서 태어나 30세의 짧은 생을 살아온 시인의 일생은, 해방 공간과 한국전쟁의 암흑기에 현대문학사의 대표적인 시인으로 활동하다 젊은 나이에 요절을 하고 말았으니, 너무도 애석한 일이다.

06시 30분, 동서울을 출발한 버스가 2시간 만에 인제 터미널에 도착한다. 경춘고속도로가 개통되면서 3시간씩 걸리던 거리가 2시간으로 줄었으니 정말로 격세지감을 느낀다. 이제 남은 평화누리길은 미시령 옛길을 넘어야 하는 관계로 2구간으로 나누어도 만만치가 않다.

생각대로 한다면 미시령 산림관휴게소까지 1구간으로 해야만 하는데, 숙박을 할 장소가 마땅치 않아 백담사 입구에서 1구간을 마치고, 속초에서 1박을 한 다음 날 버스로 이곳에 돌아와 미시령고개를 넘는다는 계획을 세운다.

오늘 걸어야 할 구간이 28km다. 그동안 설악산을 30여 번 다녀왔지만, 둘레길은 처음이라 계곡 속에 발도 담그면서 여유를 부려 보자는 생각으로 조급해지는 마음을 달래 본다. 버스터미널을 출발하여 참전 용사 사무실과 인제제재소를 지나 합강정휴게소에 도착한다.

내린천과 인복천이 하나 되어 소양강으로 태어나는 합강천은 자연이 그려 내는 풍수화의 걸작품이다. 귀부인의 목에 걸어 줄 물방울

다이아몬드의 모습이다. 동쪽에서 흘러오는 내린천이 노루목 산장을 감아 돌며 아름다운 곡선을 그려 내고, 300여m의 산자락이 인복천과 만나면서 물방울 형태를 이루고 있다.

내린천은 계방산과 오대산을 아우르는 을수계곡(칙소폭포)에서 발원하여 60km를 흘러온다. 백두대간이 지나는 고산준령에서 모여든 물길이라, 아직도 사람의 손때가 묻지 않은 원시 비경이 남아 있고, 급물살을 타고 즐기는 래프팅 장소로 더욱 알려진 곳이다.

월둔, 살둔, 귀둔과 아침가리, 명지가리, 적가리, 연가리를 일컬어 '삼둔 사가리'라 부르는데, 나라에 변란이 났을 때, 피신하기 좋은 인제와 홍천의 깊은 산속에 있는 지명이다.

내린천을 뒤로하고 인복천을 거슬러 오르는 구(舊) 도로 옆으로 자전거 도로가 이어진다. 인제에서 용대삼거리까지 30km에 이르는 자전거 도로는 미시령을 넘어 동해안을 일주하는 지름길이다. 차량들이 질주하는 44번 국도를 피해 조성한 자전거 도로는 인복천의 물길을 따라 진행하는 호젓한 길이다.

북면사무소가 있는 원통이 가까워 오며, 인복천은 왼쪽으로 비껴나고 복천이라는 이름을 달고 미시령과 진부령까지 이어진다. 설악산을 품고 있는 인제군은 1620.93km²로 전국 230여 개 시군 가운데 홍천 다음으로 큰 면적을 가지고 있으면서도, 인구수는 3만 3천여 명에 불과하여 인구 밀도가 가장 작은 산자수명한 고장임을 알 수가 있다.

원통을 지나며 설악산의 비경이 시작된다. 내설악 광장을 중심으로 한계령과 미시령이 갈라진다. 설악산의 비경은 한계령 쪽이 단연 으뜸이다. 대청봉을 오르는 지름길이 한계령과 오색약수터이고, 백두대간이 지나는 서북능선과 공룡능선을 오르기 위해서도 한계령을 시발점으로 잡아야 하기 때문이다.

미시령 옛길은 내설악예술인촌 입구를 지나야 한다. 잠시 후 46번 도로가 터널 속으로 빨려 들어가고 나면 천혜의 비경을 자랑하는 복천이 펼쳐진다. 울창한 소나무 숲 사이로 흘러내리는 계곡물 소리에 마음을 빼앗기어 삼매경에 빠져드는데, 스마트폰이 요란하게 울어 댄다.

전화를 받는 순간, 말문이 막히고 만다. 40년 지기 이기선 씨가 운명했다는 전갈이다. 반평생을 친동기간보다도 돈독하게 지나오며 우정을 쌓았던 그였기에 마음에 오는 충격이 너무도 크다.

3일 전에 문병 간 것이 마지막이 될 줄이야. 75세를 일기로 생을 마감하고 말았으니 인생이 너무도 허무하고 애석한 일이다.

평생을 건강하고 활기차게 살아온 그가 병고에 시달리게 된 것은, 폐에 혹이 발견되고부터이다. 암이라는 사형선고를 받고도 투병생활을 잘해 오더니, 머리로 전이되면서 병세가 급속도로 악화되었으니 불가항력이었나, 6개월 만에 생을 마감하고 말다니.

모든 일정을 포기하고 상경할 수밖에 없다. 설악산 깊숙한 곳에서 비보를 접하고 보니 버스 정류장이 있는 백담사 입구까지 10km가 넘는다. 어떻게 달려왔는지 내 정신이 아니다. 마음이 급해지며 발걸음도 빨라지고, 발바닥에 불이 나면서 물집이 생기고 만다. 이십 년을 넘는 산행에서 물집이 생기기는 처음이다.

오후 3시에 출발하는 동서울행 버스에 오르면서, 모든 상념이 머릿속을 맴돈다. 청운의 꿈을 안고 상경하여 도봉동에 터를 잡은 우리는 제2의 고향에서 뿌리를 내리자는 의기투합에 14명이 동참하여 청우회(淸友會)라는 친목회를 결성한 지 35년이 되었다.

그동안 검은머리는 파뿌리가 되고 30대 중반의 나이가 70세를 넘기는 동안 10명이 유명을 달리하고 말았으니 무상한 것이 세월이다.

먼저 간 송영복, 이오규, 김희중, 박상빈, 조남기, 문동웅, 이병태, 강영승, 전계진, 이기선의 이름을 하나하나 떠올리며 명복을 빈다.

• 미시령 옛길

　중도에 포기하고 돌아간 지 10일 만에 다시 찾은 백담사 입구. 연록색 잎들이 진초록으로 변하고 무더운 초여름의 날씨를 보이고 있다. 1988년 11월 23일 전두환 전(前) 대통령이 대(對) 국민 사과를 하고 은거하면서 세간에 알려진 백담사는 647년(진덕여왕 1년) 자장(慈藏)율사가 창건하고, 절 이름을 한계사(寒溪寺)로 부른 것이 효시이다.
　백담사는 1500여 년 동안 7차례의 화재를 당하는 수난을 겪으며 그때마다 한계사, 운흥사, 심원사, 선구사, 영취사, 백담사, 심원사, 백담사로 절의 이름을 바꾸어 가며 명맥을 유지하고 있다. 거듭되는 화재로 고심하던 주지의 꿈에 백발노인이 나타나 대청봉에서 절까지 웅덩이[潭]를 세어 보라고 하여 백담사(百潭寺)로 이름을 고친 뒤로 화재가 일어나지 않았다고 한다.
　대한불교조계종 제3교구 본사인 신흥사의 말사인 백담사(百潭寺)는 5대 적멸보궁(寂滅寶宮)의 한 곳인 봉정암, 다섯 살의 신동이 관세음보살을 부르다가 견성(見性)한 오세암, 1648년 유학자 김창흡(金昌翕)이 은거하기를 맹세한 영시암(永矢庵), 구전으로 전해 오던 옛 절터에 1903년 원호(源湖)가 세운 원명암(圓明菴) 등의 부속 암자가 있다.
　근대에 한용운이 머물겨서『님의 침묵』,『조선 불교 유신론(佛敎維

新論)』을 집필하는 등 만해사상의 산실이 되었고, 6·25전쟁 때 불탄 것을 1957년에 중건하여 오늘에 이르고 있다. 대웅보전, 칠성각, 선원(禪院), 요사채, 관음전 등의 부속 건물과 자장의 유물로 전하는 아미타상과 소종(小鐘), 인조(仁祖)의 하사품인 옥탑(玉塔), 설담당(雪潭堂) 부도, 연포당(蓮浦堂) 부도 등이 있다.

백담사계곡은 대청봉을 오르는 내설악의 대표적인 등산로이고, 수렴동계곡과 구곡담계곡을 거슬러 오르며 봉정암까지 20여km를 이어 간다. 백담사 입구에서 용대삼거리까지는 3km이다.

가장 먼저 시선을 끄는 곳이 풍력발전기이다. 신재생 에너지로 각광 받고 있는 7기의 풍력발전기가 진부령에서 불어오는 바람을 타고 힘차게 돌아가고 있다.

진부령과 미시령의 분기점인 용대삼거리는 옛날부터 속초와 고성에서 한양을 찾아가는 지름길이어서, 험준한 산길을 오르기 위해 다리쉼을 하던 주막거리가 성시를 이루었다고 한다. 지금이야 신나게 질주하는 차량들의 행렬로 순식간에 넘어가지만, 미시령 옛길(15km)을 오르는 여정은 만만하게 보아서는 안 될 험준한 산길이다.

용대리에서 빼놓을 수 없는 것이 황태덕장이다. 삼동(三冬)의 매서운 추위를 이겨 내며 탄생하는 황태는 용대리에서 전국 황태 생산량의 70%를 차지할 정도로 인기 상품이다. 명태에서 황태로 변신하는 과정은 명태를 꽁꽁 얼린 다음 내장을 제거하여 다시 얼리고, 12월이 되면 덕장으로 옮겨서 3~4월까지 북풍한설(北風寒雪) 맞아가며 얼었다 녹기를 20여 차례 반복하며 황태로 탄생한다.

매바위 인공 폭포를 뒤로하고 5km를 진행하면, 미시령 산림관휴게소가 나오고, 56번 도로가 터널 속으로 빨려 들어가는 길목에서 미시령 옛길이 시작된다. 미시령 터널이 개통되기 전에는 속초를 왕래하는 모든 차량들이 이 고개를 넘었는데, 세월이 무상하여 이제는 차량의 통행을 보기가 힘들다. 미시령은 높이가 826m로 국내의 웬만한 산보다도 높은 곳이다. 땀을 후줄근하게 흘린 뒤에야 정상에 올라선다.

세찬 바람이 불어오는 미시령 주차장이 너무도 을씨년스럽다. 터널이 개통되기 전에는 속초를 방문하는 관광객으로 문전성시를 이루었는데, 철조망에 갇혀 버린 휴게소는 낡을 대로 낡아, 곧 무너질 것처럼 위태롭고, 이따금 찾아오는 관광객들도 잠시 머물다 훌쩍 떠나 버리고 만다.

그래도 자연 경관만은 그대로여서 아흔아홉 굽잇길이 손금처럼 선명하고, 동해바다를 품에 안은 속초 시내가 시원하게 펼쳐진다. 신선봉(1,204m)과 황철봉(1,381m) 사이에 잘록한 미시령은 백두대간이 지나는 구간이다. 지금은 휴식년제로 통행이 중단된 상태이나, 십오 년 전 백두대간을 종주하기 위해 미시령을 오르던 생각이 아련한 추억으로 남아 있다.

미시령을 경계로 국립공원 설악산이 시작된다. 황철봉과 마등령, 공룡능선을 지나 대청봉에 오른 다음 서북능선을 따라 한계령으로 내려서는 구간이야말로 설악산에서 중심축을 이루는 구간이다. 울산바위가 살그머니 고개를 내민다. 미시령 옛길을 내려서는 내내 여러 형태로 모습을 바꾸어 가며, 시선을 잡고 있는 울산바위(873m)의 매력에 푹 빠지고 만다.

아주 옛날 조물주가 금강산을 만들면서 전국에 있는 바위들에게 금강산으로 모이도록 명령을 내렸다고 한다. 울산바위도 금강산으로 가던 도중, 너무 무거워서 중간에 잠시 쉬는 동안 금강산이 완성되어 고향으로 돌아갈 수 없는 처지가 되어, 이곳에 머물게 되었다고 한다.

　자동차로 다닐 때는 보지 못하던, 풍경들이 너무도 아름답게 펼쳐진다. 그래서 빨리 빨리보다는 느리더라도, 주위의 사물을 제대로 챙겨 보는 것이 현명한 일이 아닐까 한다. 그래서 발품 팔며 전국을 유람하는 의지가 빛을 발하는 순간이다.

　미시령 옛길을 내려서면, 금강산 화엄사 간판이 반겨 준다. 무심코 지나칠 일이지만 미시령을 경계로 북쪽의 향로봉과 마산, 신선봉이 금강산 줄기라는 주장에 일리가 있다는 생각이 든다. 울창한 숲 속에 자리 잡은 일성콘도가 그림같이 펼쳐진다. 레저문화를 선도해온 일성콘도는 전국에 8개 직영점과 8개 체인점을 운영하고 있는 중견 기업이다.

　가장 걱정했던 미시령 옛길을 완주했다는 만족감으로 일성콘도 잔디밭에서 점심을 해결하고, 30여 분간 휴식을 한다. 2시간이면 평화누리길의 대미를 장식할 수 있겠다는 생각으로 자리를 털고 일어나서, 학사평 콩꽃 마을 순두부촌을 지난다. 2006년 농촌진흥원에서 선정한 순두부촌이다. 원조라는 글자 뒤에 실명을 내세우는 순두부 간판이 홍수를 이룬다.

　한화리조트와 국립산악박물관을 지난다. 국립산악박물관은 극한에 도전하는 젊은이들의 불굴의 정신과 산악문화를 체험하는 복합문화공간이다. 1층에는 영원한 도전과 기획 전시실, 영상실을 갖추고, 2층은 고산 체험, 암벽 체험으로, 3층에는 등반의 역사와 산악 인물실, 산악문화실로 구성하고 있다.

　장천리삼거리에서 왼쪽으로 장천 마을을 찾아간 뒤, 미로처럼 얼크러진 농로를 더듬어 가면 이스라엘 수양관이 나오고, 상천교가 걸려 있는 용촌천을 만난다. 물길 따라 가는 제방길이 그동안의 피곤함을 보상해 주는 보약과도 같이 편안하다. 행정안전부에서 조성한 평화누리길 시발점에 도착하며 해파랑길과 감격적인 도킹에 성공한다.

두 동강난 휴전선 155마일(255km)을 횡단한다는 것은 말처럼 쉬운 일이 아니다. 평화누리길이 조성된 경기도는 안전하게 진행할 수 있었지만, 강원도 철원, 화천, 양구와 같이 최전방의 민통선 지역에서는 우회도로를 이용할 수밖에 없고, 인제에서는 진부령의 위험 구간을 피해 미시령 옛길을 넘게 되었다.

2013년 5월 27일 인천 대명항에서 출발한 평화누리길이 경기도 180km, 강원도 288km를 합하여 468km와 부산 오륙도에서 출발한 해파랑길 688km를 합하여 휴전선과 동해안을 잇는 1,156km를 완주하였으니, 백두대간 종주와 4대강 종주에 이어 72세의 나이로, 내 생애 또 하나의 금자탑을 세우게 된다.

길 위에서 찾은 행복

발행 ㅣ 2017년 2월 15일
지은이 ㅣ 김완묵
펴낸이 ㅣ 김명덕
펴낸곳 ㅣ 한강출판사
홈페이지 ㅣ www.mhspace.co.kr
등록 ㅣ 1988년 1월 15일(제8-39호)
주소 ㅣ 서울시 종로구 인사동 131번지 파고다빌딩 408호
전화 735-4257, 734-4283   팩스 739-4285

값 15,000원

ISBN 978-89-5794-349-6 03810

※저자와의 협약에 의해 인지는 생략합니다.
※잘못된 책은 바꾸어 드립니다.
※이 도서의 국립중앙도서관 출판예정도서목록(CIP)은 서지정보유통지
 원시스템 홈페이지(http://seoji.nl.go.kr)와 국가자료공동목록시스템
 (http://www.nl.go.kr/kolisnet)에서 이용하실 수 있습니다.
 (CIP제어번호: CIP2017001794)